社会志向の言語学

豊富な実例と実証研究から学ぶ

南 雅彦

くろしお出版

はじめに

　社会言語学では、実際の社会で進行中のことばの変化が、どのように言語構造と社会構造に埋め込まれているか、つまり (1) ことばと社会要因の関わり、(2) なぜそうした変化が起こるのかという原因とメカニズム、を解き明かすことを目的としています。歴史的に、言語学の分析では音素・音韻・形態素・統語論・意味論というように言語をいくつかのレベルに分けて研究してきました。また、言語学には、社会言語学のみならず、応用言語学・コーパス言語学・心理言語学・対照言語学・認知言語学・歴史言語学など、「○○言語学」という修飾語付きの言語学の分野で特定の要素や観点から言葉を分析してきました。たとえば、社会言語学は「社会」という修飾語が付いていることから、心理言語学などとともに言語学の下位分野だと捉えることは可能でしょう。にもかかわらず、それぞれが言語学の分野で確固たる独自の立場を貫いてきた研究分野でもあるのです。そして、本書が目指しているのは「言語とは何なのか、社会と言語、人間と言語はどのように関わっているのか」という問題意識です。つまり、「社会志向の言語研究 (socially oriented linguistics)」なのです。

　拙著『言語と文化：さまざまな言葉のバリエーションを言語学の視点から読み解く』の続編としても、本書から『言語と文化』に読み進むための入門書としても、本書を読むことは可能です。そうした意味で、現代の日本文化を代表するポップカルチャーやスポーツなど文化に関わる親しみやすい具体例を数多く収録し、そこから文化と言語のつながりを探るという『言語と文化』と同じ方向性を維持してあります。また、新聞記事で使用されている言語表現のみならず、テレビのバラエティー番組やドラマなどで使用されてい

る言葉を収録するという方向性は「社会志向の言語学」のひとつの様相と言ってもいいでしょう。もちろん、読者が本書を「エンターテインメント言語学」と感じても不思議ではありません。しかし、筆者の本意は必ずしも大衆芸能の分析ではなく、ポップカルチャーやスポーツなどの用例を引用することで、読者に言語の諸様相に親近感をもってもらい、日常生活で感じる日本語の変化に関心を持ってもらいたいという願いです。そして、それが「社会志向の言語学」の神髄でもあるのです。

　前述したように、言語学では音素・音韻論、形態論・形態素論、統語論、意味論、語用論といった区分に従って言語の記述を試みてきました。しかし、本書では音素・音韻論から始まる配列は意図的に避けることにしました。もちろん、これらのレベルでの記述は重要ですが、談話という文を超えたレベルでの言語現象が、近年では言語研究で重要な地位を占め、中心的役割を果たすようになって来ています。また、認知言語学へのパラダイム転換、つまり認知的アプローチも近年、その重要性が認められています。認知的・談話的・教育的観点から言語の諸現象を考察するという意図を念頭に本書を読んでいただければ、言葉の理解がよりいっそう深まるでしょう。

　言語学の現在の立ち位置ばかりでなく、言語学発展の歴史的認識も大切です。1960 年代後半から 1970 年代前半の言語研究は、理論言語学者ノーム・チョムスキー（Noam Chomsky）の生成理論・普遍文法理論に影響を受け、言語にかかわらず普遍的に存在する「言語能力（linguistic competence）」重視の時代でした。チョムスキーが 1965 年に出版した *Aspects of the Theory of Syntax* に触発されて心理言語学は発展しましたし、第二言語習得研究といった他の分野もチョムスキー革命の多大な恩恵を受けました。社会言語学でもそうした恩恵と発展は認められましたが、チョムスキーへの批判という形で出現し、その先陣をきったのがデル・ハイムズ（Dell Hymes）でした。チョムスキーは、文法的に正しい意味のある文章・発話を生成・理解できる「言語能力」と実際の「言語運用（linguistic performance）」を区別することで、言語能力が何であるかを追求しました。一方、ハイムズは「言語能力」と「伝達（コミュニケーション）能力（communicative competence）」を区別する必要性を主張し、

実際のコミュニケーションをより効果的に遂行する能力の重要性を説いたのです (Hymes 1974)。「伝達能力」は現実の言語社会において、現実の話者が具体的な場面に遭遇したときに実際に使用する言葉づかいで、文法規則だけでなく使用規則、つまりコンテクスト (context：文脈) 対応能力です。

　本書では、コンテクスト理解の重要性を幾度となく指摘します。ハイムズはアメリカ先住民族の伝承説話の一連の分析を通して「言葉の民族誌 (ethnographies of speaking and communication)」の枠組み (フレームワーク) を提唱しましたが、「伝達能力」も「言葉の民族誌」もコンテクストと切っても切れないものです。たとえば、ウィリアム・ラボフ (William Labov) は談話構造と談話の変異形に注目しながら研究を行った先駆者として知られています。本書の第2章では、ラボフが提唱する語りの構成要素と語りの分析手法を取り上げますが、それはラボフの機能分析における語りの要素がコンテクストの影響を受けない自律的、自己完結型の構成単位で普遍性を持っているからです。普遍モデルの対極が文化固有モデルですが、ハイムズは、行／連分析 (stanza and verse analysis) を用いることで、北米原住民の口頭伝誦に談話単位としての階層性の存在を主張しています (Hymes 1981, 1982, 1985, 1990)。行／連分析は、特定の文化を理解するための、つまり、語りは「伝達能力」であり、文化的に共有されているコンテクストを理解するためのモデルなのです。

　ハイムズによってその枠組みが示されたコンテクストをどのようにとらえるかということは談話構造、とりわけ語りでは大命題です。筆者も過去にLabov の普遍モデルと行／連分析を組み合わせて独り語りを、さらにインタラクション・モデルを導入することで語り手主導の独り語りではない「会話の中の存在としての語り」の構造理解の重要性、そして語りの構造がコンテクストから独立したものではないことを強調してきました (Minami 2002)。しかし、本書では、行／連分析ではなく、接続表現や時制、態という側面からコンテクストを眺めることにしました。そうすることで、文化に固有の語りの構造が見えるわけではありません。しかし、語りの普遍性に関わっている一貫性ばかりでなく、語りの固有性の表象としての結束性も捉えることが可能だと考えました。

また、本書では実際の調査や統計分析を含めることで、大学生、大学院生の方々にも言語調査が垣間見てもらえるように工夫しました。とりわけ、第4章で紹介する言語調査は、大阪府岸和田市出身でサンフランシスコ州立大学大学院に在籍していた Alisa Frances Mahoney さんと現在も岸和田市在住のご両親・ご家族からの格段のご理解を賜り献身的なデータ収集協力によって可能になったものです。研究調査データ収集後の初期分析段階（2011 年 6 月）では、故陣内正敬先生に貴重な助言をいただきました。ここに記して感謝の意を表します。また、中泉方言話者であった亡父、南友雄、伯母、南悦子、筆者の従姉妹・従兄弟を始め、筆者が幼少から小・中学生の時代に岸和田ことば（中泉方言）を身近に観察する機会を与えてくださった当時の同級生、岸和田市でお世話になった方々にも感謝の意を表します。また、筆者が京都大学経済学部の学部生だったときの指導教官、山田浩之先生のご厚情にも感謝します。山田先生には都市文化・地域経済研究会に複数回、お呼びいただきましたし、研究会事務局長で岸和田市での本調査発表の機会をご準備いただいた井上馨先生にも感謝申し上げます。

　本書は筆者の周囲の人々の深い理解と温かい激励のたまものです。同僚の高坂聖子先生、湯川景子先生からは、どのような事象や説明が理解しにくいのか、具体的な意見を伺いました。本書を世に出すにあたり、くろしお出版のスタッフの方々、とくに 10 年以上にわたり筆者のアイデアに熱心に耳を傾け、励ましてくださった編集担当の池上達昭さんには心からの感謝と御礼を申し上げます。筆者が大学院留学のためアメリカ合衆国に移り住んでかれこれ 30 年の年月が経過しました。その間、日本から書籍・雑誌を送り続けてくれた今は亡き 2 人の父、南友雄と岡持勇治郎、そしてその後を引き継いで資料を送り続けてくれた南桂子、岡持義人・邦子に感謝の意を表します。そして最後に、本書を妻、ひとみと 3 人の子どもたち、智子、宣孝、香里に捧げます。

南　雅彦

目　次

第 1 章　言葉の分析を楽しもう 1

1　言葉の分析は楽しい 1

2　語彙の創出 4

　　2.1　「リバー」「ライバル」「リビエラ」おまけに「到着」ってどんな関係？ 4

　　2.2　ラテン語の影響 7

3　逆形成と異分析 8

　　3.1　ダジャレ、流行語と新語 8

　　3.2　引き算の逆形成と足し算の異分析 9

　　3.3　異分析：敬意表現 10

　　3.4　異分析：名詞 11

　　3.5　認知の普遍性 12

4　形態素分類：自由形態素と機能語 14

　　4.1　「ググる」だけれど「ツイートする」？ 14

　　4.2　動詞→名詞化→再動詞化 15

5　機能語 16

　　5.1　接続詞 16

6　接続表現 17

　　6.1　自立語化している「なので」「ので」 17

　　6.2　接続表現：「なのに」「だのに」「のに」 21

　　6.3　類似の成立過程をたどった接続表現 22

　　6.4　脚本に見る接続表現 25

　　6.5　「なのに」と「だのに」再考：ポライトネスの視点から 27

　　6.6　本書の方向性 28

[vii]

第2章 言葉はどのように使われるのか─談話の構造を考える─..............31

1 非日本語母語話者の語り..............31
    1.1 スキーマと視点..............35
    1.2 談話とは何か：談話の定義..............37
    1.3 談話における言語普遍性と言語固有性..............41
    1.4 談話構造と談話機能..............42
    1.5 文化内コミュニケーション..............43
    1.6 社会化・文化化の結果としてのコミュニケーション..............44
    1.7 異文化コミュニケーションの困難さ..............45
    1.8 語り（ナラティヴ）の定義..............46
    1.9 語り（ナラティヴ）のジャンル..............47
    1.10 談話・語りの一貫性と結束性..............48
2 一貫性（coherence）..............49
    2.1 Labov の内容（機能）分析..............49
    2.2 ラボフの内容（機能）分析の絵画ストーリーへの適用..............52
3 結束性（cohesion）..............55
    3.1 語りのための装置：時制と態..............55
    3.2 時制と態の導入：小説から..............56
4 結束性（cohesion）：時制現象をどう捉えるか..............58
    4.1 日英語の時制..............58
    4.2 時制：日本語学習者用の教科書から心理的距離感を探る..............62
    4.3 丁寧体（デス・マス体）と普通体（ダ体）の使い分け：
        体験談から心理的距離感を探る..............65
    4.4 ナラティヴ現在：小説に認められる時制現象（日英翻訳）..............68
5 結束性（cohesion）：能動態・受動態と視点..............72
    5.1 日本語の受動態：結束性の問題..............72
    5.2 主語省略と視点の問題：日英バイリンガル児童の作話例..............74
    5.3 主語省略と視点の問題：成人日本語学習者の作話例..............76
    5.4 小説に認められる態の使用（日英翻訳）..............79
6 まとめ..............81

目　次 | ix

第3章　言語変化はどのように進むのか─地域方言と若者言葉①─ 83

1 地域方言 83

　1.1　地域的なバリエーション：役割語、方言コスプレ、反照代名詞 84

　1.2　地域方言と有標性 86

　1.3　方言教育の必要性 87

　1.4　「ソーシャル・キャピタル」とは何か 88

　1.5　「出身県」は当たるのか？ 91

　1.6　「あれへん」か「あらへん」か 92

2 方言周圏論 94

　2.1　「アホ」か「バカ」か 94

　2.2　蝸牛考 95
　　　かぎゅうこう

　2.3　有声鼻音化子音と有声両唇破裂音の相似性 98

3 地域方言の変異性 99

　3.1　大阪諸方言を考える 99

　3.2　「ケ」「シ」「チャル」などに認められる中泉方言の特徴：岸和田ことば 100

　3.3　「せ」の仮名はシェ・ジェの音を表していた！：共通語のほうが変化 103

4 言語・語彙変化の要因 104

　4.1　有声音 vs. 無声音 104

　4.2　異音 105

　4.3　相補分布 106

　4.4　音声記述か音韻表示か 106

　4.5　単純化の方向：順行同化・逆行同化・混交形 108

　4.6　単純化の方向：混交形（標準語＋方言） 112

　4.7　新方言と潜在的威信 114

　4.8　若者言葉：「〜クナル」 116

　4.9　若者言葉と地域方言の関わり：「〜クナイ」 118

5 地域方言の変化の方向 120

　5.1　『あまちゃん』とラボフの方言調査に共通しているのは？ 120

　5.2　相手に合わせてものを言う：
　　　スピーチ・アコモデーション（発話適応）理論 125

x｜目 次

　　5.3　マック vs. マクド...130

　　5.4　マックはハンバーガー？それともコンピュータ？：同音衝突................132

　6　大阪方言研究の展開...133

第4章　実際に調査してみてわかること─地域方言と若者言葉②─......135

1　方言否定形の調査...135

　　1.1　調査の概要...135

　　1.2　調査目的..142

　　1.3　否定辞の変異形..143

　　1.4　得られた結果...149

　　1.5　脱落形式・脱落＋カッタ：省力化・単純化の認知的可能性.............151

　　1.6　イ段順行同化：音韻環境という言語内要因からの単純化..................153

　　1.7　エ段逆行同化：本来の大阪方言の将来.......................................154

　　1.8　混交形：言語外要因からの単純化..156

　　1.9　過去形の否定表現：ナンダ系の現状と将来.................................158

　　1.10　共通語形：スピーチスタイルの変容..160

2　研究の展望..161

　　2.1　『方言周圏論』再考...161

　　2.2　中泉方言再考：疑問の終助詞「ケ」..162

　　2.3　中泉方言再考：文末詞「シ」...163

　　2.4　中泉方言再考：「〜てやる」の音便形「チャル」..............................165

　　2.5　若者言葉再考：「〜クナル」「〜クナイ」と方言との関わり..................167

　　2.6　まとめ...168

第5章　言語はなぜ変化するのか...171

1　カテゴリー化：階層分類..171

　　1.1　階層分類（カテゴリー化）...173

　　1.2　プロトタイプモデル（prototype model）.....................................177

　　1.3　イメージ・スキーマ...178

1.4	カテゴリー境界：品詞の曖昧さ（形容動詞）	179
1.5	カテゴリー境界：品詞の曖昧さ（オノマトペ）	181
1.6	動詞の歴史的変化：存在表現	181
2	**言語変化**	**182**
2.1	記述文法：動詞の活用から「ラ抜き」の規則性を考える	183
2.2	可能表現の作り方	186
2.3	規範文法	188
2.4	社会的要因と言語的要因	191
3	**認知的負担の軽減**	**194**
3.1	新語動詞の特徴：類推拡張	195
3.2	方言の造語	198
3.3	日本語学習者の造語	199
3.4	「ラ抜き」再考：論理的整合性なのか、類推的拡張・単純化なのか	199
4	**「レ足す」言葉**	**201**
4.1	歴史的表現「行かれる」	201
4.2	「レ足す」とは何か	202
4.3	若者言葉と新方言：サ入れ言葉	203
4.4	「レ足す」「ラ入れ」を方言から考える	205
4.5	「レ足す」「ラ入れ」を日本語学習者の発話から考える	206
5	**可能表現再考：「レ足す」を含めた「ラ抜き」再々考**	**208**
5.1	プロトタイプと異分析	208
5.2	方言を考えてみたら	208
5.3	単純な体系構築としてのラ行五段化	210
5.4	進行中のラ行五段化	212
5.5	類推変化	213
5.6	概観と研究の方向性	216

参考文献	220
索引	227

第1章

言葉の分析を楽しもう

1　言葉の分析は楽しい

　次の発話はウェブからの実例ですが、どのように解釈すればいいのでしょうか。ちなみに、グルクンはインド洋・西太平洋の熱帯域に分布する海水魚です。

(1)　北海道では熊と同じくらい鮭食べるけど、沖縄もジンベエザメと
　　　同じくらいグルクン食べる。

　前半は「北海道民は熊肉と同じくらい鮭を頻繁に食べる」、後半は「沖縄県民もジンベエザメを食べるのと同じくらいの頻度でグルクンを食べる」という意味なのでしょうか。たとえば、「大分県民は牛と同じくらい鶏食べる」なら「大分県民は牛肉と同じくらい鶏肉を食べる」と解釈するでしょう。熊肉は昔から食用とされてきたので、北海道地方では熊も鮭も同じくらい食べられていると解釈することは可能です。しかし、熊肉は大量には出回っていないはずなので、どうも不思議な感じがします。しかも、ジンベエザメは、通常は食用とされないでしょうから、意味がよくわかりません。ここで北海道土産の代表である鮭をくわえた熊の置物を思い出してみると、「北海道では、熊が鮭を食べているのと同じくらい道民は鮭を頻繁に食べる」という意

[1]

2 | 第1章 言葉の分析を楽しもう

味だということがわかります。ですから、「沖縄でも、ジンベエザメがグル
クンを捕まえて食べるのと同じくらいの頻度で県民はグルクンを食べる」と
いう意味なのでしょう。発話の意図を理解するには、背景知識が必要です。
では、(2a) と (2b) もウェブからの実例ですが、比べてみましょう。

(2a)　△△、一人だけ演技が下手。
(2b)　結果は出ているし、他人に迷惑を掛けているわけじゃないから、
　　　下手に注意をするわけにもいかない。
(2c)　〇〇 (名前) より上手な□□ (名前) の下手。

(2a)の「下手」はもちろん「へた」ですし、(2b) も「へた」です。(2c) も
「〇〇よりは上手だけれど、それでも□□は下手」ということです。でも、
「〇〇より【じょうず】な□□の【へた】」と読んでしまうと、意味がよくわか
りません。(2b) も (2c) もプロ野球関係の記事から抜粋したもので、(2c) は
「〇〇よりは上から投げてはいるけれど、それでも□□は、やはり、したて
投げ (アンダースロー)」という意味なのでしょう。以下の (3) はどう解釈す
ればいいのでしょうか。

(3)　　その決定が適当であるという考えは変わらない。

これは新聞記事です (『スポニチアネックス』2015 年 3 月 24 日)。「剛腕少
女」として全米で話題の 13 歳の女の子 Mo'ne Davis のストーリーが映画化
されることになったのですが、大学野球部に在籍する学生が自分のツイッ
ターで「笑わせるな」(実際には slut＝「いやな女」) などと批判、これを重く
見た大学がその書き込みをした学生を退部処分にしたという内容です。「適
当」には、「ちょうど良い程度」「ほどほど」など「適切」と置き換えられる
意味だけでなく「いい加減」という意味もあります。この一文だけだと「決
定がでたらめだ」という、処分された学生側の批判だと解釈できないことは
ありません。しかし、記事ではある学生を野球部から退部させた処置に対す

る大学側の見解表明です。ですから、「決定が適切だ」という意味なのです。

　日本語と英語を比べてみるのも言語的思索を深める上では楽しいものです。大阪のある高級ホテルのレストランの外国人宿泊者向けに朝食バイキングの案内があるのですが「土日祝」のすぐ後に「soil day holiday」と添えられた英語訳が冗談なのか、どういう意図なのか理解に苦しみます。これは論外として、"△△ throws □□ out at home"という記事の見出しがあります。これだけを見ると「△△は□□を家で投げた」のかと思うかもしれませんが、文法的にどうも何か変です。これも記事を読めば、"△△ throws a runner out from left field"とあるので、左翼手の△△の外野からの好返球で、ホーム（本塁）につっこんできた走者をアウトにしたことがわかります。つまり、正しい理解にはコンテクスト（context：文脈）理解が必須です。形式的あるいは意味的につながりのある文章や文献をテクスト（text：テキスト）といいます。ちなみにテクストは「織物（textile：テクスタイル）」と同じくラテン語「*textus*（= fabric, structure < *texere* = weave）織る」が語源です。テクストは、その本来の発話の状況や文脈から独立することが（とりわけ、書き言葉の）究極的な目標なのでしょうが、実際にはテクストの意味は文脈で異なる意味を持つものです。つまり、テクストとコンテクストのせめぎ合いなのです。

　野球の話が続きますが、「デッドボール」は hit-by-pitch で、dead ball とは違います。dead ball という英語が存在しないのではなく、dead ball の意味は「飛ばない、死んだようなボール」なのです。通常は、アメリカのメジャーリーグベースボール（Major League Baseball：MLB）の 1900 年頃から 1919 年に野球の神様であるベーブ・ルース（Babe Ruth）が登場するまでの「ボールが飛ばない」すなわち本塁打欠乏の時代を指しています。

　以下に 2 つのメジャーリーグベースボール［MLB］に関する記事を示します。先ず、最初の記事ですが、「サヨナラ本塁打」は、英語では walk-off で「走らなくても、歩いてベースを回って、ゲーム終了」ということでしょうから、認知的に「もっともだ」と思いませんか。でも、映画『マネーボール（Moneyball）』（2011 年公開）でブラッド・ピット（Brad Pitt）が演じた主人公

がビリー・ビーン GM（ゼネラルマネージャー）だというコンテクストもしくは知識がないと、2番目の記事にある「格好いい」が extremely sexy and cool なのかどうかはわかりません。

【MLB】松井、サヨナラ本塁打を含む2打点　　　　（2011年5月3日）
米大リーグ（MLB）は2日、各地で試合を行い、アスレチックスの松井秀喜外野手はレンジャーズ戦に5番・DHで先発出場。同点で迎えた延長10回にサヨナラの3号ソロを放つなど、5打数1安打、2打点だった。アスレチックスは 5-4 で勝利した。
Athletics vs. Rangers, MLB Scores: Hideki Matsui Walk-Off Home Run Gets A's Over .500 SB Nation Bay Area May 3, 2011
The Oakland Athletics continued their winning start to May as they defeated the Texas Rangers 5-4 on Monday courtesy of a walk-off homerun in the tenth by designated hitter Hideki Matsui.

【MLB】アスレチックスが高い評価を下した中島裕之のメンタリティー
（2012年12月21日）
アスレチックス入団の決め手を問われた中島はこう語った。「ビリー・ビーン GM が格好いいから」
New A's shortstop Hiroyuki Nakajima says Billy Beane is 'extremely sexy and cool.'

2　語彙の創出

2.1　「リバー」「ライバル」「リビエラ」おまけに「到着」ってどんな関係？

　語彙がどのように創出されてゆくのかを考えることも楽しいものです。たとえば、「リバー」「ライバル」「リビエラ」という3つの語彙にはどのような関係があるのでしょう。すべてラ行から始まっていそうだということくら

いしかわからないかもしれません。

　安藤忠雄氏は世界的に高い評価を得ている建築家ですが、その安藤氏が東京大学出版会から刊行した『建築を語る』(1999) という著書があります。これは東京大学での安藤氏の講義の口述筆記なのですが、『第5講　激動の1960年代』に以下の一節があります。英語に翻訳すればどうなるか、考えてみましょう。

> この神戸の震災復興の公園にしても、私たちは以前大阪の天保山でサントリーの美術館をつくった時に、その周辺の<u>水辺の環境を生かした親水</u>空間づくりをトレーニングしていますし、…　　　　　　　　(p. 245)
> In the case of this park constructed as part of the earthquake revival plan of Kobe, our previous project of building the Suntory Museum at the Tempozan area of Osaka provided us with experience in creating a tranquil space intimately connected with the water that utilized the surrounding <u>riparian</u> environment.

　「水辺の環境」という箇所をどう訳すか、考えてみましょう。waterfront environments や waterside environment としても何ら問題はないのかもしれません。でも、ここで筆者が選択したのは、riparian という語彙です。形容詞 riparian (川辺の、水辺の) は、shore, bank (岸辺) を意味するラテン語 *ripa* (「川岸の土地、海外近くの土地」を指す) から来ています。riparian < *ripa* = shore + an となって形容詞を形成しているのです。このラテン語の語彙をじっくり眺めていると、英語の river (川) がこれに由来していることがわかります。昔の旅は船旅が多かったでしょうし、旅の終点は「岸辺に着く」ということだったのでしょう。だから、ar (to) + rive/*ripa* (shore) → arrive なのでしょう。

　ちなみに、river の [v] は有声唇歯摩擦音 (voiced labiodental fricative) で、下唇と上唇で閉鎖を作り、一気に開放することによって起こる破裂の子音の類型の一つです。でも、日本語やスペイン語など、この音を音素として持た

ない言語は多く、そうした言語では有声両唇破裂音（英語の voiced bilabial stop）[b] で代用されます。つまり、「リヴァー」ではなく「リバー」で代用しているのです。英語の elevator は通常「エレベーター（erebētā）」と書くことから理解できるでしょう。

　さらに、両唇摩擦音の一対である無声両唇破裂音（英語の voiceless bilabial stop）が [p] で、この *ripa* の [p] です。いわば、[v] という子音がその言語に存在しなければ [b] で代用されるように [v] と [b] は近く、[b] と [p] の違いは有声音か無声音か、言い換えれば声帯振動を伴うか伴わないかの違い、すなわち Voice Onset Time（VOT：有声開始時間）が異なるだけの違いです。通常、有声音では VOT が短く、無声音では VOT が長くなる傾向がありますが、有声音と無声音の VOT の境界は言語によって異なります。ある言語では有声と見なされている音が他の言語では無声だったりするのです。つまり、有声音と無声音のカテゴリー境界が異なる可能性があるのです（第 3 章 4.1 〜 4.3 参照）。たとえば、日本語学習者が「自然」を「しせん」、「感動」を「かんとう」、「すがた」を「すかた」と読んだり、書いたりします。このように考えると、無声音 [p] を持つラテン語の *ripa* と、それが有声唇歯摩擦音 [v] に置き換わっている英語の river、そしてその形容詞形では今も無声音 [p] を含む riparian となるという関係は、なかなか興味深いものがあります。

$$- \leftarrow \text{VOT} \rightarrow +$$

言語 A	有声音	無声音
言語 B	有声音	無声音
言語 C	有声音	無声音

図 1　異なる言語のカテゴリー境界の差異

　さらに、「競争相手」を意味する英語の rival も、じっくり眺めているとなんとなく river に似ているように見えてくるではありませんか。それもそのはずで、元来「同じ川の対岸に住む人（one on the opposite side of the same stream)」を意味するラテン語 *rivalis* に由来するのだから、この直感は正しいということになります。筆者くらいの年代ですと、森進一の『冬のリヴィエラ』(1982 年) くらいしか思い浮かばないのですが、フランスのニース (Nice) からイタリアのラ・スペーツィア (La Spezia) までの地中海沿岸地方の名称で有名な保養地であるリヴィエラ (Riviera) は、イタリア語で「海岸・湖岸・川岸」を意味するので、もちろんラテン語 *ripa* が語源です。

2.2 ラテン語の影響

ここまでの説明で、ラテン語が英語に大きな影響を与えていることが理解できます。たとえば、ラテン語 difficultas は、*difficilis* (*dis* [not] + *facilis* [easy] = difficult, troublesome：「非」+「容易」) + *tās* (接尾辞　suffix: -ty, -dom, -hood, -ness, -ship [used to form nouns indicating a state of being]) です。「たやすくはない」、だから、英語では difficult (難しい) なのです。本書はコミュニケーション (communication) が大きなテーマですが、コミュニケーションは「共有」を意味するラテン語の *communis* (common) に由来しています。「他者と共に分つ」、つまりコンテクストを共有することなのです。

もちろん、英語に影響を与えているのはラテン語だけではありません。アメリカの大都市では道を歩いていて物乞いに遭遇する場合が多々あります。アメリカ英語では、物乞いを panhandler といいますが、サンフランシスコで実際にフライパン (pan) の柄 (handle) を持ちながら物乞いをする人を見たことがあります。beggar も、これと同じような意味を持ちますが、古フランス語 *begart*、中世オランダ語 *beggaert*、中世英語 *beggen* (to beg) + *-are* (-er) が由来とするなど諸説あるそうです。

筆者はアメリカの大学で教えています。日本の政治機構 (三権分立) を説明するのに、国会を Diet と言ったとたん、アメリカ人大学生は笑い出します。食事の「ダイエット」を思い浮かべるのでしょう。たしかに、diet を辞書で調べてみれば「議会・常食・食物」と出てくるので、混乱しそうです。日本の国会の英語訳はイギリス議会などの Parliament ではなく Diet です。これはラテン語の *dieta* = day's work, session of councilors に由来しています。一

8 | 第 1 章　言葉の分析を楽しもう

方、「食事」を意味する英語の diet はギリシア語の *diaita* = way of living から来ています。こう説明すると、大学生は「ほおー」という感じで尊敬の眼差しで見てくれるので、筆者は意気軒昂となり、ますます語源の説明にのめり込んでいくのです。

3　逆形成と異分析

3.1　ダジャレ、流行語と新語

　ダジャレ（駄洒落）、言葉遊び、少し高尚にいうとメタ言語は、認知意味論では興味深い題材です。筆者は日本語に限らず英語でもスポーツ新聞、スポーツ欄を読むことを日課としていますが、新聞を読むと日常生活がダジャレの宝庫であることがわかります。プロ野球選手がファンにヤジを浴びせられて、怒りと悔しさをバットに込めての孤軍奮闘の 2 本のホームランを「怒カン怒カン」と表現する記事があります（『スポーツニッポン』2015 年 7 月 5 日）。「ドカン（怒カン）」というオノマトペの雰囲気が秀逸です。

　大阪府の堺中央綜合卸売市場を拠点とするプロレス団体「海鮮プロレス」を設立したという記事があります（『朝日新聞』2015 年 7 月 29 日）。「エビルマン」「デストロイカー」ら鮮魚にちなんだマスクマンが戦うらしいのですが、「エビルマン」が永井豪の「デビルマン（devilman）」、「デストロイカー」がプロレスラー「ザ・デストロイヤー（the Destroyer）」のダジャレだということはすぐわかるでしょう。形態素は意味を担う最小の言語単位ですが、「エビルマン」も「デストロイカー」も形態素という視点からは、かなり乱暴なダジャレでしょう。

　日本語母語話者なら、たとえば、「現場は"生温かい目"で見守っている」という記事（『夕刊フジ』2015 年 8 月 6 日）を見れば、「さほど期待していない」という意味だと察しがつきますし、「疲労困"敗"」という見出し（『日刊スポーツ』2015 年 8 月 7 日）なら、とても長い敗戦試合だったことは一目瞭然です。前者では（心に用いる）「温かい」から（気温に用いる）「生暖かい」

が類推でき、後者では「疲労困憊(こんぱい)」をもじっていることは明白です。しかし、日本語学習者が「感違って」と書いたりしても、「勘違いして」だと意味はわかりますが、これは意図的な造語ではないでしょう。

　類推変化は、歴史的にも顕著です。たとえば、西日本に住んでいると、「カッターシャツ」が、全国どこでも通用すると思ったり、cutter shirt という英語だと考えてしまうかもしれません。でも、「カッターシャツ」はスポーツ用品会社の商品名で、その会社の創業者が「勝ったシャツ」とダジャレから名付けた新語らしいのです。

　一昨日のことを「おととい」ではなく「おとつい」と言う地方があります。遠方を意味する古語「おち・をち（遠）」に由来しています。「つ」は「目つ毛（まつげ）」からわかるように「の」を表す助詞です。「おととい」は「をととし（遠年）」の類推から作り替えられたのかもしれません（小林 2006）。英語の OK も諸説ありますが、19 世紀の前半に all correct の綴りを間違えて oll korrect としたのが始まりだとされています。この場合も、当初は一時的な流行語だったものが、確立した新語となったのでしょう。

3.2　引き算の逆形成と足し算の異分析

　「逆形成・逆成語（back formation）」とは、派生語ではない語を派生語と考えて作り出された語彙です。たとえば、古・英語方言 pease（[pi:z] エンドウ豆）を複数だと思い、単数の pea を作るといったプロセスです。いわば、逆形成は複数から単数を生成するという引き算の結果です。delicious（おいしい）から -licious を接尾辞と捉え pastalicious や burgerlicious のような語彙を逆形成するのは、ある意味で足し算の結果、言い換えれば、別の要素を足して新語を生成するという「異分析（metanalysis ＜ meta- ＋ analysis）」です。史上 30 人目となるメジャーリーグ通算 3000 本安打を三塁打で達成したイチロー選手ですが、所属するマイアミ・マーリンズのオフィシャルサイトには 3-chiro: 3B for 30th to reach 3,000 hits!（3 塁打で史上 30 人目の 3000 本安打に到達！）という見出しが躍っています（2016 年 8 月 8 日）。しかし 3-chiro は異分析で、イチローは 1-ro（一朗）なのですから、正しくは 3-ro なので

しょう。

　こうした現象は、英語ばかりでなく日本語でも認められます。鶏肉や魚の
フライ、焼肉、コロッケなどハンバーグ以外のものでもバンズ（丸パン）に挟ん
だものを「〜バーガー (burger)」といいますが、これも逆形成 (-burger の接
尾辞化) で、誤解に基づいて本来の語源や語の構成とは異なる解釈を行った
結果としての異分析です。「ハンバーガー (hamburger)」はドイツの地名
Hamburg（Ham＝湾、Burg＝城）に由来していますが、「チーズバーガー
(cheeseburger)」や「チキンバーガー (chickenburger)」を作り、日本語で
は「照り焼きバーガー」「エビバーガー」、さらには「モスバーガー」や「ラ
イスバーガー」だって作るわけです。

　英語の形態素を考えてみましょう。たとえば、strawberry（ストロベリー：
いちご）は、straw と berry からでき上がっていて、straw は「わら」、berry
は「肉が柔らかで、汁を含んだ実」を意味します。同様に、cranberry（クラ
ンベリー：つるこけもも）は cran と berry からでき上がっています。cran は
接頭辞形態素ではありません。でも、接頭辞形態素と同じように１つの形態
素ではあっても独立できません。つまり、単独で語として出現しうる自由形
態素ではないので、単独では用いられず、それ以外のほかの形態素と接続し
て、はじめて現れる拘束形態素（束縛形態素）で、拘束語根 (bound base) で
す。それでも、cran・apple や cran・raspberry というような飲料が発売され
たりします。また、私たちはそれが何と何の味からでき上がっているのか、
すぐに想像できるのです。同様に、un・cola という言葉を見たり聞いたりす
ると、接頭辞の un で、すぐにこれは cola（コーラ）ではない飲み物だろうと
推測できます。

3.3　異分析：敬意表現

　類似の異分析は、「〜バーガー」に限らず、日本語にも広く認められます。
今ではあいさつ語として一般化している「とんでもございません」がまず思
い浮かぶでしょう。「思いも寄らない・途方もない」という意味で「とんで
もない思い違い」のように使用される「とんでもな・い」は「〜ない」まで

含めて分割できない一つの言葉です。つまり、「途でもない（とでもない）」が変化した語ですが、「とんでも＋ない」と異分析して、「とんでもございません」となってしまいます。

　同様に、「合格はとてもおぼつかない」や「足元がおぼつかない」のように「疑わしい・確かでなく不安だ・心もとない」といった意味で使用される「覚束（おぼつか）ない」は文語表現「おぼつかな・し」から来ています。ですから、「合格はとてもおぼつきません」「足元がおぼつきません」という言い回しは「おぼつか（動詞「おぼつく」の未然形）」＋「ない」と異分析されたために生じた表現だと考えられます。

3.4　異分析：名詞

　フルタイムリーガルアシスタント。このカタカナがすぐに読めるでしょうか。「振るタイムリーガルアシスタント」とは読まないまでも、「フル・タイムリー・ガル・アシスタント(full timely gull assistant)」と読むことはないでしょうか。もちろん、正解は、「フルタイム・リーガル・アシスタント(full time legal assistant)」ですが、どのように認知するのかは難しい問題です。たとえば、「気球」には空気より軽い気体の水素かヘリウムが使用される「軽気球」と、バーナーの炎で熱し膨張させた空気が中に詰まっている「熱気球」の2種類があります。でも、前者は「軽気＋球」であって「軽＋気球」ではないのです。これは「気球」の古い呼び方である「軽気球」が空気より軽い気体を風船、つまり球に詰め込むことで浮力を得るものから名付けられたのが、「軽」がいつのまにか脱落し「気球」、もしくは「軽」が「ガス」に置き換えられて「ガス＋気球」となり、そこからさらに「熱＋気球」「自由＋気球」「測風＋気球」「探測＋気球」といった語彙が次々に創出されたと考えられるでしょう。

　ふだん使用されている語彙の語源に異分析に基づくものが多いことは、これらの例から理解できるでしょう。しかも、こうした現象は使用言語に限定されるものではないことも最初に述べました。ただ、それぞれの言語内で異分析が独立して起こっているかというと、必ずしもそうではないのです。た

12 | 第 1 章 言葉の分析を楽しもう

とえば、「ハイジャック」は英語の hijack に由来しています。日本語では、「ハイ」が high と解釈され、飛行機の場合にのみ使用されるようになり、他の交通機関を暴力等で奪取する行為には異なる名称が作り出されることになったのです。運行中のバスを乗っ取る行為は「バスジャック (busjack)」と呼び、運航中の船を乗っ取る行為を「シージャック (seajack)」と呼びます。一方、英語では、こうした行為は航空機・鉄道・バスなどの区別なくハイジャック (hijack) と呼びます。刑事ドラマ『相棒』(テレビ朝日系列) で、神戸尊 (及川光博) が「しかしバスをハイジャックとは」(Season 8 第 8 話『消えた乗客』2009 年 12 月 9 日放送) と言う場面があります。この脚本家は「ハイジャック」を英語の意味で理解していることになります。

3.5　認知の普遍性

このように言えば、「ハイジャック」という語彙が日本語に入って来た後で起こった異分析ということになります。busjack は英語の辞書では the hijacking of a public bus (if you are in Japan) ということで、【日本にいるなら】という注釈付きですから和製英語の範疇に入るのしょう。しかし、必ずしも和製英語だと断定できない語彙も存在します。たとえば、語源が sea + (hi)jack であっても seajack は the hijacking of a ship, especially, one that occurs while the vessel is under way (名詞)、to hijack (a ship) (動詞) while at sea とちゃんと説明が出てくる辞書も存在します。ですから、異分析から創出された日本語の語彙が一概に間違いだとは断定できないでしょう。もしくは、元来は和製英語だったものが、現在では和製英語だとは言えなくなっているようで、影響は言語間で双方向ということになり、むしろ、こうした現象から人間の認知は普遍的なのだと解釈できるのではないでしょうか。

『ドラえもん』の「タケコプター」は、竹＋コプターです。でも、helicopter は heli と copter から出来上がっているのでしょうか。helicopter はラテン語が語源で、*helix* (helico「旋回する」= spriral「螺旋状の」) + *pteron* (pter = wing「翼」) なので、heli と copter ではなく、helico と pter から出来上がっていることになります。しかし、「ヘリコプター」は英語でも略して copter と言う

し、heliport (= a small airport suitable only for use by helicopters「ヘリポート」) もあります。「タケコプター」の生成と英語の語彙の生成に類似性が感じられ、こうした生成が認知的な普遍性に関わりがあるのではないかと考えられます。

　異分析は、古今東西を問わず、言語間で交差・交錯しています。Expect more. Pay less（より良い品質を、より安価に）というスローガンを旗印に営業を展開するアメリカの総合ディスカウントチェーン・小売店は、fabuless という言葉を使用しています。これは fabulous（信じられないくらい、すばらしい）から形容詞語尾・接尾辞で「〜性の・〜の特徴を有する」の意の ous を less で置き換えることで「すばらしいものを安価に」という語にしているのだと推測されます。しかし、fabulous は元来 fable（寓話・作り話）に ous がくっついて「架空の・途方もない・うそみたい」の意になったもの、つまり先ほど述べた「途でもない＝とんでもない」の意味です。いったん単語を短くして別の要素を付加することが異分析の特徴ですが、誤解に基づくものであれ、意図的なものであれ、こうした作業は私たちが無意識のうちに形態素の分析をしている証左なのです。アメリカ最大規模の高級デパートでも、Find the you-ness in all the newness と you に通常なら形容詞などにつけることで性質や状態などを表す抽象名詞を造る接尾辞 ness をつけて「新製品のなかに自分らしさを（演出できるものを）見つけてください」といったアピールをしています。また、韻まで踏んで効果を高めているのです。

　このように、気がついてはいないかもしれませんが、私たちは皆、少なからず言語学者なのです。でも、どのように言語分析をするかは異なるかもしれません。これには、個人差ばかりでなく、文化的差異や文化的知識が介在してきます。たとえば、米国人で日本語学習者のキムさんは、日本に住んでいるとき、「靴を『シュウリ（修理）』に出さないといけない」と知人の日本人が言うのを聞いて、「それは繰り返し（redundant）でおかしいでしょ、『靴』は言わなくてもいいでしょ、シュウリは shoe-re（pair）でしょ」と言ったらしいのです。パソコン、エアコンなど、短縮形が頻繁に出現するのが日本語だという知識に基づいて、知人の発話を「靴（shoes）をシュウーリ（shoe-re）」で

14 | 第 1 章　言葉の分析を楽しもう

重複していると解釈したのです。

4　形態素分類：自由形態素と機能語

4.1　「ググる」だけれど「ツイートする」？

　英語の形態素は自由形態素と上述の cran のように（単独で語を構成しないで他の形態素と複合してはじめて意味を持つ）拘束形態素に分類できます。拘束語根だけでなく接頭辞・接尾辞などの接辞、短縮形も拘束形態素に含まれます。一方、自由形態素はさらに分類されて、(1) 名詞・動詞・形容詞・副詞のように今後もその数が増えてゆくグループと、(2) 接続詞 (and, or)・冠詞 (a, the)・指示詞 (this, that)・前置詞 (to, from, at など)・比較級 (more, less) のように増加することなどまず考えられない機能語のグループがあります。たとえば、名詞は年々爆発的にその数が増加しています。e-mail という複合名詞 (electronic mail) ができたのは、少なくとも筆者の視点からは、そんなに古いことではありません。この名詞が次に動詞化して、Please e-mail me（「イー・メールしてね」）となります。Google も固有名詞だったはずなのに、「検索する」という意味で動詞として使用されるようになります。さらには、「ググる」という若者言葉だって存在します。

　　　e-mail　　　名詞→動詞
　　　google　　　固有名詞→動詞（日本語に入って若者言葉でも動詞化）

　Twitter（ツイッター）は、ウェブで「つぶやき」のような短文を投稿する交流サイトです。具体的には、インターネット上でユーザーそれぞれが規定の数文字以内で不特定多数の人々に携帯電話などから気軽につぶやく、というか意見を投稿することで、反応が直接返ってきます。ツイッターは、tweet（小鳥のさえずり声）に由来しているので、まさに「ピーチクパーチク」なのですが、たぶん動詞では I'm going to tweet that が文法的に正しいのでしょ

う。しかし、I'm going to twitter that のように twitter と tweet の両方が動詞として容認される日はそんなに遠くないのかもしれません。

4.2　動詞→名詞化→再動詞化

逆に動詞から名詞が生成される場合もあります。先に「デッドボール」はhit-by-pitch だと述べましたが、これは a batter is <u>hit by a pitch</u> from the pitcher が名詞化されたものです。ここでは、動詞（tweet）から名詞（twitter）が作られ、そこからさらに動詞（twitter）が創出される場合と同様の可能性を考えます。たとえば、「マツイはセンターにフライを打ち上げてアウトになってしまった」が Matsui has flied out to center field であって、Matsui has flown out to center field とはけっして言いません。野球用語の「フライを打つ」の場合に限って、過去形も過去分詞形も flied という規則動詞です。でも、野球以外は過去形、過去分詞形が flew, flown と不規則動詞になるという説明では不十分なのです。実際には、不規則動詞の fly がいったん名詞になり、さらにそれが野球用語として動詞に転化すると、今度は規則動詞として活用されるというプロセスになっているのです。

fly（不規則動詞：fly, flew, flown）→ fly（名詞化）

→ fly, flied, flied（動詞化されて規則動詞）

ゴルフではアルバトロス（albatross アホウドリ）がパー（すなわち、基準もしくは規定打数）より３打少なく当該ホールを終了した場合、イーグル（eagleワシ）がパーより２打少なく終了した場合をいうように、鳥にちなんだ名称を用います。パーより１打少なくホールを終了することをバーディー（birdie小鳥）といいますが、これらはすべて名詞です。しかし、サンフランシスコ・クロニクル紙（San Francisco Chronicle）の新聞記事では、Nick Price birdied the final hole for a 6-under 66（ニック・プライスは最終ホールをバーディーで上がって、6 アンダーの 66 とした）（2008 年 3 月 15 日）と、本来は名詞のbirdie を動詞化しています。e-mail（mail）、google、gun（銃）など最初は名詞

16 │ 第 1 章　言葉の分析を楽しもう

でも、動詞化して活用される場合があり、twitter も同様のプロセスを歩んで
いることが推測されます。

5　機能語

5.1　接続詞

　接続詞は機能語で、今後増加することなどまず考えられないと先に述べま
した。もし新しい接続詞が加わったりしたら、その接続詞が順接の機能を果
たしているのか、それとも逆接の機能を果たしているのか、どのような意味
を表すのか、日々、知識を更新しなければなりません。まずそんなことはな
いでしょうが、「機能語がぜったい増加しないのだ」とも言い切れません。

　たとえば、品詞としては but は接続詞で、however は nevertheless や
nonetheless と同様に副詞もしくは接続副詞（conjunctive adverb）です。にも
かかわらず、現実には however はあたかも接続詞であるかのごとく扱われ
ています。たとえば、筆者が指導した学生が複数の大学院に推薦状を送って
くれという依頼をメールしてくる場合を想定してみましょう。

> As I mentioned earlier, the deadline for submission of the recommenda-
> tion letter is December 7th, however S University prefers electronic sub-
> missions via email.
> （提出期限は 12 月 7 日ですが、S 大学はメールでの提出を望んでいます。）

この however の使用は、厳密には、というか文法家によると少なくとも現
時点では正しくはありません。As I mentioned earlier, the deadline for
submission of the recommendation letter is December 7th, but S University
prefers electronic submissions via email. とするのは一案です。どうしても
however を使いたいなら、セミコロンを使用して As I mentioned earlier, the
deadline for submission of the recommendation letter is December 7th;

however, S University prefers electronic submissions via email. とすべきで
しょう。
　同様に、ある会合のお知らせに以下のようなものがあります。

> The regular meeting is scheduled for 6:30 p.m., <u>however</u>, we will adjourn
> to an executive session by 7:45 p.m.
> （通常のミーティングは午後 6 時 30 分に行いますが、7 時 45 分までに
> は終了し役員会に移行します。）

類似の例としては、nevertheless の使用があります。

> She was exhausted, <u>nevertheless</u>, she went on running.
> （彼女はヘトヘトだったが、ランニングに出かけた。）

これは、現時点では「ダメ！ She was exhausted; nevertheless, she went on
running. とすべきだ」と文法家は言うかもしれません。世界中のどのよう
な言語でも、言葉の変化は「乱れ」として批判される傾向にあります。
however や nevertheless の機能語、ここでは接続詞としての使用はそうした
意味でまだ完全には容認されていません。それでも変化・変異は厳として存
在するのです。

6　接続表現

6.1　自立語化している「なので」「ので」

　接続詞は機能語で、今後増加することなどまず考えられない、と先に述べ
ました。これは英語には当てはまるかもしれませんが、日本語には必ずしも
当てはまりません。たとえば、原因や理由を表す接続詞として「だから」の
ほかに「なので」もよく使用されるようになってきました。学校の作文や小

論文などの改まった書き言葉でも、「なので」を接続詞として使用する場合が散見されます。具体的な用例として「〜先生のセミナーは、私にとってプラスになることばかりです。<u>なので</u>、私は〜先生に修論を指導していただくことを希望します」「自分にとってこれが一番大事なことだと思っています。<u>なので</u>、この機会にしっかりとした日本語の使い方を身につけたいと思いました」などが挙げられるでしょう。

　最近では、さほど若くない人たち、たとえば、中年男性アナウンサーまでもが「今日は日曜日なので、行楽客が多いです」と言うべきところを「今日は日曜日です。<u>なので</u>、行楽客が多いです」と言います。インタビューを受けた山梨県民が「トロって高いですよね。お寿司でも高いけど。<u>なので</u>、毎日だから赤身を選んでます」と答えます（『カミングアウトバラエティ！！秘密のケンミンSHOW』日本テレビ系列2015年7月30日）。筆者のよく知っている大学教授にも文頭「なので」を連発する人がいます。ですから、「なので」が始まると、数えることにしています。しかし、「なので」という接続詞自体が不思議ではないでしょうか、こんな接続詞があっていいのでしょうか。そもそも、助動詞「だ」の連体形または形容動詞の連体形語尾「な」に、原因・理由を表す接続助詞「ので」の付いたものが「なので」であって、「雨なので中止にした」「静かなので読書に適している」などのように「…だから・…であるので」を意味しているのです。

　インターネットを見ても、「ティファニーと言えば、オープンハートがかなり有名だと思います。<u>なので</u>、定番のハートをプレゼントしてみてはどうでしょうか」と使われています。また、「（ドラマ）ロングバケーションは面白いですか？」という問いに対して「僕のお母さんがいつも見ています。<u>なので面白いと思います</u>」といった書き込みが見られます。筆者の『言語と文化』の書評にも「<u>なので</u>、どんな本か、簡単に説明するのが難しいので、本書の概要からこの本の内容をまとめると、…」とあります。

　インターネット言語が純粋な意味での「話し言葉（音声言語）」でも「書き言葉（書記言語）」でもなく、その中間に属する独特の言語なのだという議論は、たしかに存在するでしょう。しかし、『ザ・私聴率　画面の奥のプロに

学べ　打率を上げる』と題したエッセイで、鈴木 (2010) は「僕は思いました。『このままじゃ一生採用されるようにならないな』と。なので、次の週から一つのお題に対して 10 本ずつ、計 50 本書いていくようにしました」(p. 76) と述べるのです。「このままじゃ一生採用されるようにならないな」は鈴木の心の中の発話、つまり、呟きなので話し言葉と考えてもいいでしょう。しかし、「なので」が出現している場所は、鈴木の呟きの外なのです。

　ドラマ『おひとりさま』(TBS 系列　2009 年 10 月 16 日〜 12 月 18 日放送)は、東京都内の名門女子高等学校を舞台にしていますが、50 歳の教頭(佐戸井けん太)が「彼女の父親は PTA 役員です。ご機嫌を損ねると PTA 全員を敵に回すことになりますよ。なので、面談は父親とだけでおねがいします」と言う場面があります (第 7 話)。同様に、昭和 30 年代が舞台のドラマ『南極大陸』(TBS 系列 2011 年 10 月 16 日〜 12 月 18 日放送) でも、主人公の倉持岳志 (木村拓哉) は「なので、最後まであきらめなかった仲間たちには、この南極で日本の南極観測隊をずっと、ずっと見守ってもらおうと思います」と言います。現代が舞台なので 50 歳の教頭が文頭「なので」を使うことは不思議ではありません。でも昭和 30 年代に東京大学理学部に勤務する助教授の倉持が文頭「なので」を使用していたのでしょうか。以下の 2 つの「なので」を考えてみましょう。

(4a)　お肉が食べたい気分なので、牛肉の料理をお願いします。

(4b)　お肉が食べたい気分です。なので、牛肉の料理をお願いします。

(5a)　肉が苦手なので、魚介類を…

(5b)　肉が苦手なんです。なので、魚介類を…

　「なので」は、(4a) (5a) に見られるように、本来は最初の文と後続する文をつなげる接続助詞の働きをします。助動詞「だ」の連体形または形容動詞の連体形語尾「な」に原因・理由を表す接続助詞「ので」が付いたもの、すなわち「お肉が食べたい気分 (だ→な) ＋ので牛肉の料理をお願いします」「肉が苦手 (だ→な) ＋ので魚介類を…」です。しかし、(4b) (5b) のように、

文頭「なので」を使う人が増加傾向にあります。(4b) はフジテレビ系列のバラエティー番組『SMAP×SMAP』『BISTRO SMAP』のコーナーでの松嶋菜々子 (2009 年 6 月 29 日放送分)、(5b) は土屋アンナの同コーナー (2011 年 11 月 7 日放送分) での発話です。たとえば、松嶋の場合、対話の中でこれ以外に 3 度「なので」を使用しています。救命医療の現場を描いた『救命病棟 24 時』というドラマの共演者ユースケ・サンタマリアを紹介しながら「江口さんと対立する役なので、大事な…」と言い、自分の趣味に言及して「アウトドアとか好きなので…」と言います。これらはそれぞれ助動詞「だ」の連体形、形容動詞の連体形語尾「な」に原因・理由を表す接続助詞「ので」が付いたものです。「なので」は自立語化していないので文頭には出現していません。しかし「なので、え〜とジムには週 3 とか行ったりはしてたんですけど…」という発話では文頭に「なので」が出現するのです。この「なので」は自立語化しているので、文頭に出現しているのでしょう。

　筆者は自立語化している「なので」が間違っていると規範文法 (prescriptive grammar) の立場から批判しているのではありません。「なので」ばかりでなく、「だので終わりだと思ってた」「だので今日、いただきに行っちゃいました」「だので早速使ってみた」のように「だので」を使用する人も存在します。

　「なので」でも「だので」でもありませんが、「ので」が冒頭に来る場合はどうでしょうか。以下は『JIN-仁-』についての感想です。これは容認度が低いのでしょうか。

　　原作では「医療処置の図解」や「江戸の風習・習慣」を細かく表現している点や仁の未来が変わろうが自分の存在が消えようが関係なく、治療を必要とする人をほおっておけない！といった気概のない点などが個人的には残念ですが、マニアックな「スーパージャンプ」から発見した点や敢えて人気・旬の俳優を起用しない点には制作者の気概を感じました。ので私は 8 点はあげたいと思います。

しかし、夏目漱石は『それから』(1909) で、「無頼の青年であった。ので高木は母とともに…」と「ので」を接続助詞ではなく接続詞として使用しています。明治時代から使用されている「ので」ですが、それでも容認度は低いのでしょうか。

6.2　接続表現：「なのに」「だのに」「のに」

他品詞からの転用という経過をたどってきた言葉は、接続詞に数多くあります。たとえば、「な＋ので」と成り立ちが似ていると思われる接続詞（もしくは接続表現）に「な＋のに」があります。「お互い好きなのに会えない」のように、「なのに」は助動詞「だ」の連体形または形容動詞の連体形語尾「な」に、逆接の接続助詞「のに」が付いた接続表現です。本来は「お互い好きなのに会えない」や「考え方はいいのに行動が伴わない」というふうに使われていたものが、今では「お互い好きだ。なのに会えない」や「考え方はいい。なのに行動が伴わない」と言うのでしょう。

チェリッシュがかつて歌った『なのにあなたは京都へゆくの』(1971 年作詞：脇田なおみ　作曲：藤田哲朗) は曲の題名からもわかるように、「〜なのに…」ではありません。歌詞も「私の髪に口づけをして『かわいいやつ』と私に言った。なのにあなたは京都へゆくの」とあります。同様に、次のような新聞の論説記事があります。

> 『アバター』は中国でも１月４日から公開され、人気を集めていた。なのに当局は同月 22 日から上映館の７割を占める通常版の公開打ち切りを示唆したという　　（『産経新聞』2010 年 2 月 13 日　論説委員　鳥海美朗）

少し解釈を変えることになりますが、「それなのにあなたは京都へゆくの」や「それなのに当局は同月 22 日から上映館の７割を占める通常版の公開打ち切りを示唆したという」と考えるなら、「それなのに」から「それ」という指示詞が脱落したものだとも解釈できるでしょう。

「なのに」と類似の接続詞（もしくは接続表現）に「だのに」があります。

22 | 第1章　言葉の分析を楽しもう

「だのに」は助動詞「だ」に助詞「のに」が付いて自立語化したものです。たとえば、「親切にしてやったのに裏切られた」ではなく「親切にしてやった。だのに裏切られた」のように使用されます。『なのにあなたは京都へゆくの』よりもさらに5年ほど古い歌ですが、『若者たち』（1966年 作詞：藤田敏男 作曲：佐藤勝）では、「君の行く道は、果てしなく遠い。だのになぜ、歯をくいしばり、君は行くのか、そんなにしてまで」「君のあの人は、今はもういない。だのになぜ、何をさがして、君は行くのか、あてもないのに」とあります。もし「だのに」のほうが「なのに」よりも接続詞の認知度が高いとすれば、1966年に発表された『若者たち』と1971年に発表された『なのにあなたは京都へゆくの』の5年の違いは重要な意味を持つのかもしれません。

　「なのに」でも「だのに」でもありませんが、「のに」が冒頭に来る場合はどうでしょうか。これも現時点では意見が分かれるかもしれません。

　　　(6a)　真央の方が難しい演技をしているのに、どうしてこうなるのか？
　　　(6b)？真央の方が難しい演技をしている。のに、どうしてこうなるのか？

6.3　類似の成立過程をたどった接続表現

　重要なのは、「な＋ので」「な＋のに」「だ＋のに」に見られるように、助動詞「だ」（もしくはその連体形や形容動詞の連体形）に助詞「のに」が付いて自立語化した接続詞として認知されるプロセスです。そして、これが、最初に述べた異分析のプロセスと酷似していることです。では、「なけど」はどうでしょうか。

　　　(7a)　マカロンも普通に好きだけどお店によっては甘すぎるかな。
　　　(7b)　マカロンも普通に好きなけどお店によっては甘すぎるかな。

現時点では、「だけど」は自立語化していても、「なけど」が自立語化しているとは思えません。つまり、「なけど」で始まる「なけど、お店によっては甘すぎるかな」は、若者言葉といえども成立していないと考えられます。しかし、(7b) は「とても・すごく・非常に」を意味する程度副詞の「普通に」の使用とともに、「好きなけど」なら少なくとも若者言葉としては成立しているのでしょう。「『焼肉定食 500 円』の看板が目印なんだけど、金額からして期待はしてなかった」「最近、キノコ派なんだけど、おみやげはチョコレートか小倉ソフトがいいなあ」ではなく、「『焼肉定食 500 円』の看板が目印<u>なんなけど</u>金額からして期待はしてなかった」「<u>最近キノコ派なんなけど</u>おみやげはチョコレートか小倉ソフトがいいなあ」と言ったり書いたりする人はいるかもしれません。実際、これは用例が確認できない架空の事例、つまり反実例ではありません。人はそれぞれ多少なりとも異なった文法体系を持っていて、たとえ母語話者であっても、こうした表現が日本語の表現として逸脱しているかどうか、その容認度のレベルは異なります。

でも、「『焼肉定食 500 円』の看板が目印なんだ。<u>(だ) けど</u>金額からして期待はしてなかった」「最近キノコ派なんだ。<u>(だ) けど</u>おみやげはチョコレートか小倉ソフトがいいなあ」は認められても、「『焼肉定食 500 円』の看板が目印なんだ。<u>なけど</u>金額からして期待はしてなかった」「最近キノコ派なんだ。<u>なけど</u>おみやげはチョコレートか小倉ソフトがいいなあ」は、少なくとも現時点では、日本語の表現として逸脱している、つまり容認度は低いのではないでしょうか。これは同じようなプロセスを経ていても、語彙としてそこまで成熟していない、もしくは、現時点では認知的に使用を阻んでいると捉えるべきでしょう。

もちろん、これにはもう少し補足説明が必要かもしれません。「美しい花だ。<u>だが</u>枯れやすい」のように後続の事柄が反対・対立の関係にあることを表す接続詞「だが」も助動詞「だ」に助詞「が」が付いています。前述のドラマ『おひとりさま』でも「ご家庭の事情はよく（存じております）。<u>ですが</u>みなみさんの…」という助動詞「です」に助詞「が」が付いている発話も同様です。「美しい花だが、枯れやすい」でもいいし、「ご家庭の事情はよく存

じ--24 | 第1章　言葉の分析を楽しもう

じておりますが、みなみさんの…」でもいいわけです。同様に逆接的に用い
ても丁寧な言い方で「美しい花です。ですが枯れやすいんです」や「美しい
花です。ですけれど枯れやすいんです」も容認されるでしょう。助動詞
「だ・です」に助詞がついて接続詞を創出するプロセスは、ほとんどの場合、
認められているのではないでしょうか。では、「だ」も「な」も「です」も
付かない、以下のような場合はどうでしょうか。これらは実際のウェブ上の
書き込みで純粋な意味での「話し言葉」でも「書き言葉」でもありません。
現時点で違和感があっても、これから何十年もたてば、「のに」だけでなく
「だし」も接続詞として完全に認知されるかもしれません。

　　　□□(チーム名)では通算112勝をマークしており、その頃の活躍ができ
　　れば大きな戦力になる。が、○○（選手名）はすでに「終わった投手」
　　という声もある。　　　　　　　　　　（『日刊ゲンダイ』2012年1月28日）

　A：本当にお金持ちの人の感覚。どんな感じですかね。
　B：細かいお金は気にしないものです…だけど普段、父は締まり屋で
　　　す。昔から電気をマメに消しなさい」ってよく怒ってました。だし、
　　　何十年も同じものを大事に着たりしています。　　（『Yahoo!知恵袋』）

表1　接続表現

だ	です	な	
だので	ですので	なので	ので
だのに	ですのに	なのに	？のに
だが	ですが	？*なが	が
だけ(れ)ど	ですけ(れ)ど	？*なけ(れ)ど	けど
だとすると	？*ですとすると	？*なとすると	とすると
だし	ですし	？*なし	？し

　ちなみに、第二言語学習者もしくは外国語学習者の日本語では、こうした接続詞の拡張用例は見当たりません。たとえば、「日本について興味があるから…」「遠いから…」「忙しいから…」「たくさん日本語の先生がいるけれど…」などを「日本について興味があるだから…」「遠いだから…」「忙しいだから…」「たくさん日本語の先生がいるだけど…」などと言ったりします（第2章参照）。これは「だから」「だけど」などを「ひとかたまり」(chunk：チャンク)として、その前に来る動詞や形容詞に付加するというストラテジーをとっているからでしょう。

6.4　脚本に見る接続表現

　前述した刑事ドラマ『相棒』（テレビ朝日系列）には、ここで述べた接続表現が頻出します。以下にその例を列挙します。同一の脚本家が書いたのであれば、それは脚本家の好みということになるのでしょうが、実は、Season 8 第8話と第17話以外はすべて異なる脚本家によるものです。

26 ｜ 第 1 章　言葉の分析を楽しもう

表 2　脚本での接続表現の使用

	サブ タイトル	脚本	用例
第 8 話 2009 年 12 月 9 日	消えた 乗客	徳永富彦	「ですが、（上条は）その後は完全黙秘でして」 （刑事【男】） 「なのに、…」 （恵【女】）
第 10 話 2010 年 1 月 1 日	特命係、 西へ！	戸田山 雅司	「ですが、その小細工が命取りになったんです」 「指紋は拭き取られていました。ですが、…」 （神戸【男】） 「ですが、東京の高村さん殺害に関しては、ま だ物証も見つかっていません」　（杉下【男】）
第 11 話 2010 年 1 月 13 日	願い	太田愛	「なのに、遥をさらった片割れが謝礼を要求し てくるなんて」 （叔母【女】）
第 12 話 2010 年 1 月 20 日	SPY	櫻井武晴	「なのに、両親にも結婚の報告をしていません でした」 （神戸【男】）
第 16 話 2010 年 2 月 17 日	隠されて いた顔	玉田義正 （協力： 西村康昭）	「なのに、彼らが一服しても何も起こらなかっ た」 （神戸【男】） 「だとすると、亡くなった曽田さんはどうして …」 （杉下【男】）
第 17 話 2010 年 2 月 24 日	怪しい 隣人	徳永富彦	「練馬です。ですが、来てもらわなくても…」 （杉下【男】）

「なのに」を使用しているのは 3 人で、そのうち 2 名は女性の発話という設
定、そして残りの 1 名は神戸尊（及川光博）の発話という設定です。一方、
「ですが」の使用は男性部下（神戸か杉下右京［水谷豊］か別の刑事）から男性
上司（杉下、もしくは他の上司）に限られていて、断定の意を表す助動詞
「だ」を含む「だとすると」は男性の杉下のみが使用しています。女性、そ
してたまに（神戸のような）部下の場合に、「ですが」の代わりに「なのに」
が使用されると解釈できます。

6.5 「なのに」と「だのに」再考：ポライトネスの視点から

　丁寧表現に触れたのでポライトネスとの関連性についても言及しておきます。『ウォール・ストリート・ジャーナル (The Wall Street Journal) 日本版』(2010年1月20日) に「日航を破綻に追い込んだケインズ主義」と題したオピニオン記事があります。「だが、まだ空港建設の多くが始まってさえいない 1964 年に新幹線が登場した」で始まる段落があり、次の段落も「だが残念ながら、そのときまでに既に空港建設ブームは一人歩きし始めていた」で始まります。さらに3段落行くと、また「だが、こうした日本政府の対応は航空会社にとっても、空港にとってもうまく機能しなかった」で始まる段落が出てきます。日本航空がなぜ破綻したのか、歴史的検証をたたみかけるような論理で展開しています。「だが」の繰り返しから、この記事を書いたのは男性ではないかと推測できないでしょうか。実際には、これは翻訳記事で、Joseph Sternberg という男性記者が書いた記事の日本語訳なので、翻訳者が男性なのか女性なのかは不明です。にもかかわらず、読者は「だが」の繰り返しから無意識に記事の書き手が男性だと思ってしまうのです。

　ここで「なのに」と「だのに」に立ち返ってみましょう。「なのに」の出現する『なのにあなたは京都へゆくの』を主に歌うのは女性ボーカル松井悦子で、「だのに」の出現する『若者たち』を歌うのは映画監督黒澤明 (1910-1998) の息子である黒澤久雄が結成した男性フォークグループのザ・ブロードサイド・フォーです。「私の髪に口づけをして『かわいいやつ』と私に言った。だのにあなたは京都へゆくの」と松井悦子が歌えば、これはかなり男性的に聞こえないでしょうか。

　逆に、『若者たち』で「君の行く道は、果てしなく遠い。なのになぜ、歯をくいしばり、…」「君のあの人は、今はもういない。なのになぜ、何をさがして、…」と男性グループが歌えば、どうでしょうか。「君の行く道は、果てしなく遠いのに、なぜ歯をくいしばり、…」「君のあの人は、今はもういないのに、なぜ何をさがして、…」よりは強くても、やはりどこか中性的な柔らかい感じがするのではないでしょうか。

28 | 第1章 言葉の分析を楽しもう

　こう考えると、助動詞「だ」は断定の意を表すので男性的ですが、「だ」の連体形もしくは形容動詞の連体形語尾「な」だと女性的になるのではないでしょうか。もちろん、これは比較的にということです。「だ」を含んだ「だのに」は断定的で押しつけがましい印象を与えるかもしれません。一方、体言を修飾するときに用いられる形である連体形を含んだ「なのに」や「なので」は柔らかい印象を与えるのではないでしょうか。これを「だから」と「なので」の対比に照らし合わせても、同様のことが言えるでしょう。前件が原因・理由、後件が結果の関係にあることが「だれの目にも当然と思われる」場合には「ので」、その関係が「話し手の主観的判断」の場合には「から」で示され、一般的に「『ので』のほうが丁寧だ」と感じられます（浅見1964）。これは、名詞化することで対話相手との不必要な摩擦を避けようとするポライトネス（politeness）、とくに対話相手の領域を侵さない行為を指すネガティブ・ポライトネス（negative politeness：消極的配慮）とも関わっているのではないでしょうか（Brown & Levinson 1987）。

6.6　本書の方向性

　本章では、テレビでの発話ばかりでなく、ウェブ上でやりとりされている言葉、つまり用例が確認できる実際の事例を採取して引用しました。話している口調に近い、書き手が読み手に対してまるで仲間に向かって話しかけるような文章を「新言文一致体」と呼びます（井上・荻野・秋月2007；佐竹1980, 1995）。たとえば、本章での引用発話では、会話をしているような雰囲気がそのまま文章として表現されています。こうした新言文一致体は、主に若者のあいだで使われていますが、ウェブでのチャットやメールなどのコミュニケーションで用いられる表現にも頻出していると考えられます。さらに、ウェブでの言語使用は、書記言語とはいえ音声言語に近づいていますし、地域方言の使用も頻繁に認められます。本書では、音声言語と書記言語ばかりでなく、ウェブでの言語使用など、多様な言語手段と言語使用を考えます。

　通常、言語学では、最小単位（つまり下位分野）から一番大きな単位（もし

くは上位分野）まで、順に（1）音素・音韻論（音韻体系を記述・研究する分野）（2）形態論・形態素論（単語の内部構造、単語内の相互関係を研究する分野）（3）統語論（文の構造を記述する分野）（4）意味論（単語・文・発話など意味を記述し研究する分野）（5）語用論（言語使用および言語構造と社会的コンテクストとの関係を研究する分野）などに分類されます。たとえば、統語レベルでは正しいにもかかわらず、意味レベルでは不思議な文の例として、チョムスキーは Colorless green ideas sleep furiously をあげました（Chomsky 1957）。実際に大阪に存在するレストランの「ドイツ五つ星レストランシェフが作る本格インド Curry」の看板も同じで、文法上正しくても首を傾げてしまいます。同様に、「文法と語用論は別物で、切り離して考えるべきだ」とジェフリー・リーチ（Geoffrey N. Leech）は主張します（Leech 1983）。統語レベルと意味レベル、さらに語用レベルは、それぞれが独立した部分を持っているということでしょう。

　また、社会言語学、認知言語学、歴史言語学、心理言語学、応用言語学、対照言語学、最近ではコーパス言語学など、修飾語付きの言語学、すなわち○○言語学を言語学の下位分野だと捉えることは可能です。にもかかわらず、言葉の特定の要素に注目したり、特定の観点から言葉を分析するこれらの分野は、そのそれぞれが言語学の分野で確固たる独自の立場を貫いてきた研究分野でもあるのです。

　第 1 章では、主に形態素レベルでの異分析からの変異形を取り上げました。しかし、上位分野の統語レベル、さらには語用レベルでも類推拡張による単純化・合理化は起こっています。本書では、音素・音韻論、形態論・形態素論、統語論、意味論、語用論といったさまざまの分野で、さらに、これらのさまざまの分野を社会言語学、認知言語学、歴史言語学、心理言語学、応用言語学、対照言語学などさまざまな側面から、方言を含めた口頭言語、書記言語、インターネット・コミュニケーションにおける言語使用、そして「言語変化がどのように進むのか」という問題を考えます。つまり、多方面から「言語変異」の問題を考えます。ですから、本書が目指すのは、特定の要素や観点から言葉を分析するいわゆる「○○言語学」という修飾語付きの

言語学ではなく、「社会志向の言語研究(socially oriented linguistics)」と呼ぶほうが適切なのです。

第2章

言葉はどのように使われるのか
─談話の構造を考える─
ディスコース

1　非日本語母語話者の語り

　私たちは日常生活の中でさまざまな語りに出会います。語りは、小説やテレビなどの虚構の世界ばかりではありません。私たち自身が、実際に日常生活の中で「物語る」という行為を頻繁に行っています。昨日たまたま経験したこと、ずっと以前に遭遇した経験で今も心に深く残っていることなど、さまざまな体験・経験を誰かに語りたいものです。こうした欲求は、第二言語もしくは外国語学習者が目標言語で話す場合も同様でしょう。でも、伝えたい情報を相手に正確に、そして的確に伝えるという作業はときとしてきわめて難しいものですし、外国語や第二言語では、その困難さはなおさらのことです。これは伝える道具としての言語能力が、その目標を達成するには十分ではないという現実に直面してしまうからでしょう。

　コミュニケーション（communication）がラテン語の *communis* に由来し「共有」を意味していることは第1章で述べました。言語能力が限られている中で、コミュニケーションを達成し、聞き手・読み手との間にコンテクスト（context：文脈）をどのように確立するのかという問題はとりわけ難しい課題ですが、語る作業となると至難の業となるかもしれません。第二言語・外国語学習者がどのような談話構造を用いてコミュニケーションを達成し、自らの過去の体験を物語るのでしょう。ここでは北米の大学で日本語クラスを

[31]

32 | 第2章 言葉はどのように使われるのか ―談話の構造を考える―

取り日本に移住したばかりの男性のダグさんが Facebook に掲載した文章を紹介します。

今日は「日本に行ってて外国人のビックリしたことは、何だった？」という話題だった。いろんなバカな話になったけど、日本でもう忍者とか、侍とかがいないなど。だが！私の日本に引っ越して驚いたのことは、日本人が思ったよりぽい捨てる。日本に引っ越した前に日本はすごく奇麗な国と思っただけど場所によって全然違う。田舎の方がもっといいだけど、どこに行ってもゴミがあちこちにぽい捨てられました。正直、ちょっとがっかりした。私、最近ぜんぜん運転しないだから、いつも自転車で通ったり、コンビニに歩いたり、それで毎日ポイ捨てられたゴミを見る。一番気になるのはペットボテル。皆さん、日本を守りましょう。ゴミを持ち帰ってちゃんと分別をしましょう！

　物を軽く放り投げる際のオノマトペ「ポイ捨て」は、擬態語で「ポイと捨てる」を略した名詞です。タバコの吸殻、空き缶、ガムなどを無造作に道路、道路脇、公園などに捨てる行為です。動詞から名詞ができ上がっているのですが、「ポイ捨て」を動詞化する際には「ポイ捨て＋する」となるのでしょう。でも、ダグさんは「ポイ捨て＋る」で動詞化しています。

　(1a)? ポイ＋捨てる（動詞）→ポイ＋捨て（名詞化）

　　　　　　　　　　　　　　　→ポイ捨て＋る（再動詞化）

　(1b)　ポイ＋捨てる（動詞）→ポイ＋捨て（名詞化）

　　　　　　　　　　　　　　　→ポイ捨て＋する（再動詞化）

ダグさんの再動詞化の論拠は、ただ単に「捨てる」と同形に戻したのかもしれませんし、動詞の辞書形が「る」で終わる動詞の存在が日本語では顕著だからなのかもしれません（第5章参照）。日本語学習者は特定の日本語の規則を広く一般化しすぎてしまっています。つまり、日本語の動詞に頻出する

「る」を過剰般化（overgeneralization）しているのでしょう。ダグさんの類推は現時点での日本語では、残念ながら正しくないようです。「ポイ捨て」は擬態語の要素が強いので、たとえば「がっくりする」や「がさがさする」と同じように「擬態語＋する」となるのかもしれません。でも、ダグさんの誤用はなかなかユニークだと思いませんか。今から 10 年後には若者語の語彙リストに「ポイ捨てる」が入っているかもしれません。もしかしたら、これから 20 年も経ったら、若者だけでなく日本語母語話者が当然のように「ポイ捨てる」を使っているかもしれません。

　もちろん、「ピックリ」（無声音 [p] と有声音 [b] の違い）や「ペットボテル」など、明らかに変だと思う箇所がいくつかあります。でも、こうした誤りは時間が経てば修正されてくるでしょう。一方、「驚いた」と「こと」を「の」でつなぐような誤りは、修正が難しい傾向にあります。名詞「こと」の連体修飾語「驚いた」は名詞ではないので、格助詞「の」でつなぐことはできません。日本語にかなり熟達しても、成人日本語学習者は (2a, b) に見られるようにこうした間違いを頻繁にします。

（2a）　運が悪いの時間だよ。

（2b）　趣味をするの時間がなくて、たいてい勉強するとか宿題しています。

　次に「田舎の方がもっといいけど」と「けど」という接続表現を使わないで「田舎の方がもっといいだけど」と「だけど」を使っていることに気がつきます。「奇麗な国と思ったけど」ではなく「奇麗な国と思っただけど」、「運転しないから」ではなく「運転しないだから」も同じです。どうしても「だけど」や「だから」を使いたければ、「田舎の方がもっといい。だけど…」「奇麗な国と思った。だけど…」「運転しない。だから…」のように、これらの接続表現から始めればいいでしょう（第 1 章「6. 接続表現」参照）。(3a-f) も成人日本語学習者の例です。

（3a）　店はとても古いだよね。でも、すごく楽しくて、おいしいだ。

34 ｜ 第2章　言葉はどのように使われるのか —談話の構造を考える—

(3b)　北海道は楽しい<u>だ</u>よ。

(3c)　むずいかしい<u>だ</u>けど…

(3d)　日本料理は見た目や形ばかり大切にしすぎる<u>だ</u>と思います。

(3e)　僕はその人の意見に賛成する<u>だ</u>。

(3f)　日本食の栄養のバランスはとてもよい<u>だ</u>。

すべての「だ」の誤用が同じ理由に基づいているとは限りませんが、いつも「〜だと思います」と定型化されて、ひとかたまりの標識として使用されている、つまり「固まり表現」と捉えるのが妥当でしょう。そう考えると次の成人日本語学習者の例は「なのに」や「〜くなる」も固まり表現、すなわち、ユニット形成のストラテジーに依存しているのだと気がつくでしょう。

(4)　　ちいさい<u>なのに</u>、おなかがいっぱ<u>くなる</u>かも。

　第二言語もしくは外国語学習者の言語体系は習得段階で変化していきますし、そうした特有の言語体系を「中間言語(interlanguage)」(Selinker 1972)と呼びます。中間言語のプロセスは仮説・検証のプロセスでもあるのです。先ほどのダグさんの「ポイ捨て<u>る</u>」も日本語の動詞の仮説からきたものです。

　しかし、日本語上級者になっても、たとえば「今後、コンピュータを使って、たくさん便利なことをできるようになる<u>だと思います</u>」「いろいろな用事ができるようになる<u>だと思います</u>」「ストレスがない<u>だと思います</u>」などのように特定の項目や事項が誤用のまま習得が進まないのも事実です。こうした「いつまでも誤用として残ってしまう現象」を、中間言語の発達過程における「化石化 (fossilization)」と呼んできました。ただ、現在は「定着化 (stabilization)」という表現が好まれているようです。

　それにしても「日本に引っ越す前に」ではなく「日本に引っ越した前に」と過去形にしているのはどうしてなのでしょうか。「過去のことであっても、『前に』の前はいつも辞書形を使用する」といった母語の英語とは異なる日本語の文法規則とその背後にある理由（本章の後半で説明する「時制」と

「視点」)を理解するのは難しい問題です。こうした誤用も、矯正が難しいのかもしれません。

1.1　スキーマと視点

　「大学院進学の推薦状を依頼する」という課題に「お大学院進学の推薦状を書いていただけませんか。本当にありがとうございます」と書いてくる日本語専攻の学生がいたとしましょう。「公共施設や組織には『お』や『ご』をつけない」という規則の説明だけでは十分ではないことを、教師は思い知らされることでしょう。過去の経験に基づいて組織化された「文化的知識」をスキーマ (schema：図式) と呼びます (Bartlett 1932)。代表的事例を「プロトタイプ (prototype：原型・典型)」と呼びます (第5章参照)。スキーマは語りのプロトタイプと考えて差し支えないでしょう。以下のような作文に遭遇すると、スキーマが異なるという感覚にすら陥るかもしれません。

　　　〇〇大学を卒業してから△△大学院をお受け入れしました。今、日本語をお続けして勉強いたしている。そして日本語の修士号をお得するつもりです。東京もにお留学して応用した。そして最近の私をお受け入れしました。

日本語学習者に接頭辞「お」「ご」を教える際には、「お」をつける言葉は訓読みの和語 (例：お金・お客・お手紙・お礼)、「ご」をつける言葉は音読みの漢語 (例：ご出席・ご心配・ご両親)、そして「お」も「ご」もつけない言葉は外来語・動植物・公共施設・組織・固有名詞と説明するのが通例でしょう。でも、音読みの漢語にも「お」をつける言葉は多数存在しますね (例：お世話・お食事・お時間・お茶・お料理・お電話)。ですから、「お」をつける言葉には、訓読みの和語ばかりでなく、日常生活でよく使われる言葉も含まれることになります。ここで、「日常生活でよく使われる言葉は例外なのだ」と説明してしまえば、ことは簡単ですが、よく使われる言葉というのは心理的距離 (psychological distance) が近いのです。言い換えれば、和語に限

りなく近く、心理的に身近なのです。

　逆に、「お」も「ご」も可能な場合、たとえば、「返事」という語彙を考えてみましょう。丁寧語（美化語）として、たとえば幼児を相手に「皆さん、大きな声でお返事しましょうね」と言ってもまったく問題ないのでしょうが、尊敬語、あるいは動作対象を敬う謙譲語として「ご返事をいただき恐縮です」や「ご返事をさしあげる」と言いますから、成人話者が社会で使う場合には、心理的距離を保つ意味で「ご返事」を使用すれば間違いないでしょう。しかし、美化語でも、たとえば、「ビール」を「おビール」、「ソース」を「おソース」というように「お」をつけて言ってもおかしくないかどうかという判断は別の問題でしょう。

　もちろん、日本語における接頭辞「お」、とりわけ美化語の難しさは、日本語学習者に限らないのかもしれません。ちゃんとした大人が「その言葉づかいはなんだ！」とイマドキ女子に対してむかつくのはどのような瞬間かという問いに、「パンのことを『おパン』と言っていた時」や「おごもっともでございます」「バンドもお組んでいますか」などが入っていました（『踊る！さんま御殿!!』日本テレビ系列 2013 年 7 月 2 日）。

　大阪市営地下鉄に『善意の本棚』があって、自由に本の貸し出しができるそうです（関西テレビ『胸いっぱいサミット！』2015 年 6 月 6 日）。そこに以下の『本棚のお願い』という注意書きがあります。

　　本がお出かけするとおでかけしたままで、ほとんど本達が返ってきません。帰ってこれない本達はきっと悲しんで涙していることでしょう。このままでは本棚を維持していくことができなくなって、本棚はやがて善意のカーテンを閉じてしまうことになるでしょう。

　最初の 2 行は本棚目線ですが、3 行目では管理者目線になっています。つまり、本棚から管理者に視点が移動しているのです。

1.2 談話とは何か：談話の定義

　上記の例のように、コミュニケーションという目的で言語を使用する際には、単文よりもっと大きな単位、たとえば、ひと続きの文章・発話を用いるのが常です。これを「談話（ディスコース）」と言います。ディスコースの語源は「dis- in different directions + course ＜ ラテン語 *currere*（run about）走り回る」で「話があちこちに及ぶ」、つまり、私たちが日頃やりとりしている「会話」です。『大辞林』第三版では、談話を次のように定義しています。

　　だんわ【談話】（名）スル
　　① 　はなしをすること。くつろいで会話を交わすこと。「友人と―する」
　　② 　ある事柄についての非公式な意見。「首相の―」
　　③ 　〔言〕（discourse）文より大きい言語単位で、あるまとまりをもって展開した文の集合。話されたもの、書かれたものの両者を含む。テクスト。

　ラテン語の語源ばかりでなく①にもあるように、談話のいちばん身近な例は会話でしょう。教会で牧師がする訓話、落語などの独り語り（モノローグ）、そして大学の講義なども談話だということが②からわかります。少人数のゼミなら、担当教官と学生との直接のやり取り（インタラクション）が談話を構成します。教会では信者、落語では観客、大学の大教室での講義では学生という聞き手を想定して、初めて談話が成立します。Facebook などインターネットを介して何かを書く場合も、読み手を想定しています。つまり、談話には対話性が存在するのです。落語が独演といっても、聴衆がいますし、話の登場人物も複数なので、厳密には独り語りとは言えず、いくつかの異なる声が響いています。漫才も談話ですが、これは明らかに二名の参加者、つまり複数の視点からの声が響いています。

　私たちが読み書きしている文章、つまり、書記言語（書き言葉）も談話に含まれることが③からわかるでしょう。しかし、書記言語は音声言語（話し言

葉）と同一ではありません。音声言語では、聞き手が話し手と物理的に至近距離で、直接的な対話（ダイアローグ）が存在し、聞き手から話し手への即時フィードバックが可能です。これに対して、書記言語では、読み手が書き手のそばに存在するとは限らず、むしろモノローグなので、読み手から書き手への即時フィードバックの可能性はさほど期待できません。でも、書記言語も読者を想定しているので、どのような形式であっても、談話は共同作業、共同構築だと言えるでしょう。言い換えれば、コミュニケーションは一人ではなしえないのです。実際の対話者であれ、空想上の対話者であれ、他者との会話が存在し、その中に「語りの行為」が存在し、そこには「語り手」がいて、その語り手が「語り」を行うのです。つまり、静的な産出物ではなく、人と人との関わりの中で刻々と変化する動的なプロセスとして語りを捉えるのです。語りはインタラクションで、多重構造を形成しています。人間の思考は常に対話的性質を帯びているのです（Bakhtin 1981; Vygotsky 1978）。

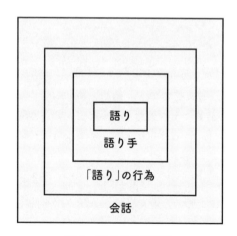

図1　語りの多重構造

　『大辞林』の定義③に〔言〕とあるように、言語学の視点から概観すると、談話には「構造（structure）」と「機能（function）」という互いに重なり合いながらも、同時に異なる側面があります。言語学では、従来「文」という文法単位、さらには文を構成する語・句・節などのより小さい単位、音素・形

態素などのさらに小さい単位を主要な研究対象として取り扱いますが、構造的な側面からは、談話は文を超えたレベルの言語現象として性格づけられます。つまり、談話分析は分析単位として統語論の上に位置します。

しかし、談話という文を超えたレベルでの言語現象は多様かつ複雑で、その研究分野は言語学に限定されません。談話、とりわけ、語りの産出では、前述のスキーマ、そして文化的に特徴的な「物事の起こる順序の予測のパターン」を意味するスクリプト（script）が重要な役割を果たしています（Schank & Abelson 1977）。スクリプトは「事象の展開や手順の推移についての知識の枠組み」です。同時に、物事の起こる順序の予測のパターンでもあるスクリプトは、ときとしてそれぞれの文化に固有です。ですから、自文化内ではさまざまな場面の展開が予測できても、いったん異文化に入ると自文化に基づいたスクリプトは大幅な修正を余儀なくされる場合があります。このように、談話構造の理解には、言語学ばかりでなく、心理学的側面から見たプロトタイプとしてのスキーマや文化的スクリプトの存在を無視できないのです。

コンテクストとの関係で言語分析を行う点では、談話分析は発話行為論（speech-act theory：Austin 1962; Grice 1975; Searle 1975）に代表される語用論とも重なり合います。アコモデーション理論（accommodation theory：Giles, Coupland, & Coupland 1991; Giles & Powesland 1975）は、談話の社会言語学的な特徴を兼ね備えています（第3章 5.2 参照）。語り（ナラティヴ）は談話の「構造的」側面、一方、レトリックなどは談話の「機能的」側面と関わっているのです。さらに、語用論では、統語論に典型的にみられる文法項目などの「言語能力（linguistic competence）」にとどまらず、言語データの分析を言語運用能力である「伝達能力（communicative competence）」にまで広げることを研究の主たる目的としています。ですから、談話分析はその大部分が語用論に含まれるといっても過言ではないのです。

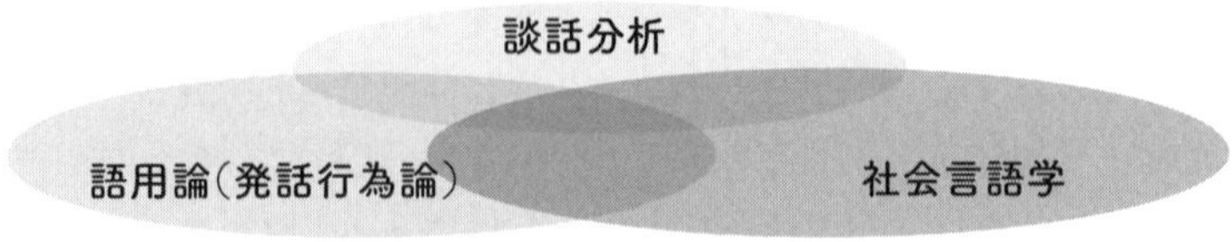

40 | 第2章　言葉はどのように使われるのか ―談話の構造を考える―

図2　談話分析はどこに位置するのか

　言語発達に目を向ければ、第一言語でも第二言語でも、学習者が習得すべきことは言語の構造的側面ばかりではありません。包括的には、談話分析の根幹は「特定の言語が、実際の社会でコミュニケーションの手段として、どのような機能を果たしながら習得され、発達していくのか」という機能分析を行うことを提唱し、具体的な分析方法としては「文を上限とせず、『文の集合体としての談話』というより大きな単位での構造分析を行う必然性」を主張することにあります。つまり、構造分析と機能分析の総和もしくは融合が社会言語学から見た談話分析ということになります。さらに一歩踏み出して、談話における男女差、つまり性差から言葉を権力具現装置だと捉えるクリティカル・ディスコース分析（critical discourse analysis：批判的談話分析）に認められるような社会的意義への探求を目的とする研究も談話分析に含められます。

　ディスコースの語源は「会話」だと先に述べましたが、厳密な意味では、談話分析と会話分析は異なります。談話分析は 1960 年代後半、言語学と隣接科学の狭間に成立したものです。すでに述べたように、談話には音声言語と書記言語の両方の媒体（伝達方法）が含まれるので、談話分析は音声言語ばかりでなく書記言語の分析もその範疇に入ります。一方、ハーヴェイ・サックス（Harvey Sacks）やエマニュエル・シェグロフ（Emanuel Schegloff）らエスノメソドロジスト（ethnomethodologist）と呼ばれる社会学者や人類学者によって 1970 年代に始められた研究を始点とする会話分析では、複数の人による日常会話、たとえば一対の隣り合った発話である「隣接ペア（minimal pair）」などからコンテクストとの関わりを探ろうとします（Sacks, Schegloff, & Jefferson 1974; Schegloff, Jefferson, & Sacks 1977）。ただし、ここで断っ

ておきたいのは、談話分析＝言語学、会話分析＝社会学・人類学というほど
単純ではないことです。談話分析が言語学的な手法を用い、演繹的な研究で
あるのに対し、会話分析は社会学的なアプローチを用い、一見無秩序に聞こ
える実際の口頭会話を詳細に記述することで直観的判断を可能な限り排除
し、何らかの構造を認めようとする実証的、帰納的な研究領域なのです。

1.3 談話における言語普遍性と言語固有性

コミュニケーション場面での自然に連なった言語的なやりとりの総体が
「談話」と言えますが、世界が文化的に複雑かつ多元化するにつれ、異文化
間コミュニケーションという問題も重要性を増してきました。文化的な障壁
を乗り越えて、互いに意思を通じ合うという努力がこれまで以上に必要とさ
れています。たとえば、ある言語から別の言語に翻訳するとき、2つの言葉
が、まったく同じ意味を持つと思うこともありますが、逆に意味がうまく伝
わらないと思うこともあります。野球の「死球（デッドボール）」を dead
ball、「ベビーベッド」を baby bed、「サラリーマン」を salary man、「OL」
を office lady としても意味をなさないでしょう。たとえば、dead ball だと、
「死んだボール」なので、「試合が停止して、プレイが無効（ball dead）」もし
くは「飛ばない、死んだようなボール（1900 年頃から 1919 年ベーブ・ルー
ス登場までの時代）」となるでしょう。これらはそれぞれ hit-by-pitch、crib、
salaried employee、female office worker となります。「シュークリーム（shoe
cream）」だって、そのまま英語に翻訳すれば「靴クリーム（通常は shoe
polish）」となりますし、「サークル（circle）」も「グラウンドホステス（ground
hostess）」もたぶん何のことかわからないでしょう。価格を上げない「プラ
イスロック（price lock）」だって、ビジネス用語の知識がなければ意味をなさ
ないかもしれませんし、「スケールメリット（scale merit）」や「スクラップア
ンドビルド（scrap and build）」だって「和製英語だ」と言われてしまうかも
しれません。

従来、心理学の分野で試みられてきたのは、普遍性もしくは汎文化性（す
なわち人という種の生得的要因）と個人的差異という二極分割です。でも、

普遍性と個人的差異ばかりでなく、社会的・文化的差異（すなわち文化的要因）を認める必要性を強調する比較文化心理学が過去 20 年ほどの間に広がってきました。言語も同様です。たとえば、次の記事を見ると「飲み屋」と「バー」という表現が出てきます。

> 米アップル社員、発表前の iPhone を飲み屋で紛失か（2011 年 9 月 1 日）
> 米アップルの従業員が、未発表の多機能携帯電話「iPhone（アイフォーン）」をサンフランシスコ市内のバーで紛失したもようだと、テクノロジー関連のオンライン・ニュースサイト、米 CNET が 8 月 31 日に報じた。

　本文を読めば「バー」とあるので、誤解は起こらないかもしれません。でも、見出しにある「飲み屋」という言葉には、何か違和感を覚えませんか。「飲み屋」も「バー」もアルコール飲料を提供する飲食店のことですし、どちらの場所でも客同士が互いに情報を交換したり交流を深めたりする社交場としての役割を果たしているという点では、何ら違いはありません。それにしても「飲み屋」というと、和風の場所を思い浮かべませんか。曲解すれば、サンフランシスコにある「和風の飲み屋」と理解してしまう読者がいても、不思議ではないでしょう。
　これは、先に述べた文化的スキーマの問題です。スキーマは、物事を理解し、一連の行動をとる際に利用される体系的な知識、一般的な認知的概念で、日常経験する出来事を理解するのに利用されています。言い換えれば、スキーマは過去の経験に基づいて組織化された社会・文化的な背景知識なので、ステレオタイプによる誤解につながってしまうかもしれません。規則が明示的であれば、わかりやすいのですが、たとえ他の文化に自文化と同様の事象や行動を見出したとしても、文化ばかりでなく言語構造が異なると、そうした特定の事象や行動の持つ意味や価値は異なる可能性があるのです。

1.4　談話構造と談話機能

　物語るという行為は誰かに話を伝えるという社会行動で、コミュニケー

ションの形態のひとつです。物語産出とは聞き手を考慮に入れながら物語る
もので、自らの語りを他者と共有するものです（内田 1990）。私たちは、「空
間的・時間的に距離のある事象を語ることは、言語にかかわらず普遍的だ」
という暗黙裏の、もしくは明示的な前提に立っています。しかし、同時に、
口頭産出の語り（narrative：ナラティヴ）ばかりでなく、翻訳などの書記言語
を見ても、言語レベル・語りのレベルでの文化的・言語的固有性は存在しま
す。本章の最初に紹介したダグさんの「日本に引っ越した前に」という過去
形の使用もその一例ではないでしょうか。本章では、言語使用に関する研
究、および言語構造と社会的コンテクストとの関係を研究する分野である語
用論（pragmatics）の立場から「テクスト」と「語り」、広範な意味では談話構
造と談話機能、つまりディスコース（discourse）の組み立てと働きに焦点を当
てることにします。

1.5　文化内コミュニケーション

　談話には多様なスタイルがあります。たとえば、産出された物語（ストー
リー）が「優れているか、さほど優れていないか」、「わかりやすいか、そうで
はないか」は、話し手が伝えたい内容を聞き手が理解できるかどうかによりま
す。こうしたコミュニケーション・プロセスをエンコーディング（encoding）と
ディコーディング（decoding）の側面から考えてみましょう。エンコーディン
グとは、人がメッセージを考え、それを他者に対して送り出す際に意識的あ
るいは無意識的に行っているプロセスを指します。一方、ディコーディング
とは、エンコーダー（encoder：送信者）から何らかのシグナル（合図）を受け、
ディコーダー（decoder：受信者）がそのシグナルを意味のあるメッセージに
訳出（解読）するプロセスを指しています。

　よく「言葉のキャッチボール」と言いますが、これは話し手・書き手であ
るエンコーダー（送信者）と聞き手・読み手であるディコーダー（受信者）の
共同作業という意味です。しかし、同一文化内であれば何ら問題のない場合
でも、異なる文化同士の場合は問題となるかもしれません。容認されている
規則・了解事項の範囲内で意思を疎通しあう場合には、人は取り交わしてい

44 | 第2章 言葉はどのように使われるのか ―談話の構造を考える―

るメッセージの内容に集中することができるのです。たとえば、同じ文化や同じ社会階級に属していれば、同じ言語ばかりでなく同じ文化コード (cultural code) を使って、メッセージをエンコーディングしたりディコーディングしたりできます。同じ文化内で意思を疎通しあう場合には、対話相手が話し手自らと同じ文化の一員なので、社会的に適切な行動をとっているかどうか、暗黙のうちに判断を下しています。このように、対話相手の行為が、文化内で容認されているプロセスに従っているかどうかといった価値判断を、瞬時に無意識下で行っているのです。

1.6　社会化・文化化の結果としてのコミュニケーション

　もちろん、同じ社会・文化内にも自分と同じ感覚を共有しない人は、たしかに存在します。そうした場合には、その人がうまく文化・社会適応していないのだと判断するかもしれません。つまり、同一文化内にも個人差は存在するので、「（対話相手が文化・社会にちゃんと適合していて）まともな人だ」と判断する場合もあれば、「あの人は常識のわからない変な人だ」と判断する場合もあります。同一文化内コミュニケーションでも、社会的に当然もしくは適切だと考えられている行為から逸脱している人たちとやりとりをする場合には、しばしば否定的な反応をすることがあるわけです。対話相手（送信者）が送ろうとしているシグナルを解釈するのに、受信者が困ったりするのは、自らが同じ文化の一員に対して予測している文化的な規則に従って、相手が行動していないからだということになります。

　このように、文化内の構成員全員が同じ文化的価値観や規範を心に抱いているわけではありません。こうした判断は、私たちが生まれてから幼年期を経て大人になるまでという長い時間をかけて起こる社会化 (socialization) と「自文化」化（もしくは文化化：enculturation）の人間発達プロセスの結果なのです。社会化というのは、文化に影響される行動規範とパターンを学び吸収するプロセスのことです。つまり、社会・文化における規範的な価値観を身につけることです。ちなみに、社会化という用語は、「どのような背景で、誰に何と言うのか」という社会・文化の規則を学ぶ実際のプロセスやメカニ

ズムに使いがちです。一方、文化化は人間発達を通して主観的で明示的ではない心理的な側面を持つ文化の社会化プロセスの結果を指します（Matsumoto & Juang 2008）。私たちは誰でも自らの文化的背景とともに、自らの文化内で生活していますが、社会化・文化化のプロセスで、やがては自らの文化的背景を通して、物ごとを見てしまうようになります。言い換えれば、ある出来事について考える場合やその出来事を解釈する際に、文化がフィルターの役割を果たすようになるのです。先入観にとらわれた見方を指す「色眼鏡で人や物を見る」という表現があります。良い意味でも悪い意味でもいろいろな意味で文化化とはこうした文化的に固有な価値観というフィルター、もしくは色眼鏡を身につけるプロセスなのです。自分自身の文化的背景に基づいて、他者の行動・言動を解釈、判断するようになるのです。これは、文化的スキーマを獲得していく作業で、逃れることができないプロセスですし、さらには文化化は文化的な固定的概念もしくは固定観念であるステレオタイプを身につけるプロセスだと言えるでしょう。

1.7 　異文化コミュニケーションの困難さ

　異文化間コミュニケーションの場合、社会化・文化化が異なるわけですから、文化的スキーマも異なりますし、コミュニケーションでの文化コードも異なります。そのため、対話相手のメッセージが不明瞭で、曖昧なものになってしまう可能性が大です。また、同一文化内コミュニケーションでは起こらないよけいな心理的問題が多く関わってくる場合もあるでしょう。これは、自らとは異なる文化に源を発する行動や言動を判断する場合に、自らの解釈が必ずしも正しくないという可能性が出てくるという問題でもあるのです。さらに大きな枠組みで考えると、特定の文化・集団内にいる一人ひとりの存在を無視し、その文化を一般論化する危険性もあります。つまり、ステレオタイプが誤解に基づいている可能性も否定できませんし、ステレオタイプが高じて偏見となってしまうこともあるのです。ですから、図３に示すように、カプランの対照修辞学（contrastive rhetoric）では、英語（左端）の書き方（思考）は直線的で、ヘブライ語やアラビア語などのセム語族系（左から２

番目）は並列構造の平行線型、そして東洋的（中央）な思考は内側に向かってぐるぐる渦を巻いているという指摘があっても、これは英語を母語とする、英語を使用している社会の人から眺めたステレオタイプなのだと考えられるのです（Kaplan 1966）。

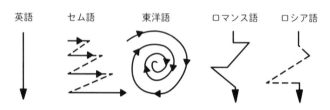

図3　Kaplan, R.（1966）Contrastive rhetoric（writing）

1.8　語り（ナラティヴ）の定義

　社会言語学者ウィリアム・ラボフ（William Labov）の研究は多岐にわたりますが、変異分析（バリエーション理論）の立場から談話構造と談話の変異形に注目しながら研究を行った先駆者として知られています。1967年から1972年までの研究（Labov & Waletzky 1967；Labov 1972）で一応の結実を迎え、さらに今日まで続くラボフの研究では、個人的な体験談（パーソナル・ナラティヴ）は、「時間的に異なる二点、もしくはそれ以上の点から成り立っており、実際に起きた事件（過去の経験）をその事件の起きた時間的経過・順序に従って言語表現すること」なのです。つまり、以下のように要約できます。

- 体験談を含めた話で、一連の出来事を時間の流れに沿って、より遠い過去の出来事から現在により近い過去の出来事へと語る行為。
- 時間的に異なる2点、もしくはそれ以上の点から成り立っていて、実際に起きた事件（過去の経験）をその事件の起きた時間的経過・順序に従って言語表現する行為。
- しかし、ある事件について最初から最後まで一部始終を説明するといった単なる報告とは異なる。

1　非日本語母語話者の語り　｜　47

　現実には、現在形の語りは存在しますし、「これから 10 年後の○月○日に
何をしているか」「これから 20 年後の□月□日に何をしているか」という語
りだって存在します。現在形のナラティヴ、さらには未来のことについて述
べるナラティヴの存在 (McCabe 1991; Shapiro & Fernald 1998) を考えれば、
ラボフの定義がナラティヴの定義としては狭義であることは否めませんが、
ここでは「過去の経験を時間的・空間的連続体として、その流れに沿って再
現すること」としておきます。

1.9　語り（ナラティヴ）のジャンル

　さて、どのようなナラティヴ（語り）をどのように引きだすのか、つまり
「物語る」というタスクですが、ここまで説明してきた語りは「体験談」と
いうジャンルなのです。ラボフが調査対象としたのは、African American
Vernacular English (AAVE) と呼ばれる黒人の日常英語でのナラティヴ構造で
す (Labov 1972, 2013; Labov & Waletzky 1967)。AAVE を日常言語とする若
者に Were you ever in a situation where you were in serious danger of being
killed? (殺されそうな目にあったことがあるか？) という質問をして、「死に
そうな目にあった」体験談を収集・分析し、ある社会階級（この場合はアフ
リカ系アメリカ人社会）内に存在する特有の「語り方・話し方」を検証しま
した。言語・文化固有性と普遍性の探求、つまり、普遍的な談話構造を明ら
かにし、同時に文化的・言語的に固有な変異形を見いだそうというのが、こ
の Labov の試みだったのです。
　しかし、課題として絵やマンガなどを与えて、物語（ストーリー）を作って
もらったり、課題の物語を読んだり聴いたりした後で、そのお話を話し言葉
（口頭言語）か書き言葉（書記言語）として再構築してもらうといった他のジャ
ンルもありますので、体験談＝ナラティヴなのではありません。以下のよう
にジャンルを分類します。

- 個人的な体験談 (personal experience) "Were you ever in a situation
  where you were in serious danger of being killed?"

48 ｜ 第 2 章　言葉はどのように使われるのか ―談話の構造を考える―

(Labov 1972, p. 363)

- 絵画ストーリー (picture book) 例：『カエル君、どこにいるの？ (Frog, where are you?)』24 場面からなる絵画ストーリー

(Berman & Slobin 1994)

- 無声映画を見てのストーリーテリング　例：『梨物語 (Pear story)』 7 分間の無声映画を見た後、ストーリーを再構築　　(Chafe 1980)

　ウォレス・チェイフ (Wallace Chafe) の上記の研究は実験的手法の対照分析ですが、英語・ドイツ語・ギリシャ語・日本語・マヤ語など、さまざまな言語の母語話者に無声映画を再構築させることで語りの文化的変異を調査しました。絵画ストーリー『カエル君、どこにいるの？』は、英語以外の言語での語りの研究で最も頻繁に使用されています。たとえば、英語・ドイツ語・スペイン語・ヘブライ語・トルコ語と 5 言語で、3 歳、4 歳、5 歳、9 歳という異なる年齢の子どもと成人母語話者にお話をしてもらう研究もあります (Berman & Slobin 1994)。このように、比較言語研究を行うことで、語りの発達過程の言語普遍性と言語固有性を調査し、「語りの構造は話者の文化的背景によって異なる側面があり、年齢等の話者の言語習得発達段階によって変化していく」と指摘・強調しています。

1.10　談話・語りの一貫性と結束性

　ここまで見てきたように、語りには複数のジャンルがあります。読み手・聞き手に的確に、効果的に話を明示するために、論理展開のまとまり、つまり、話のグローバル・レベルでの一貫性 (coherence) をどのように作り上げているのでしょうか。また、節や文の相互関係、話の連鎖構造、たとえば、接続表現・時制・態などをどのように使いながらローカル・レベルでの結束性 (cohesion) を作り上げているのでしょうか。

　語りにおける論理展開のまとまり・一貫性と、節や文の相互関係、話の連鎖的構造における場面同士の結束性は、聞き手や読み手に話の内容を適切かつ効果的に明示するための語りの双子のエンジンの役割を果たしていると考

えられます。つまり、一貫性は主として話のグローバル・レベル（全体的構造）、一方、結束性はローカル・レベル（発話・文構造）で語りの生成に貢献しています。もちろん、一貫性を談話構造、結束性を談話機能と置き換えることは可能です。しかし、重要なことは、一貫性と結束性に着目することで、異なる言語の持つ異なる文法と、そうした異なる文法によって生成された発話が意図する意味、つまり、文法と意図（もしくは意味）の相互作用を理解できるということなのです。

2　一貫性（coherence）

2.1　Labov の内容（機能）分析

「個人的な体験談」という語りのジャンルをまず考えてみましょう。過去の体験を、全体としては出来事が実際に起きた順序に従いながら、同時に、ある判断に基づいて取捨選択を行い、さらに、なぜそれを物語りたいのか、という理由を述べたり（評価）、話の状況（設定）を詳しく付け加える作業です。言い換えれば、体験談は、単に記憶を再構成し経験をそのまま再現するだけではないのです（南 2005）。これまでも「個人的経験物語」の分析「感情・情緒移入・表現性」の研究（Maynard 1993）や「視点」の研究（久野 1978；栗原・中浜 2010；Kuno 1987）が行われています。

　ラボフが重視したナラティヴの構成要素をまとめると、表1のようになります（Labov 1972）。「評価」という構成要素は、ときとして「設定」もそうですが、話がどの段階であっても、挟み込むことのできる要素で、話のいろいろな場所に出現する可能性があります。しかし、全体の流れとしては、図4からわかるように、真下を起点として左から右へと回ると考えられます。つまり、話は「要旨」や「設定」から始まり、時系列展開の一連の行動「出来事」を経て、「評価」で感情的頂点（emotional climax）に達し、そして「解決・結果」を経て、「結語」で終結すると考えられます。各節を構成要素に沿って分類し、ナラティヴ構造を研究するというラボフのこの研究手法は後

に多くの研究者に継承されましたが、話が最高潮—頂点（クライマックス）—に向かって進んでいって、その後に解決・結果が用意される、ということからラボフの分析手法は High Point Analysis とも呼ばれます（Peterson & McCabe 1983）。

表1　Labov (1972) の提唱するナラティヴの構成要素

要旨・導入部 (Abstract)	話の最初に、何についての話なのかを聞き手に伝える
設定・方向付け (Orientation)	誰が、いつ、どこで、何を（していたか）
出来事 (Complicating Action)	起きた事件は具体的に何なのか
評価 (Evaluation)	話し手の気持ちはどうだったのか、話の意味は何なのか
解決・結果 (Resolution/Result)	事件が最高潮を迎えた後、結局どうなったのか
結語・終結部 (Coda)	話の最後の締めくくりの言葉、そして聞き手との現在へ

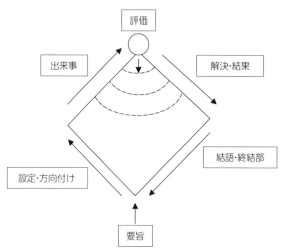

図4　Labov (1972, p. 369) が提唱する物語構成過程

ここで注目したいのは、「出来事（起きた事件は何か）」も「設定（誰が、い

つ、どこで、といった情報)」もどちらも言及機能という役割を果たしていることです。しかし、「出来事」は「過去の経験で、現実に起こった出来事をそれと同じ順序で言語表現に言い換えて表現する」、つまり時系列展開で、語りの骨格をなす前景化された描写です。一方、「設定」は「評価 (話し手、もしくは登場人物の気持ち)」とともに後景化 (背景化) された描写、つまり、語りの肉付けと分類できます (Hopper 1979; Hopper & Thompson 1980; Reinhart 1984)。言い換えれば、物語を言語表現する際には、物語を成り立たせる要因として時間性 (temporality) つまり時系列と、非時系列の因果性 (causality) の両輪が重要な役割を果たしているのです。

表2 Labov, W. (1972) と Hopper, P. & Thompson, S. (1980) の区分

Labov		Hopper & Thompson		役割
出来事	言及機能 (referential)	時間的制約節 (時系列)	前景化された描写 (foreground)	語りの骨格
設定・方向付け	言及機能 (referential)	時間的無制約節 (非時系列)	後景化された描写 (background)	語りの肉付け
評価	評価機能 (affective)	時間的無制約節 (非時系列)	後景化された描写 (background)	語りの肉付け

　また、「出来事」に相当する部分を「landscape of action (行動の風景)」、一方「設定・方向付け」「評価」に相当する部分を「landscape of consciousness (意識の風景)」とする研究もあります (Bruner 1986; Feldman, Bruner, Renderer, & Spitzer 1990)。子どもの言語発達、とくに伝達能力習得の過程では、時系列的な説明、つまり語りの骨格としての「行動の風景」が最初に出現します。それから加齢とともに語りの肉付けとしての「意識の風景」、つまり、背景設定と因果律的な説明が徐々に増加していきます。こうした発達のプロセスは、これまでの研究、たとえば、先に述べた語りの異なるジャンル、具体的には、絵画ストーリー (Berman & Slobin 1994) でも、体験談 (Minami 2002, 2015a) でも明らかになっていますが、言語普遍的な発達プロセスだと考えられます。これは、以下に示す1の問題に対応します。2の問

題は、1をふまえれば、認知発達の視点から予測可能ではないでしょうか。たとえ日本語が目標言語で文法的に不完全であっても、大人は大人です。たとえ母語であっても子どもは子どもなのです（Minami 2015b）。認知発達のレベルが異なるのです。

1. 出来事、設定、評価といった構成要素が語りに占める割合は、日本語を母語とする幼児と成人母語話者で異なるのだろうか。
2. 出来事、設定、評価といった構成要素が語りに占める割合は、成人日本語学習者（すなわち、第二言語もしくは外国語学習者）と日本語を母語とする幼児や成人母語話者で異なるのだろうか。
3. 出来事、設定、評価といった構成要素が語りに占める割合は、選択するトピックで異なるのだろうか。

3の問題ですが、たとえば、比較的上級の日本語学習者が口頭で語った「ケガをした」体験談では、出来事中心、つまり時系列展開で、前景描写の占める割合が高く、話が動態的になる傾向があります。一方、同じ日本語学習者が「子どもの頃の思い出」を語ると、設定・方向付けが多くなる傾向があります。その分、時系列的展開が中心の「ケガをした」体験談と比較して「子どもの頃の思い出」は静態的、つまり後景描写中心になるのです（南 2005；Minami 2016）。ですから、「ケガをした」体験談の動態性と「子どもの頃の思い出」談の静態性に認められるように、理想的な語りがすべてラボフが提唱する物語構成過程（Labov 1972）に沿っていると結論づけるのは早計でしょう。

2.2 ラボフの内容（機能）分析の絵画ストーリーへの適用

ラボフは口頭産出の語りの構造化（Labov 1972）で功績を残しています。さらに、ラボフのモデルのもう一つの功績は、異文化の語りにも対応できる普遍的フレームを提供することで、書記言語としての文献と口頭産出の語りの間に存在してきた隔たりを埋めたことです（De Fina & Georgakopoulou

2012)。ここでは『上級へのとびら』(岡・筒井・近藤・江森・花井・石川 2009) という日本語学習者用教科書に掲載されている「物語などのあらすじが話せるようになる。一人話が出来るようになる」というアクティビティを考えます。これは語りといっても、先述した体験談とはジャンルが異なり、ストーリーテリングです。それでも、ラボフの語りの構造が当てはまるのかどうかを検証するため、構成要素を当てはめてみましょう。まず、以下の導入があって「赤ずきんちゃん」のお話の絵が提示されます (p. 189)。

> 私は「赤ずきんちゃん」という話を紹介したいと思います。
> これは、小さい女の子が森の中に住んでいるおばあさんに食べ物を持って行って、オオカミに食べられてしまうという話です。[要旨・導入部]
> 登場人物は、赤ずきんちゃん、お母さん、おばあさん、オオカミ、猟師 (hunter) です。[設定・方向付け] では、始めます。

話は「要旨・導入部」から始まりますが、これは指示として与えられています。赤ずきんちゃんら登場人物の紹介という「設定」の一部も指示に入っています。示された絵に従えば、次のようなお話が出来上がるでしょう。

1. 赤ずきんちゃんという女の子がいました。　　　 [設定・方向付け]
2. ある日、赤ずきんちゃんはお母さんに頼まれて、森の中に住んでいるおばあさんの家へ食べ物を持って行きました。[設定・方向付け]
3. 森の中で、一匹のオオカミにあいました。　　　　　　 [出来事]
4. すると、オオカミは先回りをしておばあさんの家へ行き、[出来事] 家にいたおばあさんを食べてしまいました。　　　　　　 [評価]
5. そして、おばあさんの姿になって、 赤ずきんちゃんが来るのを待ちました。　　　　　　 [出来事]
6. さて、赤ずきんちゃんがおばあさんの家に到着しました。[出来事]
7. おばあさんに化けていたオオカミは、 とうとう赤ずきんちゃんを食べてしまいました。　　 [評価]

54 | 第 2 章　言葉はどのように使われるのか ─談話の構造を考える─

8.　そのとき、おばあさんの家の前を通りがかった猟師が気付き、
　　　おかげで狼のお腹の中から助け出してもらいました。［解決・結果］
9.　めでたし、めでたし。　　　　　　　　　　　　　　　［結語・終結部］

　1と2で設定・方向付けを行い、その後は時系列展開の一連の行動、つま
り「出来事」が中心です。ただ、4で「おばあさんを食べてしまいました」
とありますから、これは「出来事」とはいえ、時制（テンス）＋完了相（アス
ペクト）なので、「評価」の色彩が濃いでしょう。7でも「とうとう赤ずきん
ちゃんを食べてしまいました」と時制（テンス）＋完了相（アスペクト）があ
ります。ここでは「とうとう」という副詞が話の感情的頂点、クライマック
スを表現しています。すぐ後、8で猟師が救出に現れて「解決・結果」が用
意され、最後の9「めでたし、めでたし」という「結語」で終結すると考え
られます。このように、ラボフが提示した物語構成過程（Labov 1972, p. 369）
に沿っていることがわかります。
　だからといって、理想的な語りが、すべてラボフの物語構成過程に沿って
いると結論づけるのは早計です。ラボフの構成要素は異なる文化での語りに
も適用できる普遍的特性を備えていますが、文化的な文脈（コンテクスト）を
捉えるものではありません。そもそも「赤ずきんちゃん」は西洋の物語なの
で、最初から文化的な偏りがあるのかもしれません。ですから、文脈を作り
上げる仕掛け（装置）を考える必要があります。言い換えれば、出来事、設
定・方向付け、評価など Labov の機能分析における語りの構成要素はコンテ
クストの影響を受けない自律的、自己完結型単位で普遍性を持っていますが、
コンテクストを考えるためには、それだけで十分だとは言えないのです。
　上記の語りでは、「ある日」「すると」「そして」「さて」「そのとき」と
いった文脈を作り上げる仕掛けとして接続表現（つなぎ語）を多用していま
す。文・発話は通常、文脈に埋め込まれています。「赤ずきんちゃん」の物
語からわかるように、接続詞や接続助詞、接続詞相当句などの接続表現は、
連結された複数の文・発話連鎖が作り出す文脈の流れを明示する言語的手段
なのです。談話標識（談話辞 discourse markers）は、談話を構造化させる、す

なわち話題の移行を示すために用いられる言語上の手立てですが、話し手の考え方や態度などを反映する言語手段と考えられることから心的操作様式とも呼ばれています（冨樫 2001）。エッセイでも、「まず」「次に」「さらに」「このように」と段落の始めに談話標識があると論理展開が明瞭になるでしょう。

　接続表現は談話標識として重要な役割を果たしています（南 2010）。語りはインタラクションですから、送信者である話し手（書き手）は、接続詞や接続助詞を使用することで、隣接した節や文を関連づけ、話の流れを方向づけます。逆に、送信者が接続表現なしにコンテクストを提示した場合、受信者である聞き手（読み手）はコンテクスト理解を自らの知識・認知世界に依存しなければなりません。このように、接続表現は、節や文の相互関係、話の連鎖的構造における結束性（cohesion）や論理展開のまとまり・一貫性（coherence）を受信者に適切に、そして効果的に明示する役割を果たしているのです。言い換えれば、接続表現が話のグローバル・レベル（全体的構造）ばかりでなく、ローカル・レベルでも「理想的な語り」の生成に貢献していることが理解できます。

3　結束性（cohesion）

　ここでは、「個々の言語で談話の表現性に違いがあるのか」という問題を詳細に検討してみましょう。具体的には、接続表現ばかりでなく、時制や態などをどのように使いながらローカル・レベルでの結束性を作り上げているのでしょうか。語りの固有性の表象としての結束性という観点から談話レベルで言語間の比較を試みる対照談話分析を小説と翻訳に適用し、これから考える問題を概観します。

3.1　語りのための装置：時制と態

　時制・能動態・受動態など語りの結束性を高めるための装置、つまり、デバイス（device）ついて考えましょう。これは、こうしたデバイスを介して、

56 | 第2章 言葉はどのように使われるのか —談話の構造を考える—

語り手が、語りをする際に使用している特定の言語（例：英語、日本語）の制約下にあることを理解することが重要だと考えられるからです。具体的には、日英両語で使用される文化的・文脈的フレーミング（framing）が、どのように心理的に効果的なデバイスとなっているかを検証することにします。分析には、音声言語ばかりでなく書記言語のデータ、そして母語話者ばかりでなく日本語や英語学習者のデータも使用します。これらのデータを使いながら、時制・能動態・受動態などの語りのデバイスを介して、空間的・時間的な視点（視座）がどのように反映されているのかを例証します。時制や態など語用面での機能の解明は、語りのためのデバイスをどのように効果的に活用すべきかという問題に対して、母語話者だけでなく第二言語（外国語）学習者にも示唆を与えてくれるものなのです。ここでは以下の順で、談話構造を考えます。

　　時制（テンス）
　　　• 書き言葉（書記言語）：日本語学習者用教科書・
　　　　　　　　　　　　　　　日本語の小説と英語翻訳
　　　• 話し言葉（音声言語）：成人日本語母語話者の口頭産出の語り

　　態（ヴォイス）
　　　• 話し言葉（音声言語）：日英バイリンガル児童の口頭産出の語り
　　　• 書き言葉（書記言語）：成人日本語学習者の作文・
　　　　　　　　　　　　　　　日本語の小説と英語翻訳

3.2　時制と態の導入：小説から

　これから考える時制と態の問題がどのようなものなのか、安田依央の「代行俳優業」をテーマとした小説『たぶらかし』（2012）の一節を引用しながら概観してみましょう。代行俳優業というのは、通常の俳優ではなく、依頼を受けたプロダクションが、俳優を派遣し、依頼者が望む人物になりすます仕

事です。「舞台」はこの世の中、つまり現実社会で、雇われるままに、あらゆる人物の代役を務める職業なのです。主人公の冬堂マキは、主宰していた劇団が解散となったのですが、偶然、見つけた演じる仕事、代行俳優業にやむなく従事しています。ここではそのマキと同じ職場でマキに憧れて、いきなり「弟子にしろ」とおしかけてきた若手無名俳優、水鳥モンゾウが登場人物です。

　　　長い足で走り寄る彼にすぐ追いつかれた。
　　　「ね、もし本当に俺が殺人犯だったらどうしてました？」
　　　今度はモンゾウの手が腰に回され、マキは思わず立ち止まる。　(p. 239)
　　　　　　　---------------------- 中略 ----------------------
　　　若さの差。素直さ。可愛らしさ。咲子が持っているものの多くをマキは持っていない。彼女もまたマキが備えているものを持たぬのかも知れぬが、そもそもマキが持っているものなど、あんな風に明るく邪気なく暮らせる若者には不要だろう。
　　　　　　　　　　　　　　　　　　　　　　　　　　　　(p. 240)

　「長い足」の彼はモンゾウで、受動態ですから、主体はマキということになります。しかし、これを英語に訳したら、たぶん能動態となり、主体はモンゾウになるでしょう。

　(5a)　長い足で走り寄る彼にすぐ<u>追いつかれた</u>。
　(5b)　He ran after her on his long legs. Soon <u>he had caught up</u> to her.

　前半最後の「今度はモンゾウの手が腰に回され、マキは思わず立ち止まる」は英語なら "Now Monzo's hands snaked around her waist. Instinctively, Maki stopped." となって過去形でしょう。後半は、すべて過去のことですが、日本語では時制が示されていません。でも、話の流れから英語ではここだけ現在形というわけにはいきません。時制の制約を受けているのです。

(6a) 咲子が持っているものの多くをマキは持っていない。彼女もまた
マキが備えているものを持たぬのかも知れぬが、そもそもマキが
持っているものなど、あんな風に明るく邪気なく暮らせる若者に
は不要だろう。

(6b) Maki <u>did not have</u> many of the qualities that Sakiko <u>had</u>.
Sakiko <u>might not have</u> things that Maki <u>had</u>, either. But
Maki's qualities <u>were</u> unnecessary for a young person like her
who <u>had lived</u> cheerfully, happily, and innocently.

さて、冒頭で紹介した日本に住んでいる男性のダグさんが「日本に引っ越し
た前に日本はすごく奇麗な国と思っただけど場所によって全然違う」と書い
ていたのを思い出してください。ダグさんの誤用は、日本語で書く場合にも
英語と同じ時制の制約という規則を適用していることになります。

4 結束性 (cohesion)：時制現象をどう捉えるか

ここでは、日本語学習者用教科書、音声言語としての口頭産出の語り、そ
して・小説とその英語翻訳といった題材を用いながら、時制現象とそれに関
連する問題をさらに深く掘り下げてみましょう。

4.1 日英語の時制

以下は、2014 年前半に社会をにぎわしたニュースについて書いたもので
す。ここに書かれている事件の背景を私たちの大多数は知っています。です
から「たら」や「であれば」が反事実であることがわかるのです。

このまま疑惑が<u>持ち上がらなかったら</u>、〇〇氏は今年の紅白歌合戦の審
査員に出るぐらいの国民的人気と信頼を得ていたに違いない。△△の発
表が<u>真実でさえあれば</u>、割烹着のくだりは「盛り」「演出」で<u>済んだだ
ろう</u>。…

4　結束性（cohesion）：時制現象をどう捉えるか　|　59

　　□□氏も、〜が不自由ということが事実であれば、ゴーストライターを
　　使ったとしてもここまでバッシングはされなかっただろう。…
　　＜〇〇と□□の共通点＞"ストーリーづくり・キャラづくり"のうまさ
　　　　　　　　　　　　　　　　　　　　　　［熊坂仁美］(2014 年 3 月 19 日)

　英語では単なる条件文も反事実を表す仮定表現も、どちらも同じように if
節で始まりますが、条件文と仮定表現では動詞の時制が異なります。問題
は、日本語に訳してしまうと、反事実表現なのか、単なる条件文なのかが明
瞭でなくなってしまうことです。たとえば、以下の二つの文を比べてみま
しょう。

　　(7a)　If it is raining, they won't go.
　　(7b)　If it were raining, they wouldn't go.

(7a)は単なる条件文ですが、(7b)は反事実の仮定表現です。現在のアメリカ
英語では If it was raining という傾向があるかもしれません。いずれにせよ、
仮定法では、if で始まる条件節で前提もしくは仮定を述べておいて、次に主
節で結論を述べるのですが、同時に、結論は反事実である前提を否定しま
す。しかし、ここに例示した were のような反事実を示唆するマーカーもし
くはシグナルが存在しない日本語で「雨が降るんだったら、行かないだろ
う」と言ったのでは、それが単なる条件文なのか、反事実の仮定表現なのか
が判然としません。条件文か反事実かをはっきり伝えるには何らかの代替手
段が必要です。
　言い換えれば、英語では仮定法過去では過去形という動詞の時制が「実際
にはそうではない」とか「これは事実に反しているんだけど」と受信者にシ
グナルするので、実に簡単な構文で伝えられます。一方、日本語では注釈を
必ず付け加えなければならず、そうすることではじめて事実に反するという
意図が伝えられるのです。ですから、実際の英語の反事実のニュアンスを日
本語で伝えるためには、かなりまどろっこしく、まわりくどい、つまり言語

60 | 第2章　言葉はどのように使われるのか —談話の構造を考える—

的に経済効率性が悪い表現になってしまいます。

　具体例で考えてみましょう。田中将大はプロ野球の投手で、2014年から
は、活動拠点を北米に移しメジャーリーグ・ベースボール (MLB) チームの
ニューヨーク・ヤンキースに所属しました。とりわけ2014年前半の活躍は
特筆もので、その当時、If only Tanaka could pitch every day … という記事が
掲載されたりしました (Special to ESPNNewYork.com 2014年5月31日)。
しかし、これを単に「もしタナカが毎日先発できるなら…」と日本語に訳し
たら真意は伝わらないかもしれません。「もしタナカが毎日先発できたなら
…」と過去形にしても、「昨日の試合も勝てただろうに」といった誤解を引
き起こすだけで、やはり真意は伝わらないでしょう。高校野球じゃあるまい
し、先発投手が毎日投げるなんて、最初からありえないのです。

　イチロー選手も「感銘的な10年連続200安打」で21世紀のMLB選手3
位に評価されています (Full-Count 2015年3月7日)。2009年当時シアト
ル・マリナーズに在籍していたときに達成した9年連続年間200本安打で
は、次のようなブログがありました。

　　ついにやってくれましたね〜。9年連続年間200本安打。この日、観客
　　数の少ない球場で、唯一、全体で一つのことについて盛り上がった瞬間
　　でした。
　　　A)　雨が降って無くて、
　　　B)　試合が延期に次ぐ延期じゃなくて、
　　　C)　ダブルヘッダーの2試合目じゃなくて、
　　　D)　試合がセーフコで行われていたなら、
　　　E)　もっと現地でも盛り上がったでしょうけど、
　　ま、こういうのもいいですね。ひっそりと達成される、偉大な記録。も
　　ちろん、出来事自体は、アメリカでも日本でもすごい話題になったわけ
　　ですが。

A、B、C、D、Eとアルファベットをつけましたが、これらはすべて反事実、

つまり、「あいにく、雨が降っていて」「あいにく、試合が延期に次ぐ延期で」「あいにく、ダブルヘッダーの2試合目で」「残念ながら、試合はシアトルの本拠地セーフコで行われてはおらず、盛り上がってもいなかった」のですが、日本語では状況判断しかできません。つまり、時制からは反事実か反事実でないのかは判別できないのです。

表3　反事実の表現形式：英日比較

英語の反事実表現形式	日本語とそれを英語に訳した形式	
If A had not been the case,	A ではなくて	If A not being the case,
If B had not been the case,	B ではなくて	If B not being the case,
If C had not been the case,	C ではなくて	If C not being the case,
If D had been the case,	D だったら	If D was the case,
then E would have been the case.	E だったでしょう	then E was the case.

　時間は、過去から現在を経て未来へと流れます。この時間のベクトルを反対方向に進むのは現実世界と乖離することにほかなりません。仮定法過去を用いた表現では現在の事実の反対を仮定し、仮定法過去完了は過去の事実の反対を仮定します。言い換えれば、現在の反事実には過去形、過去の反事実には過去完了形を使用することによって時制が時間軸の進行方向とは逆にひとつずつずれ、それが現実から乖離していることを示唆・シグナルしているのです。ここでわかるのは、過去形・過去完了形は時間的に現在から離れているばかりでなく、事実からも離れていること、つまり現実ではないことをシグナルしているのです。

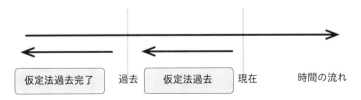

図5　英語の反事実表現（概念図）

62 | 第2章　言葉はどのように使われるのか ―談話の構造を考える―

4.2　時制：日本語学習者用の教科書から心理的距離感を探る

　今度は、日本語では時制がどのような役割を果たしているのかを考えます。ここでは、上級者向け日本語教科書『上級で学ぶ日本語』(阿部・亀田・桑原・田口・長田・古家・松田 2006) から『顔をなくしたふるさと』というエッセイ (p. 58) を使います。

　　迎えの車の中では、取引先の人たちが早速仕事の打ち合わせを<u>始めた</u>。しかし、私は心ここにあらずで<u>上の空</u>。窓の外を流れるふるさとの景色を目にしてどこか<u>落ち着かない</u>。「違う。何かが違う」という思いが頭を<u>離れない</u>。依頼された仕事を無事に終えた後もそのことが<u>気になってならない</u>。それで、ここまで来たついでに古い友人を訪ねたいからと夕食の誘いを断り、一人で町を歩いてみようと<u>思い立った</u>。
　　湖で捕れた魚を、安くおいしく食べさせる食堂があったのを思い出し、とりあえずそこへ行ってみる<u>ことにした</u>。懐かしい町並みを歩き、湖に架かる橋を渡って、腕白だったころの自分に<u>戻ってみたい</u>。運が良ければ、橋の上から湖に沈む夕日が見える<u>かもしれない</u>。きっとふるさとは、昔と同じように私を迎えてくれるに<u>違いない</u>。昔ながらのふるさとに出会えば、心のもやもやも<u>はっきりするだろう</u>。押さえようにも押さえ切れないふるさとへの思いを胸に、私は、少々の道のりも気にせず<u>歩き続けた</u>。

　　　　　　　　『顔をなくしたふるさと』(『上級で学ぶ日本語』p. 58)

　現在形と過去形で表現された世界が、必ずしも時間軸に沿っていないことがわかります。最初の段落の冒頭で、筆者は過去形(「始めた」)を用いて事態を描写してはいますが、すぐに、名詞止め(「上の空」)や非過去(「落ち着かない」「離れない」「気になってならない」)の使用に転じます。これらは筆者の心の中で自らに語りかけている声、つまり心理的補足で、すべて非過去で表現されているのです。「落ち着かなかった」「離れなかった」「気になってな

らなかった」と過去形にはしていないのです。そして、段落の最後にはまた過去形（「思い立った」）が出現します。

　次の段落でも、冒頭では過去形（「した」）で始め、すぐに（「戻ってみたい」「かもしれない」「違いない」「はっきりするだろう」）と筆者が心の中で思った思考はすべて非過去になっています。筆者の内なる声は、「戻ってみたかった」「かもしれなかった」「違いないと思った」「はっきりするだろうと思った」と過去形にしていません。そして段落の最後では、再び過去形（「歩き続けた」）が出現するという同じパターンが起こっているのです。

　このような時制のシフトからわかることは、時制の選択というレトリックを用いながら、筆者が自らの視点の動きを示しているということです。段落の冒頭では、筆者は読者に近い立ち位置もしくは視点から、自らの過去に起こった出来事を客観的に描写しています。しかし、話が進むにつれ、筆者は読者から離れて自分の語る物語内に埋没するのです。段落の最後では、筆者は今度は出来事から距離を取りながら、読者のほうに近づいてくるのです。つまり、筆者は（1）読者から一定の距離を保ちながら、自分の語る物語内に埋没するのか、あるいは（2）読者に近い位置から過去を客観的に描写するのか、といった語り手と聞き手の遠近間を、時制を用いることによって読者に伝達しているわけです。非過去で語られた部分と筆者の心理的な動きは、そのどちらもが、筆者が「過去の出来事に埋没しながら語りたい」という動機によると考えられます。

　過去形を用いた表現では、書き手・話し手がより客観的で読み手・聞き手に過去の事柄を伝えているのです。これをトゥーランの提示する語り手、語り、聞き手の三角関係（Toolan 1988）から考えてみましょう。図6aでは語り手（筆者）は語りの外にいます。ですから、語り手、語り、聞き手という3者の位置関係はどちらかに偏っているわけではなく、中立的（ニュートラル）です。これは、ラボフにならえば、時系列に沿った過去形での語り（Labov 1972）です。一方、図6bが表しているのは、過去に起こった事柄、もしくは語り手がそのときに思い、感じた事柄でありながら、現在形で表現している状況です。これは語り手が聞き手から距離を置き、語りの世界に埋没してい

る状況を表しています。つまり、ここでは語り手は語りの内部にいるので、語り手と語りの関係は非常に近いものとなり、その近さを示す装置（デバイス）が現在形の使用だと解釈できるのです。

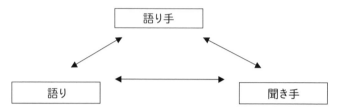

図6a　語り手・ナラティヴ（語り）・聞き手の三角関係：語り手が語りと聞き手の双方に対してニュートラルな状況（Toolan 1988, p. 2）

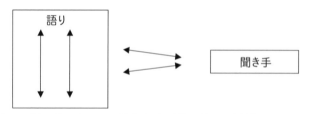

図6b　語り手・ナラティヴ（語り）・聞き手の三角関係：語り手が語りに没頭している状況（Toolan 1988, p. 2）

　伝えたい内容（メッセージ）に焦点があるのが書き言葉の特徴で、聞き手との一体感を形成することに焦点があるのが話し言葉の特徴でしょう。でも、時制の選択というレトリックは、「作者・筆者」を「語り手」と置き換え、「読者」を「聞き手」と置き換えても何ら支障はありません。もっと広い意味では、話し言葉と書き言葉には、何らかのシグナル（合図）を発するエンコーダー（送信者）とそのシグナルの受け取り手であるディコーダー（受信者）という関係においても、時制選択のレトリックには何ら変わりがないと言っていいでしょう。ラボフは変異分析（バリエーション理論）の立場から談話構造と談話の変異形に注目しましたが、日本語における時制選択はカギ括弧を

用いないで地の文並みにするという機能的変異なのです。このことは、ここで例として用いた『顔をなくしたふるさと』というエッセイからも理解できるでしょう。

4.3 丁寧体 (デス・マス体) と普通体 (ダ体) の使い分け：体験談から心理的距離感を探る

「待遇表現」とは、相手に配慮して選択する表現体系、つまり、敬意表現を意味します。敬意表現は、相手との心理的距離を基準にしています。丁寧体 (デス・マス体) の選択は特定の目的や特定の社会的な場面で使用されるレジスター (register：言語使用域・位相) の問題なので、時制とは異なります。通常、普通体 (ダ体) は相手との心理的距離が近い場合、一方、丁寧体 (デス・マス体) は相手との心理的が大きい場合に使用されます (庵・日高・前田・山田・大和 2003)。

しかし、デス・マス体とダ体の使い分けも、ここまで述べてきた表現意図とかかわり合っています。「大多数の個人にとって、最も強力な記憶は、幼年期と関連した場所にある」(Schieffelin 2002) と言われますが、以下の口頭での語りは、日本語成人母語話者が小学校二年生のときに直面した同級生の死と、それにまつわる話です。

(8) 成人母語話者の語り (幼い頃の思い出)
1. ほんというと、あのう、あんまり、覚えてない<u>んです</u>、ほとんど。
   [評価]
2. それで、えっと、覚えてるのが、小学校二年生ぐらい、だったん<u>で</u><u>す</u>けど、あのう、おなじクラスの男の子が、死んじゃったん<u>です</u>。
   [要旨]
3. だから、そのことだけは、すごくはっきり覚えて<u>ます</u>ね。 [評価]
4. あのう、わりとクラスの中でも、なんとなくひかれるっていうか、あのう、気になる存在の男の子で。 [評価]
5. で、夏休みが終わって、えっと、始業式<u>です</u>ね。 [設定]

6. 行ったら、あのう、教室へこう入って行きましたら、　　　[出来事]

7. みんな、普段となんか違うんですね、様子が、なんかざわざわっと
してて。　　　　　　　　　　　　　　　　　　　　　　[評価]

8. で、いきなり友だちが、えっと、あっ、名前忘れてしまいました
ね、　　　　　　　　　　　　　　　　　　　　　　　　[評価]

9. 「だれそれ君が、死んじゃったんだよっ」て。　　　　[直接話法]

10. 「へえっ」て。　　　　　　　　　　　　　　　　　　[直接話法]

11. あのう、まだ小さくて、そういう経験は初めてですしねえ。[評価]

12. で、なんか、えっと、「海開きが始まった日に、海へ飛び込んで
いって」あのう、「心臓麻痺で死んじゃったんだよ」とか言って。
　　　　　　　　　　　　　　　　　　　　　　　　　　[直接話法]

13. そのときに、初めてくらい死ぬっていう認識が、できたぐらいだっ
た、　　　　　　　　　　　　　　　　　　　　　　　　[評価]

14. と思うんです。　　　　　　　　　　　　　　　　　[心理的補足]

　ミハイル・バフチン (Mikhail M. Bakhtin) は、言語表現こそが人間の内的
認識としての意識の実在を指し示すのであり、そこには複数の視点を表現す
る「声」が存在すると論じています (Bakhtin 1981)。9 と 10 で語り手は、
「『だれそれ君が、死んじゃったんだよっ』て／『へえっ』て」と同級生との
やりとりを表現しています。しかし、「～て友だちが言いました」「～て私は
応えました」のように引用文を締めくくる伝達節 (reporting clause) が完結し
ていません。語り手がここで表現しているのは、「って」を付け加えたのみ
の直接話法を用いることで、語りの中に埋没し、男の子の死を語るクラスの
友だちと自分という複数の人間の存在を表現しているのです。

　直接話法を使った引用をふまえて、それに続く 11 では、「あのう、まだ小
さくて、そういう経験は初めてですしねえ」と語り手は続けるのです。これ
は、語りの中の世界とは距離をおき、小学校二年生のときにした発話のやり
取りをしている自分を客観的に見つめながら内省し、また同時に、聞き手と
対峙している現在の自分を表現しています。ですから、デス・マス体が出現

4 結束性（cohesion）：時制現象をどう捉えるか | 67

します。こうして、デス・マス体という表現も、実は単なる丁寧・敬語表現、もしくは「ウチ・ソトの概念」認知にとどまらないことが理解できます。つまり、デス・マス表現が語り手の視点の動きを如実に表現しているのです。言い換えれば、語り手が聞き手から一定の距離を保ちながら、自分の語る物語の中に埋没するか、あるいは、語り手が聞き手に近い位置から過去の出来事を客観的に描写するのか、といった語り手と聞き手の遠近感をデス・マス表現が伝達しているのです。

このように、言語表現には常に複雑な複数の視点を代表する「声」が響いています。それは自分と他者という複数の人の異なる視点に限りません。「過去の自分」と「現在の自分」という同一個人の中での異なる視点でもあるのです。デス・マス表現のつかない伝達節で語られている部分は、語り手が過去に埋没して語りを行いたい、という動機によると推測されますが、同時に、この直接話法で語られている友だちとのやり取りが、実際のやり取りを正確に、そして忠実に再生・再現しているとは限りません。直接話法は元発話の表現をそのまま再現した形をとる様式ですが、元発話を正確に再生することは、実際には不可能でしょう。これは語り手の目の前にいる聞き手に対する心理的効果を狙った語り手の創作なのかもしれません。つまり、直接話法も含めて、引用部分は話者が創作したもので、話者の「声」、視点、発想法を表現するひとつの手段なのです。話者の「声」、視点、発想法を表現するひとつの手段なのです。

さらに、語り手は「そのときに、初めてくらい死ぬっていう認識が、できたぐらいだった、と思うんです」と付け加えています。「という＋名詞」表現という言語操作を行うことで、この部分の焦点を当て鮮明にしながら、さらに「が」という格助詞を補足することで、これを主語とし、最後に「思うんです」という心理的補足を行っていますが、これは語調を和らげる婉曲表現で、聞き手への配慮・視点の動きを表現しています。

山口治彦によれば、上記の日本語学習者用教科書のエッセイの段落内の「現在形（ル形）」という時制の選択、成人母語話者の語りの中の伝達節の形式は物語世界内での伝達回路で、微視的コミュニケーション（micro-cosmic communication）です（山口 2007, 2011）。これに対して、エッセイの段落の最初と最後に出現する「過去形（夕形）」、語りの中の「デス・マス体」は語り手から聞き手（観客）に向けられたコミュニケーションで、巨視的コミュニケーション（macrocosmic communication）、つまり、作品の小世界の枠を超えた作者から読者・観客への伝達なのです。こうして、「語り手」が「語り」の中に埋没している場合、つまり、微視的レベルにいる場合には、「語り手」と「聞き手」、「語り」と「聞き手」との距離は隔たったものとなります。それにもかかわらず、時制や話法の伝達節を操作することで、聞き手に語られている世界を身近に感じさせ、聞き手の語りへの感情移入を容易にさせるのです。このように時制の選択やデス・マス体／ダ体などレジスターの選択は、複雑な視点と心理的距離感を如実にしてくれる言語表現でもあるのです。

4.4　ナラティヴ現在：小説に認められる時制現象（日英翻訳）

ここまで概観してきたことから、以下の説明を考えてみましょう。

> 日本語の小説にも、時制を統一した文体は存在する。登場人物や主人公が語り手という場合には主人公の発話時というのが意識されることもあり、時制が一定となりやすい。意図的に夕形を並べ、淡々としたリアリズムで客観的な語り口を狙うこともあるだろう。
>
> （樋口・大橋 2004, p. 124）

これは、いったい何を意味しているのでしょうか。現在という時制が何を意味し、過去という時制が何を意味しているのでしょうか。英語の仮定法過去や仮定法過去完了を思い出してみましょう（図5）。この問題は、「ナラティヴ現在」の問題だと言い換えてもいいでしょう。つまり、現在形は時制ばかりでなく事実に近く、それゆえに身近に感じ、感情移入が容易になるのです。たとえば、推理小説などを読んでいて「足音が近づいてきた」という過去形ではさほど臨場感がないのに、「足音が近づいてくる」という現在形を

4 結束性(cohesion):時制現象をどう捉えるか | 69

使うと、手に汗握る臨場感が増しますが、こうした心理的距離を表す語りでの現在形の使用を「ナラティヴ現在(narrative present)」と呼んでいます(南 2009；Hasegawa 2011; Minami 2002, 2011)。

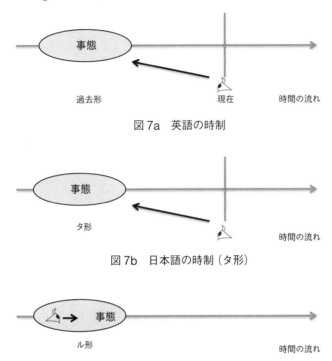

図7a　英語の時制

図7b　日本語の時制(タ形)

図7c　日本語の時制(ル形)　→　ナラティヴ現在

日本語では時制選択の基準となる視点が可動的です(図7b, 7c)。一方、英語では反事実を除いて基本的に固定的だと言ってもいいでしょう(図7a)。さらにこれを敷衍すると、日本語で書かれた小説やエッセイではル形とタ形が混在しても自然な場合が多いのですが、英語では小説でも時制混交は通常可能ではないということになります。

ここでは、江國香織の『つめたいよるに』(1996)に収録されている男女の出会いと別れの不思議な一日を綴った短編小説『デューク』を題材に時制現象(日英翻訳)を考えます。『デューク』の主人公は、大切に育てていた犬の

70 ｜ 第２章　言葉はどのように使われるのか　―談話の構造を考える―

デュークに死なれてしまい、何も手につかず泣きじゃくる若い女性です。キスのうまい犬のデュークが死んだ翌日、泣きながら電車に乗った彼女の前に現れたのは、ハンサムな男の子、そして彼はデュークの化身だったのです。

　　蚊のなくような涙声でようやく一言お礼を言って、私は座席にこしかけた。少年は私の前に立ち、私の泣き顔をじっと見ている。深い目の色だった。私は少年の視線にいすくめられて、なんだか動けないような気がした。そして、いつのまにか泣きやんでいた。　　　　　　　　　　（p. 14）

通常、英語では時制を変化させることはなく統一するので、英訳すると以下のようになるでしょう。

　　I barely managed to thank him in a scarcely audible voice and took the seat. He stood in front of me and glanced at my sobbing face. The color of his eyes was deep. I was overpowered by his glance and felt like I could barely move. I was unaware that I had stopped crying.

　以下は、４名の英語にある程度熟達した日本語母語話者に翻訳してもらったものです。（9a）（9b）は原文の影響なのか、それぞれ The boy is standing before me、The boy is standing in front of me と過去形から現在形への時制の移動が見られます。（9a）では、I somehow felt I have been trapped by his eyes. とあります。これは、主節の I somehow felt が過去形なのに、従属節が I have been trapped と現在完了形なので、文法的な誤りです。ですから、これは文体の理由のためにというよりはむしろ文法上の制約のために時制を改めることが必要です。（9b）でも I'm being caught は同様の文法的な問題を抱えています。
　（9c）と（9d）は原文の時制に引きずられることなく、どちらも The boy was standing in front of me、He stood in front of me and gazed at my face in tears と過去進行形もしくは過去形を使用しています。しかし、（9c）では原文

4　結束性（cohesion）：時制現象をどう捉えるか　│　71

に「いつのまにか泣きやんでいた」とあるせいなのか、現在完了の Now my
tears have gone away、そして（9d）では「深い目の色だった」と原文が過去
形であるにもかかわらず、翻訳では He has deep-colored eyes と現在形が出
現します。（9c）の翻訳者は「涙が止まったのが現時点」という時間の流れの
問題と捉えているのかもしれません。（9d）の翻訳者は不変の真理は常に現在
形で表現するというように考えているのかもしれません。いずれにせよ、
「時の流れ」の解釈が異なっているのです。

(9a)　I barely said a word of thank in a whispering voice in tears, and
took the seat he gave for me. The boy is standing before me,
staring at my crying face with dark colored eyes. I somehow
felt I have been trapped by his eyes. And then I found that I
had already stopped crying.

(9b)　I somehow gave him a word of thank-you in a very faint tearful
voice and sat in a seat. The boy is standing in front of me
looking intently at my crying face through his deep black
eyes. This impaling stare made me feel like I'm being caught
and unable to move. And, before I knew it, my tears were
gone.

(9c)　I gave him a few words expressing my appreciation in a tearful
faint voice and sat down. The boy was standing in front of me
and gazing at my crying face. His eye color was an impressive
deep color. I felt as if I were nailed by his piercing look. Now
my tears have gone away.

(9d)　After a while, I thanked him with one word in a very little
tearful voice and took a seat. He stood in front of me and

72 | 第2章 言葉はどのように使われるのか —談話の構造を考える—

gazed at my face in tears. He has deep-colored eyes. I felt like being unable to make a move in his eyes. And then, I stopped crying without realizing.

　さて、短編小説『デューク』を読み進むと、主人公の内省部分が出てきます。この話はすべてが過去のことですが、日本語では時制が示されていません。でも、話の流れから英語では、内省部分だけ現在形というわけにはいかないのです。時制の制約を受けているのです。先に紹介した『たぶらかし』の（6a）日本語、（6b）英語の対照と同じ問題なのです。

　　デュークが死んで、悲しくて、息もできないほどだったのに、知らない
　　男の子とお茶をのんで、プールに行って、散歩をして、美術館をみて、
　　落語を聴いて、<u>私はいったい何をしているのだろう。</u>　　（pp. 17-18）

Duke had died. I was so sad that I could not even breathe. And here I was having tea with a stranger, going to a pool, going for a walk, going to an art museum, and watching a comic storytelling performance. <u>What on earth was I doing?</u>

5　結束性（cohesion）：能動態・受動態と視点

　ここでは、個々の言語で談話の表現性に違いがあるのかどうかを検討します。具体的には、態（ヴォイス）をどのように使いながらローカル・レベルでの結束性を作り上げているのだろうか、という問題です。

5.1　日本語の受動態：結束性の問題

　日本語には間接受動表現という受動態があります。間接受動表現では、「文の主語は主動詞が表す行為を引き起こされる」のであり（例：雨に降られる、ペットの犬に死なれる）、「主語の人物はその行為や生じた結果に責任を

負いはしない」という意味が含まれます。もちろん、この情報は英語でも伝えられますが、やっかいで余分な単語や句を使用しなければなりません。これは時制の反事実では、日本語のほうが余分な説明が必要であるのとは逆になっています。

(10a) *I was fallen by rain.
　　　→ I got rained on/I was caught in the rain.
(10b) *I was died by my pet dog. → My pet dog died on me.

日本語では他動詞ばかりでなく自動詞でも受動態の作成が可能ですが、英語では受身表現が作成できるのは他動詞のみです。そればかりでなく、日本語の間接的な受身文では、迷惑感・被害感（上記の例では「雨に降られて／ペットの犬に死なれて困った」という意味）を微妙なニュアンスとして聞き手に伝えることが可能です。

　日本語話者は受動態に直面する頻度が高いため、受動態をさまざまな状況で使うのではないでしょうか。もしかしたら、受動表現を使用していることにすら気づいていないのかもしれません。たとえば、現代文では文章語的表現、または改まった表現をする場合、（〜が）Vられる［自発の受身形］（意思と関係なく、ひとりでに〜の状態になる）を使用します。

(11a) 学生時代のことが懐かしく<u>思い出される</u>。
(11b) 今後の議論が<u>待たれる</u>。
(11c) あの人にひどいことを言ってしまったことが<u>悔やまれる</u>。
(11d) 性格が性格だから、将来が<u>案じられる</u>。

さらに、日本語では受動態の生成が容易で、感情移入の点からも受動態のほうが自然で、Vさせられる［自発の使役受身形］を使用します。

(12a) 隣家の騒音に<u>悩まされている</u>が、どうしたらいいのだろう。

74 | 第2章　言葉はどのように使われるのか ―談話の構造を考える―

　　(12b) これは自分の人生、生き方を<u>考えさせられる</u>映画だ。

　　(12c) あの人の仕事ぶりには<u>感心させられる</u>。

　　(12d) 間違いから学ぶことの大切さを<u>感じさせられる</u>。

このように、日本語では、何らかの影響をこうむった人を主語にして、その人に起こった出来事を受動態で表現します。

5.2　主語省略と視点の問題：日英バイリンガル児童の作話例

　代名詞は、英語などの諸言語では必須成分ですが、日本語では省略されることが多々あります。こうした現象は、代名詞が存在しないのではなく、音形のないゼロ代名詞が存在しているからだと説明できるでしょう。つまり、ゼロ代名詞が使用され、表層では主語など必須成分が省略された形となっているわけです。「省略された照応表現」であるゼロ代名詞が、日本語ではかなりの頻度で使用されます。ゼロ代名詞は、文章全体の意味が一貫性を維持しているかどうかを理解する上で重要ですが、ゼロ代名詞が母語に存在しない日本語学習者にとっては、与えられた日本語読解教材を正しく理解できない原因ともなっています (藤原・竹井 2010)。

　日本語では、主語が介在しないことで(登場人物・主人公と) 読者の視点の一体感も生まれやすい、すなわち、認知主体をいちいち言語化しなくていいので、主体から見えた事態や感覚だけを表現することが可能で、読者が読みながら作り上げるイメージが (登場人物・主人公の) 五感で捉えた主観的世界と同化しやすい、と樋口・大橋(2004)は示唆しています。談話の生成において、これは重大な問題です。

　日本語学習者にとっても、談話の一貫性は重要な課題です。しかし、日本語では主語省略が多発するという問題があります。そして、主語省略は視点の一貫性が前提となっているのです。ここでは、24 場面からなる文字のない絵画ストーリー "Frog, where are you? (カエルくん、 どこにいるの？)"(Mayer 1969) を日英バイリンガル児童に見せて「物語を作るように」という課題を与えて得られた結果を紹介します (南 2004, 2007；Minami 2011)。絵

5 結束性（cohesion）：能動態・受動態と視点 | 75

本の主要な登場者は、男の子と犬とペットのカエルです。逃げ出したカエル
を森の中で捜索の途中、モグラやハチ、フクロウ、シカなどの動物と出くわ
し、さまざまなアクシデントに遭遇しながら、「カエル捜し」の結末部に向
かってゆくのですが、全体としては、ラボフが示唆した（Labov 1972）よう
に、ここで述べたそれぞれのエピソードが時系列的展開で鎖のようにつな
がって、絵本の主な流れを形成していることがわかります。

1. 発端部では、男の子がカエルを飼っている（場面 1）。
2. ある夜、男の子が眠っている間にカエルが逃げ出す（場面 2-3）。
3. 展開部では、まず男の子と犬が家の中でカエルを捜す（場面 4-7）。
4. 次に、森の中へ入って行き（場面 8）、土の穴の中を捜し（場面 9-10）、
   木の穴の中を捜し（場面 11-12）、岩に登って捜す（場面 13-14）。
5. 岩の上で木の枝だと思ったものが、実はシカの角で、シカが出てき
   て男の子を川に落とす（場面 15-18）。
6. 解決部では、とうとうカエルとその家族を見つける（場面 19-23）。
7. さらに、結末部では、カエルの子どもの一匹を無事、家につれて帰
   る（場面 24）。

　以下の例は、場面 15-17（左から右に順）で「シカが出てきて男の子を川に
落とす」という事件の展開を語ったものです。(13a) は女児（11 歳 1 ヵ月）、
(13b) は男児（12 歳 6 ヵ月）による語りですが、二人とも英語で語る際には、
必要とあれば異なる登場人物を主語に置き換えながら、態（ヴォイス）を変え
ないで語っています。つまり、能動態を保持しながら語っているのです。一
方、日本語では必要とあれば、能動態から受動態に切り替えることで、主語
（主体）を一定に保持しながら語っています。「視点の焦点の対象として、主
語が優先する」（久野 1978, p. 169）、ここでは語り手が「主語寄りの視点を取
る」と考えれば、特定の登場人物の立場からストーリーが描写されているこ
とになります。日本語では指示対象の省略、つまり音形のないゼロ代名詞の
使用が一般的ですが、主体を一定に保持することで、視点の一貫性を保ち、

たとえ主体が明らかに言及されていなくとも、指示対象が誰なのか、何なのかを読み手が理解するのを容易にします。

　英語では主体が入れ替わり、特定の登場人物の視点からストーリーが展開されるわけではなく、客観的です。しかし、日本語で視点の一貫性が維持されず、しかも音形のないゼロ代名詞の使用、つまり省略が同時に起これば、指示対象が何であるかを把握することは不可能ではないとしても、きわめて困難な作業となることは間違いないでしょう。

　　(13a) 英語　　And then they met a deer, and then the deer carried them, and dumped them into the creek.
　　　　 日本語　で、とちゅうでシカに会って、シカの角に<u>はさまれて</u>、池に<u>ほうりこまれて</u>。
　　(13b) 英語　　So the deer raised him up, and throw him into a river, I mean, a creek.
　　　　 日本語　その上に<u>乗っけられて</u>、池に<u>落とされました</u>。

場面15

場面16

場面17

Frog, where are you? をもとにイラスト作成

5.3　主語省略と視点の問題：成人日本語学習者の作話例

　文法的に誤りのない発話ができることは日本語に堪能である要因のひとつです。しかし、文法的に正確というだけでは日本語母語話者と同様に自然な発話が産出できるわけではありません。たとえば、「たくさんの皆さんが、〜について（私に）質問をしました」という能動態の発話はどこか不自然で、日本語母語話者なら「たくさんの皆さんに、〜について質問をされました」と

受動態で言うのではないでしょうか。「視点」とはカメラ・アングルのようなもので（久野 1978; Kuno 1987）、語り手がどのアングルから出来事を描写しているかを示しているのですが、たとえ同じ出来事を描写しても、視点が異なると何か不自然な感じがすることがあります。

　以下は、成人日本語学習者がメキシコの町を父親と共に訪問した際のことを綴った作文です。祖母の必死の制止にも耳を貸さず、いとこと共に危険な橋を渡って教会を見に行った筆者は、帰宅したとき、父親に叱責されます。「家に帰った後、父に全部を伝えて、ひどく怒りました」と、この学習者は表現するのです。しかし、これでは「ひどく怒った」主体が誰なのか判然としません。受動態を使用することで省略されている主語（ここでは作者・学習者）を統一し、「家に帰った後、父に全部を伝えて、ひどく叱られました」とするか、主語を補足して「家に帰った後、父に全部を伝えたら、父はひどく怒りました」としなければ、主体が明確とはなりません。この学習者は特定の日本語の規則を広く一般化し過ぎてしまっているのです。つまり、日本語に頻出する主語省略を過剰般化（overgeneralization）しています。このように、文レベルでの文法的正確さだけでは捉えきれない問題が談話レベルでは露見します。補足ですが、「私が渡った前に」も本章冒頭のダグさんと同じく、過去の出来事でも「前に」の前に来る動詞は「辞書形」を用いるという文法規則に従っていません。これは、日本語の時制が、「過去」・「非過去」というより「完了」・「（事態・行為が終結していない）未完了」と考えたほうが合理的な説明がつく好例です。一方、英語では、主節の時制が従属節の時制に影響を与えます。従属節の事態を見ている話者の視点が、発話時の視点で固定的だからです。でも、こうした母語（ここでは英語）の影響による誤用は、日本語上級者になってもなかなか矯正できないものかもしれません。

　　三年半ぐらい前、父の古里に旅行しました。小さいメキシコの〇〇という
　　町です。スペインが征服したとき、その地方で最初の教会を建設しまし
　　た。ある日、いとことその教会の一つへ行きました。教会に大きい泉があ
　　りました。泉はぜんぶ磁器と色ガラスでできています。この泉へ見に行く

ために、橋を渡らなくてはいけません。でも、橋は洪水で押し流されたから、とても危ないです。私はその前に有名な泉を見たことがありませんでしたが、私のいとこが一度見たことがあるから、私は見たかったです。私が渡った前に、おばあちゃんが「やめて、危ないよ」と大声で言いました。でも、私たちは一人一人、下を見ないで、注意深く渡りました。家に帰った後、父に全部を伝えて、ひどく怒りました。でも、父は私よりもっと大胆な人だから、どうして怒ったんだろうだと聞きました。これまでに多くの人がその泉に行ってみることで亡くなったそうで、そんなことを二度としません。

　日本語では能動態と受動態を使い分けることにより、主語を一定にすることでストーリーを一貫させ、たとえ主語省略（ゼロ代名詞）があっても、主語が誰なのかを明確にした語りが可能です。一方、英語、とりわけアメリカ英語では、主語の位置に入る登場人物が入れ替わっても、一般に能動態を使用する傾向があります。また、統語上の制約から、前方照応の主語省略がきわめてまれなので、主語が入れ替わってもストーリーの筋をたどる際に混乱が起こらないのです。
　以下は日本に五年間滞在した後、アメリカに戻ってきた成人日本語学習者のジョンさんが書いたものです。

　　○○先生、僕も結構びっくりしたけど、行ってみないと本場の味かどうかわかんない。アメリカにある大体のラーメン屋さんはほとんど韓国人や中国人だから、いつも「おいしい！」より「おしい！」っという感覚。□□（地名）は特にがっかりするね・・・。△△（地名）はいけると思うけど。和食のレストランのほとんどは日本人に経営されているから。とにかく行ったら、ご報告致します！（まだ1ヶ月あるけど・・・もうおなかすいてる！！）

ごらんの通り、ジョンさんの日本語はきわめて流暢なのですが、「日本人に

経営されているから」という受動態には何か違和感があるのではないでしょうか。この場合、「日本人が経営しているから」もしくは「日本人の経営だから」となるのではないでしょうか。本章の最初に紹介した「中間言語 (interlanguage)」は、習得の段階に応じて変化・発展していく学習者特有の動的で自律的な言語体系を指します (Selinker 1972)。この態の使用は、中間言語のプロセスにおける仮説、すなわち「日本語では受動態を多用する」というジョンさんがたてた仮説の結果としての過剰般化であることがわかります。

　日本語学習者の談話から、以下に掲げる言語能力、認知能力、文化的認識のいずれが欠けても問題であることがわかります。

1. 目標言語で利用可能な文法的項目と語彙という両方の分野での選択肢を自らのものとした言語的な能力。
2. 異なる文法体系を統合し、さまざまなコミュニケーションの目標とそのための談話機能を満たすための選択肢を発展させる認知能力。
3. それぞれのスピーチ・コミュニティでどのような選択肢が好まれるのかという文化的認識。

5.4　小説に認められる態の使用（日英翻訳）

　海老沢泰久著『スーパースター』(1986) には、プロ野球、マラソン、ボクシングといったスポーツの世界を借りながら、揺れ動く人間の心のヒダや自らの思いを鮮やかに描いた短篇小説が収録されています。ここでは、プロ野球を題材にした収録作品『眼下のゲーム』を題材に態（ヴォイス）の使用（日英翻訳）を考えます。

> 「彼は八番打者をピッチャーゴロにうちとってやっと一死にしたが、つづく九番のピッチャーにレフト線の二塁打を<u>打たれて</u>、さらに一点を失った」
> (p. 259)

80 | 第2章　言葉はどのように使われるのか —談話の構造を考える—

日本語の原文では二番目の文章で受動態を使用することで視点を一定に保っています。しかし、英語でそれに対応する文を作ってみると、能動態のほうが自然でしょう。ところが、主語の位置に視点（視座）があると考えると、結果として視点の移動が見られることになります。

He finally got the first out when the eighth batter grounded out to the mound. Then the ninth man, their pitcher, hit a line drive double into left field, and we were down by another run.

　日本語母語話者の翻訳から見られる視点の移動はどうでしょうか。以下は、3名の英語にある程度熟達した日本語母語話者に翻訳してもらったものです。(14a)(14b)は原文の影響なのか、それぞれ he got hammered down、was hit と能動態から受動態への移動が見られます。(14c)は順序を入れ替えることで処理しようとしていますが、lost another run なら文法的に正しいのに、わざわざ was lost another run としてしまい非文になっています。

(14a) He made the eighth batter out by pitcher grounder on a wing and a prayer, but he got hammered down the left-field-line double from the ninth batter, their pitcher, and lost a run.
　　　［注：訳者は「何かを行う際に、準備不足だけれど、どうにかこうにか成功することを祈る様子を表現する」イディオム「to do something on a wing and a prayer」を使いたかったのでしょう。］
(14b) He finally got the eighth batter to ground out, but was hit a two-base by next ninth, the opposing pitcher, to left and lost one more run.
(14c) He barely took one down from the eighth batter by grounder to the pitcher. However, he was lost another run by the following ninth batter's two-base hit to the left line.

6 まとめ

第1章の冒頭で、テクストの意味は文脈（コンテクスト）で異なる意味を持つものだということを述べました。語るという行為の結果としての語り（ナラティヴ）、語りのテクストとしての談話、そして出来事の基本的な流れ、これら三者の中にテクストとコンテクストのせめぎ合いが見て取れます。では、こうした中で、どのようにして「優れた語り」を生成できるのでしょう。談話の一貫性と結束性は伝達能力の指標、すなわち「優れた語り」を作り上げる重要な要素です。本章では、どのような話が受信者（聞き手・読み手）にとって理解しやすいのか、共有できるのかという問題を考えてきました。それには聞いている、もしくは読んでいる時点で、何が題目（トピック）であるかを受信者が理解していることが重要な役割を果たしていると推測されます。したがって、受信者が語りを容易に理解できるかどうかは題目がどのように導入され、どのように維持されているかということと密接に関連しています。

まず、日英両語で時制が心理的距離（psychological distance）を示唆するマーカーとして使用されていることがわかりました。日本語における現在形の多用は、時制ばかりでなく事実に近い、それゆえに身近に感じ、感情移入が容易だということでしょう。しかし、視点（視座）の移動という観点からは、日本語が可動的であるのに対し、英語は可動的ではありません。英語では、仮定法過去を用いた表現では現在の事実の反対を仮定し、仮定法過去完了は過去の事実の反対を仮定するというように、反事実の表現という特殊な場合を除いて、談話における時制は一定しています。

次に、態（ヴォイス）ですが、英語、とりわけアメリカ英語では、動作主体を表現する場合は能動態のほうが自然です。一方、日本語では、受動態の生成が容易で、感情移入の点からも受動態のほうが自然ということがわかります。ここで、主語に視点（視座）があると仮定すると、視点の移動が英語では可動的だということになりますが、日本語では可動的でないということになります。能動的表現から受動的表現へ、受動表現から能動表現への変換に

は、文中の文法的機能、さらには陳述の中心的対象である主題・題目の果たす役割の再編を伴う可能性があります。つまり、態の移動が示唆しているのは、語り手の特定の視点（視座）なのです。こうした態の使用においては、日本語は視点固定型、一方、英語は視点移動型だと言えますし、さらに言語類型論的には中国語も視点移動型の言語だと考えられるようです（彭2016）。

　言語事象（例：受動態）は、他のさまざまな要因（例：音形のないゼロ代名詞）さらには文化的特性（例：感情移入）と関係し合いながら、形成されます。ですから、言語事象は相対的で、自らの文法項目（例：時制・態）が他言語に認められるからといって、異なる言語社会で同じ役割を果たしているわけではありません。異なる言語社会では、そうした特定の文法項目に意味を与える全体構造が異なっているかもしれないわけです。談話構造の言語比較、とりわけ対照談話分析は私たちにこうした言語固有性の問題を示しているのです。

第3章

言語変化はどのように進むのか
―地域方言と若者言葉①―

1　地域方言

　大阪では、古くからさまざまなダジャレことばが発達し蔓延しています。中には、現在でも通用するものがいくつかあります。ここでは、部長、古参ですがヒラ社員の山田さん、そして新入社員の鈴木さんの三人が、鈴木さんの歓迎をかねて金曜日に飲み屋にいる場面を紹介します。ここで三人が話していることが理解できるでしょうか。

部長：鈴木君、今週は新しいことばっかりで、えらかったやろ。今日は
　　　しっかり飲み。何でも好きなもん食べり。
鈴木：ほな、遠慮なく。
部長：おお、お前、ええ飲みっぷりやんけ。その調子で仕事もがんばりや。
　　　そやけど、くれぐれも言うとくけど、ここにいてる山田みたいに
　　　なったらあかんで。気いつけや。
山田：部長、それ、ほんまに、むかつきますわ。あれ？部長、いっこも飲
　　　んでないですやん。なんぼ部長のおごりやゆうたかて、部長が飲ま
　　　んと、おれら飲みにくいですわ。
部長：そない言うて、山田、わしを酔わすつもりやな。自分、勝手に好き
　　　なだけ飲んだらええがな。

山田：「蟻が十匹、猿が五匹」。

部長：山田、もー知らん！ところで、鈴木君、どや、この仕事、慣れてきたか？

鈴木：いやー、まだ、まだ分からんことばっかりですけど、みなさんに助けてもろうてます。

部長：そうか。まあ、ぼちぼち分かってくるやろ。うち、仕事はえらいけど、皆、仲ええからな、困ったことあったら何でも聞きや。そやけど、こいつにだけは聞いたらあかんで、山田は。こいつ、えらそうに言うてるけど「**うどん屋の釜**」やし、まあ、第一に「**夜明けの行灯**」やから。

山田：ううん、そんなもん、もう「**五合とっくり**」や。今日は部長のおごりや、もっといっぱい飲んだろ、「**雪隠の火事**」や。

部長：おっ、山田、それ久しぶりにおもろいわ、ええやんか。

山田：そやけど、鈴木君、きみはほんまにラッキーや。何でも部長に教えてもろたら、ええわ。

蟻が十匹、猿が五匹→蟻が十、五猿→ありがとうござる
うどん屋の釜→湯うばかり→言うばかり
夜明けの行灯→薄ぼんやり
五合とっくり→一升詰まらない→一生つまらん
雪隠の火事→焼け糞→やけくそ

1.1　地域的なバリエーション：役割語、方言コスプレ、反照代名詞

　私たちは誰もが時間の流れという連続体の中で生活していて、言葉の変化を意識せずにはいられません。しかも、言語体系には古い言葉と新しい言葉が変異形（バリエーション）として併存している場合が多々あります。さらに、単一の地域方言として一括りにされがちな言葉も地域内の市町村で大きく異なる場合があるのです。

たとえば、関西弁（近畿方言）を考えてみましょう。「特定のキャラクター（人物像）と結びついた」言葉づかいを『役割語（role language）』（金水 2003, 2007）と呼びますが、方言を効果的に取り込んだ役割語はいかにもその人が話しているのだろうということが想像でき、読み手・聞き手に共通認識が生まれるという効果があります。つまり、地域方言に対して抱かれているステレオタイプ的なイメージが、読み手・聞き手の中に喚起されるのです。「方言コスプレ」ドラマの代表例とも言える朝の連続テレビ小説（通称「朝ドラ」）『あまちゃん』（2013 年度上半期 NHK 制作・放送）では、アイドルを手がける芸能プロデューサーで通称「太巻」こと荒巻太一が東京都出身なのになぜか関西弁が得意だという設定になっています。しかも腹を立てるとなぜか関西弁になる傾向があるのです。ここでは、タクシー運転手の正宗がある秘密を知ってしまいますが、太巻はやたら「アホンダラ」を連発しまくって、関西弁で恫喝します。「アホンダラ」は、「アホ」に北陸と山陰でバカを意味する「ダラ」が結びついた罵倒語です。後半は正宗がその恐ろしい体験を回想し、コメントするシーンです。

荒巻：もし、アホンダラ、どっかに（秘密が）漏れたら、アホンダラ、オンドレの仕業やからな、アホンダラ、自分、東京湾に沈められたいんか、アホンダラ、アホンダラ、アホンダラ、アホンダラ…
（正宗は荒巻の恫喝が怖くて怖くて、再会した春子にも影武者の件を口にすることができなかった。）
正宗：苦手なんだよ、関西弁、全部脅しに聞こえるでしょ…だいたい英語の“you”に相当する単語が多すぎる…ワレとか、オンドレとか、アホンダラとか、自分とか…『自分』は“you”じゃなくて、“me”でしょうが…
（『あまちゃん』第 97 話 2013 年 7 月 22 日）

ここでは正宗が反照代名詞（反射指示代名詞）がわからないと言っています。反照代名詞は冒頭の会社員 3 名の大阪弁ダジャレのストーリーにもありますが、「自分」「おのれ」など、一人称・二人称・三人称に関係なく、実体そのものを指す代名詞です。これは関西弁に限ったことではなく、「自分で

やれば？」「自分でやればいいんだろ！」などと言いますね。ただ、「おんどれ、自分、何してけつかんねん、ワレ」と関西弁ですごまれれば、これは少し怖いかもしれません。新海誠監督の映画『君の名は。』は、山深い田舎町に暮らす女子高校生と東京の男子高校生が夢の中で入れ替わり、時空を超えて互いに惹かれ合う恋と奇跡の物語です。映画のタイトルを反照代名詞を使って関西方言に言い換えると、『誰やねん、ワレ。』とか『誰やねん、自分。』などとなって、映画のイメージとは、かなりかけ離れたものになるでしょう。いずれにしても、話題の中心になっている人なら何人称であろうと適用できる反照代名詞を用いると、その人からの視点で「自分」という語彙を使用していることがわかります（視点は第2章参照）。

1.2　地域方言と有標性

　通常、ドラマなどでは、主役は方言を使わず、脇役が方言を使います。主役を描写するには十分な場面・スペースがあるのに対して、脇役は性格描写などに十分なスペースがありません。ですから、方言を使用すれば、その方言に付随したステレオタイプのおかげで、脇役の性格を端的に描写できるのです。有標性（markedness）は、ある文法機能が特定の標識で示されているか、すなわち有標（marked）なのか、それとも標識を用いないで示されている、すなわち無標（unmarked）なのかという考え方です。通常、無標は「基本的」ないし「自然」と考えられる場合、一方、有標は「特殊」と考えられる場合です。ストーリーの主役や中心人物は無標でも十分に性格を描き込めますが、脇役は方言で有標化することによって、不十分になりがちな性格描写を補っているとも考えられます。

　もちろん例外らしきものはあります。たとえば、マイク・マイヤーズ（Mike Myers）主演の007シリーズのパロディ映画で、1960年代に冷凍保存され1990年代に復活したイギリスのモテモテ有能スパイの活躍を描いたおバカ映画シリーズ『オースティン・パワーズ（Austin Powers）』（1997, 1999, 2002年）を思い出してみましょう。映画にはやはりマイク・マイヤーズ扮する宿敵ドクター・イーブル（Dr. Evil：「邪悪博士」の意）が登場します。オー

スティン・パワーズのほうはウソっぽいイギリス英語訛り、ドクター・イーブルはこれまたウソっぽいオランダ語訛り、ドクター・イーブルの子分は米国の特定の地方、特定の人種の訛りのある英語を話しています。主人公がスノッブな英語を話すのは一人二役を際立てるためでもあるのでしょうが、やはりここでも脇役に米国のある地域やある特定の人種の訛りのある英語をしゃべらせて、有標化しています。

1.3　方言教育の必要性

　方言教育はなぜ必要なのでしょうか。その理由はいくつか考えられるでしょう。もちろん、上述したステレオタイプがときとして誤ったイメージを与えるので、そうした誤ったイメージを是正するという目的があげられます。また、現実問題としては、地域方言を知らないためのトラブルが起こる可能性があります。たとえば、「えらい（えらかった）」という表現が冒頭の大阪弁の会話にも出てきます。これは「疲れた・たいへんだ」という意味で、ときには「具合が悪い」という意味でも使われます。中国、四国、関西、東海、そして福井などでは「えらい」、茨城や栃木などでは「こわい」と言う地域があるようです。とつぜん、「あんた、えらそうな」と言われ、その意味を「いばっている（尊大・横柄）」と誤解したというのは単なる笑い話ですませることができるかもしれません。しかし、たとえば、老齢の患者が発する「こわい」という語彙の意味を、医者が誤解したりすると、これは深刻な問題になるかもしれません。地域医療・介護患者の方言がわからないためにトラブルが発生したとなると、笑い話ですませることはできないでしょう。

　日常生活で、地域方言の会話に入り込めないために感じる疎外感だって、個人にとっては深刻な問題になりえます。その土地で話されている方言がよくわからないという事態は、他の地域から来た人にとっては、自分の周囲の人たちとの間に何か見えない壁を感じることになるのではないでしょうか。さらに、今は、地域に居住する外国人も増加しています。たとえ、その人たちが事前に日本語を勉強して日本に来ていたとしても、たいていの場合、共

通語・標準語で書かれた教科書で勉強しているので、地域方言は理解できないかもしれません。ちなみに「共通語」は、方言を異にする話者間の共通言語を指し、一方、「標準語」は一つの国における規範となる言語を指します。現在は、「標準語」を改め、「共通語」を用いる傾向にあるようですが、本章では明確な区分は用いません。

1.4 「ソーシャル・キャピタル」とは何か

　「ソーシャル・キャピタル (social capital)」という言葉を聞いたことがありますか。ソーシャル・キャピタルは、社会学、政治学、経済学などの分野で用いられる概念です。この言葉それ自体は新しいものではなく、19世紀末のジョン・デューイ (John Dewey) の『The School and Society (学校と社会)』に用いられています。ソーシャル・キャピタルを直訳すれば「社会関係資本」となるのですが、経済学者はこの日本語訳には異論があるので、ここではソーシャル・キャピタルと呼ぶことにします。ソーシャル・キャピタルの本質をどのように捉えるかについては、まず、社会における信頼関係と規範のあり方、社会の効率性向上などとの関係について考えてみましょう。「厳格な上下関係から構成される、つまり、階層構造に立脚する人間関係よりも、フラットで協調的な行動によって、社会の効率性が高められるのだ」と考えることはそれほど不思議なことではないでしょう (稲葉 2011)。つまり、ソーシャル・キャピタルが指し示しているのは「共同体や社会において人々が持ちうる協調や信頼関係」です。

　ここで方言を考えてみましょう。かつて、方言は否定的に見られていました。そうした理由の一端は19世紀後半の明治政府の言語政策にあります。中央集権国家として政治的・社会的に全国的統一を図ることが明治政府の急務で、国家語の確立、全国の言葉の統一化といった言語政策をその手段としたのです。標準語・共通語を身につけさせる目的で、東北や沖縄などの地域では、学校の先生が方言を話す児童の首に罰として「方言札」を下げたという歴史的事実があります。こうしたことから、方言を「恥ずかしい」ものと捉えるようになったのは想像に難くありません。

しかし、方言の魅力はもっと評価されるべきです。事実、「方言コンプレックス」は徐々にですが払拭され、1980年代には方言を「地域資源」と捉える動きが活発になり、観光誘致・観光行事に積極的に活用されはじめました。さらに1990年代に入ると、方言を「多様化した社会の象徴」と考えるようになります。たとえば、1992年（平成4年）5月8日付けの『朝日新聞』（夕刊）に『方言が大手を振ってメディアを歩く』（16-17面）と題した記事が掲載されています。そこには「多様化社会を反映『いいんでねえの』」という山形弁の副題が付いています。この「いいんでねえの」は、記事の中でのインタビューに山形弁で答える米国人タレントの発話からで、「方言はきれいなものだ。消したらアイデンティティーの一部が消えるし、自由にしゃべれない」と答えています。さらに、薬品会社が肉体疲労時の栄養補給、滋養強壮ドリンクのラジオCMで、名古屋弁、博多弁、広島弁など5つの方言を使い始めたことも、この記事では報告されています。実際、スーパーなどで開催される北海道フェアでは「なんまらうまい！（すごくおいしい）」いうノボリが立っていたりします。このように、方言が見直され、企業がビジネスに採り入れているケースが目立っています。

ドラマも方言を「地域資源」と捉える動きに一役買っています。朝ドラと呼ばれるテレビ小説が代表的な例ですが、『ごちそうさん』（2013年度下半期NHK大阪放送局制作・放送）では、東京で西洋料理店を営む料理人の長女として生まれ育った主人公の卯野め以子が、西門悠太郎との結婚を機に悠太郎の故郷である大阪に居を構えます。地元の人たちとの交わり、また新しい食べ物との出会いを通して大阪の生活になじんでいくとともに話し方も大阪弁に変化しています。また、『まれ』（2015年度上半期NHK制作・放送）でも、幼いころ石川県能登地方に越してきたヒロイン希と周囲の人物がマイルドな能登方言を使います。

『花子とアン』（2014年度上半期NHK制作・放送）も同様です。このドラマでは、山梨県甲府市と東京が舞台となっています。山梨出身の主人公、安東はな（村岡花子がモデル）は、山梨県甲府の貧しい小作農家に生まれ育ちますが、聡明で女学校（ミッションスクール）で勉強するため上京し、やがて

『赤毛のアン』などの児童文学の翻訳に人生を捧げます。主人公が山梨では
コテコテの甲州弁、一方、東京ではお嬢様言葉で話すギャップが大きく、そ
のどちらもがいつまでも耳に残ってしまいますが、これは「地域方言」ばか
りでなく下層階級と上流階級という社会階層差、つまり「社会方言」(本章
4.7 参照)も表現しています。「甲州弁」(山梨弁)独特の言い回しでは、たとえ
ば、「待ってくりょう!(待ってください!)」や「おらのことは花子と呼ん
でくりょう!(花子と呼んでください!)」など「くりょう!(ください!)」が
ありますし、「ありがとごいす(ありがとうございます)」「お早うごいす(お
早うございます)」の「ごいす」や「けえってくれちゃ(帰ってくれよ)」「教
えてくれちゃ(教えてちょうだい)」の「ちゃ」も頻出しています。「こぴっ
と(しっかり、きちんと)」は、「こぴっと元気になったさ(シャキッと元気に
なったよ)」や「こぴっと覚えられるって(しっかり覚えられるって)」とい
うように使われています。「じゃんねー」や「じゃんけ!(じゃないか!)」
は、横浜ことばや三河弁の「じゃん」と同じで、語尾につくものですが、と
りたてて意味はないのでしょう。「~しろし!(~しなさい)」は、「ちょっく
ら教えてくれろし!(教えてください!)」「仲良くしろし!(仲良くしなさ
い!)」「早く行けし(早く行きなよ)」のように使われています。『花子とア
ン』では、語尾の助動詞「ずら」も頻出し、推定や確認を表すのが本来の用
法らしいのですが、「何ずら」「給金の前払いずら」というように断定的に用
いています。「てっ」は標準語の「えっ・あら・まあ・わあ!」に相当し、
『あまちゃん』の「じぇじぇじぇ」と同様に驚きの表現で、「てっ、すごい
じゃんけ(わあ!すごいじゃないか)」というように使います。

　21世紀、とりわけ2010 年代では、ある地域の出身であることを明示する
ために、生まれ育った地域で使用されている方言的特徴をより強調し、方言
ステレオタイプを逆手に取った方言使用がなされています。さらには、前述
の朝ドラ『あまちゃん』に登場する荒巻(太巻)のように関西人ではないのに
関西弁を使用したりするといったことが行われています(ちなみに太巻を演
じた俳優、古田新太さんは兵庫県神戸市出身なので関西弁はリアルです)。
こうしたある種のキャラクターを身にまとうための方言使用を「方言コスプ

レ」（木部・竹田・田中・日高・三井 2013；田中 2011）と呼んでいますが、方言はその言葉の使用地域や製品の宣伝広告に興味を持ってもらうばかりでなく観光誘致にも役立つ可能性を秘めています。つまり、朝ドラなどの方言使用が舞台となる地域の雰囲気を描写する上で、きわめて重要な役割を演じていて、文化的多様性の象徴ともなり得る社会的に価値のある貴重な存在なのです。さらに、地域社会の結束力という観点から見れば、朝ドラなどで注目を集める方言は「町おこし」のための地域力の源であり起爆剤、つまりソーシャル・キャピタルだということがわかるでしょう。

1.5 「出身県」は当たるのか？

　皆さんはテレビでインタビューに応じている人の発話を聞きながら、「あっ、この人は○○出身だ」と思うことはありませんか。『カミングアウトバラエティ！！秘密のケンミンSHOW』（日本テレビ系列）の『ケンミンの見抜き方』というコーナーがあり、特定の県民だけがある語彙や表現を特定の場面で使ったり、アクセントが違ったりすることで、どの県出身なのか見抜かれるような例を紹介しています。「*Urban Bar* 東京人」の謎のマスターが「お客さん、あんた！○○県民だねぇ、しかも□□地方の出だ！」と、客のちょっとした言動からその人の出身地を怒ったような剣幕で喝破するコーナーです。一瞬で地方出身を見抜いたヒゲのマスターは得意げです。一方、「東京人」をふるまっていたのに出身地を見破られた客はまるで「隠れケンミン」だったみたいで、何かしら狼狽しているようにすら見えます。でも、こうした設定はどこか地域方言を否定的に捉えているような印象を受けます。これは前述した歴史的側面からの地域方言の日本社会における威信・威光（prestige）の問題でしょう。

　実際、私たちは、他人の言葉づかいから出身県を当てるということがよくあります。「方言に関する二択に何問か答えるだけで、出身都道府県が分かる」で始まり、「『自分の知らなかった方言に気づいたり、自分ゆかりの場所を改めて知ったりすることで、自分の出身地を好きになるきっかけになればいい』と話している」で終わる『出身県当てます　女子大生が開発「方言

チャート」』と題した新聞記事があります（『日本経済新聞』2013年6月5日）。その記事によれば、「出身地鑑定方言チャート」を大学生が開発中らしいのですが、実際に試してみるとなかなかの精度のようです。さらに47都道府県を100エリアにさらに細分化したバージョンもあるようです（【参考文献】を参照）。

　まず、1問目は「『そんなことやらん』と言いますか？」という質問です。否定の助動詞に「ない」を使う東日本スタイルではなく、西日本で古くからもっぱら使用されてきた形式「ん」を使用するのかという質問です。典型的な東西分布を反映した1問目で、本当は「やらん」を使用するのに、正直に回答せず「言わない」を選んだとしましょう。2問目は「『明日、家におらん』と言いますか？」という質問です。東日本の「いる」ではなく、西日本の「おる」を使用するのかという問題ですが、これも1問目の「ない・ん」と並んで東西差を際立たせています。さらに、この2問目にも「おらん」の「ん」があります。つまり、西日本で古くから使用されてきた形式「ん」が含まれているのです。この質問で、良心の呵責にたえかねて正直に「言う」を選べば、たとえ1問目で「言わない」を選んでしまっても、ここでちゃんと西日本ルートに戻る仕組みが用意されているわけです。

1.6　「あれへん」か「あらへん」か

　今は、地方の駅前の商店街は、どこに行ってもシャッターを下ろした店が目立ちますね。さびれた状況をなんとかしようという目的で、大阪商工会議所が「商店街の活気を取り戻そう」運動を主導し、商店街のPRポスター製作を電通関西支社に依頼したそうです。ここでは、大阪市阿倍野区にある文の里商店街で行われた「ポスター総選挙」を取り上げるのですが、出来上がったポスターは「方言コスプレ」のオンパレードです。

　「お漬かれさまでした　△△漬物店」（2013年7月23日閉店）という2枚のダジャレまじり（お漬かれ・お疲れ）のポスターがあります。少しお年を召した漬物店の店主が店頭に立って「ポスター？はよ作ってや。死ぬで。」と、もう1枚は「やっと気付いた。この仕事、しんどい。」という口語体大阪弁

が付いています。

　また、□□鶏肉店の2枚のポスターもありますが、1枚は赤いビキニの水着の豊満な女性の上半身、もう1枚は下半身のクローズアップで、それぞれ「いいムネあります。」「いいモモあります。」とほとんどセクハラまがいのキャッチコピーがデカデカと書いてあります。まさに一般的に考えられているイメージ通りの大阪というか、「どぎつい」というか、「バカバカしい」というか、「アホらしい」というか、大阪というある種のステレオタイプをフルに活用しています。

　とりわけ秀逸なのが「かしこい薬の使い方、ご相談ください」という○○薬局のポスターです。パンツ一丁で背中には、正義の味方よろしく風呂敷ならぬバスタオルをマントのように背負った子ども二人が写っています。いっぱしのスーパー・ヒーローのつもりなのでしょうか。もう1枚のポスターもやはり裸の子どもで、相撲の土俵入りのような動作をしているのですが、懸賞金のつもりなのか、ご祝儀袋を体中にべたべたと貼り付けています。こうした何かバカバカしい動作をしている子どもの写真に「アホにつける薬はあれへん。」と書いてあります。文の里商店街に見られるように、自治体や関連機関が街のPRに使うことで、地元に住んでいる人たちばかりでなく、現在は地元に住んでいなくても出身地に愛着を持ってもらうことに効果があるでしょう。

　ところで、関西出身の読者がいらしたらお伺いしたいのですが、「あれへん」と言いますか、それとも「あらへん」と言いますか。たぶん、大阪方言では「あれへん」もしくは「あらへん」、京都方言では「あらへん」となるのではないでしょうか。文の里商店街の○○薬局にある「あれへん」はエ段逆行同化の結果です。それに対して、「あらへん」はア音接続の結果なのです。同様に、「かまわない（構わない）」という意味で、「かめへん」と言いますか、「かまへん」と言いますか。「わからない（分からない）」という意味で、「わかれへん」と言いますか、「わからへん」と言いますか。こうしたエ段逆行同化などの音韻同化やア音接続などの音韻接続は後で詳しく述べます。いずれにしても、こうした違いが示唆しているのは、関西と言っても地

域差があるという厳然たる事実です。当たり前のことですが、一口に大阪弁と言っても、地域差がありますし、もしかしたら年齢による差異、職業による差異だってあるのです。

2　方言周圏論

2.1　「アホ」か「バカ」か

　大阪文の里商店街の○○薬局のポスターは「アホらしい」ですか、「アホくさい」ですか。それとも、「バカらしい」ですか、「バカバカしい」ですか。ポスターには「アホにつける薬はあれへん。」とありますが、皆さんは「アホ」と「バカ」のどちらを使いますか。ここで岡田彰布氏（1957年11月25日生〜）の新聞記事を眺めてみましょう。氏は大阪市東区（現・中央区）出身で、早稲田大学野球部を経て、阪神タイガース、オリックス・ブルーウェーブ（現在のオリックス・バファローズ）両・在阪球団でプレーし、現役引退後は両球団で監督も務めています。試合後の記者会見で「1点差のきつい場面でなあ。△△にも□□にも悪いことした。投手を代えるアホな監督がバカなだけよ」と怒りの矛先を自分自身に向けたという記事があります（『スポーツ報知』2012年4月1日）。この記事で、プロ野球チームの敗戦監督の岡田氏は「アホ」と「バカ」をどのように使い分けたのでしょう。

　罵倒する場合を考えてみましょう。大阪では「アホ！」「お前はアホか！」強調の接頭辞「ど」をつけて「どアホ！」になるのでしょうか。東京では「バカ！」「バカ野郎！」「お前はバカだ！」となるのでしょうか。こう考えると、まるで東西対立分布みたいですが、実は、そうではなく、かつての都、京都を中心に罵倒語が伝播していったという主張があるのです。たとえば、石川県能登半島を舞台にしたテレビ小説『まれ』でも「ダラやねー」（アホやねー）、「お父さんはダラな人やけど…」（バカな人だけど…）、「希ちゃんの店をダラにして（バカにして）」などといった言い回しで「ダラ」（＝足らず）が登場します。先述した「アホンダラ」は大阪で非常にポピュラーな罵

倒語ですが、「アホ」と「ダラ」が重なっているので強烈です。［注：関西ローカルの深夜番組『探偵！ナイトスクープ』（朝日放送）で「東京のバカと大阪のアホの境界線を見つけて欲しい」という視聴者の依頼から始まった、アホ・バカ言葉の研究に詳細が記されています（松本 1996）。］

　でも、関西でも「バカ正直」という表現は耳にしても「アホ正直」とは言わないのではないでしょうか。たしかに、文の里商店街のポスター「アホにつける薬はあれへん」は、ことわざ「バカにつける薬はない」を踏まえています。しかし、「おバカ映画」や「おバカキャラ」とは言っても、「おアホ映画」や「おアホキャラ」とは通常は関西でも言わないでしょう。ここでは、なみはずれてすごいものを表現する際に使用する接頭辞の「バカ」を考えてみましょう。「バカ売れ」「バカ丁寧」「バカでかい」「バカ陽気」とは言っても、「アホ売れ」「アホ丁寧」「アホでかい」「アホ陽気」と言うと、何かよくわからなくなってしまいそうです。「バカ」以外の接頭辞は入りにくいのはなぜでしょう。ここから推測できるのは、定型表現・常套句は変化しにくい、そして、その理由は「バカ」がより古くから存在してすでに定型表現になっている、新しい「アホ」は「バカ」に取って代わることができないということです。ここに「愚かであること」を指摘する罵倒語・侮蔑語の歴史的変遷の一端が垣間見えるような気がします。

2.2　蝸牛考

　方言変化には大きく分けて二つの要因があると考えられます。

1. その言語や方言の内部で自然に変化する（自律的変化）
2. 他の言語や方言と接触することによって変化する（言語接触）

　先祖である一つの言葉（祖語）が、その内部で異なった変化を起こして徐々に枝分かれしていくことによって成立する系統樹モデルを考えてみましょう。こうした概念が自律的変化で、『方言孤立変遷論』を形作っています。これに対して、『方言周圏論』は、言語接触の視点から方言分布を解釈する

96 | 第3章　言語変化はどのように進むのか —地域方言と若者言葉①—

ための仮説です。

　アホ・バカ分布は『方言周圏論』から説明できるというのですが、まずここでは「デンデンムシムシ　カタツムリ」で始まる歌を考えてみましょう。「デンデンムシ」なのか「カタツムリ」なのか、考えてみれば、何とも不思議な歌ですね。東日本では「カタツムリ」と言い、西日本では「デンデンムシ」と言うのでしょうか。この歌は東西対立分布の解決策、つまり、東日本の人も、西日本の人もわかるように作ったのでしょうか。

　デンデンムシは蝸牛です。『方言周圏論』は『蝸牛考』とも呼ばれますが、『蝸牛考』は柳田國男が命名し提唱した論です。語彙や音などの方言諸要素が文化の中心地から同心円状に分布する場合、外側にあるより古い形から内側にあるより新しい形へ順次変化したと推定する考え方です。つまり、波紋が丸い円を描いて広がってゆくように、言葉もまた都から同心円の輪を広げながら、遠くへ遠くへと伝わっていったという仮説です。

　具体的には、「かたつむり（蝸牛）」の方言が、蛞蝓と蝸牛を区別しない「蛞蝓同名系（A）」から始まって、「ツブラ・ツグラメ系（B）」「カタツムリ系（C）」「マイマイツブロ系（D）」「デデムシ・デンデンムシ系（E）」の５類に大別できることを確認しました（柳田 1930, 1963）。東北地方の北部と九州の西部で「ナメクジ、ナメクジラ」、同じく東北と九州で「ツブリ」、関東や四国で「カタツムリ」、中部や四国などで「マイマイ」、そして京都を中心とする近畿地方で（「出る」の命令形：「出ろ、出ろ」＝西日本の「出え、出え」）「デデムシ・デンデンムシ」のように分布することを発見したのです。

　ナメクジという名称はナ行で始まります。ナ行のオノマトペは「ヌルヌル」「ヌメヌメ」「ネッチョリ」「ネバネバ」のように粘液性・粘着性のものを表す傾向があるように思えますが、かつて京都で蝸牛の方言が、粘液性のものを表すナメクジで、そこから

　　　蛞蝓同名系（A）→ツブラ・ツグラメ系（B）→カタツムリ系（C）→マイマイツブロ系（D）→デデムシ・デンデンムシ系（E）

と変化し、それらが近畿から時代を追って東西南北、地方へ放射・伝播されたと推理したのです。(空から眺めた方言分布図である)図1ではABCDEDCBA型の5重の同心円として示してありますが、細かく分類すれば、実際には、もっと多重の円になると考えられます。このように一つの形式が同心円の中心地から周辺に向かって伝播したとするのが方言周圏論です。池に石を投げた時にできる波紋のような形で言語変化が広がるという説なので、「波状説(wave theory)」と呼ぶ場合もあります。また、伝播速度は1年に930メートル、1日に換算して2メートル55センチということで、まさに蝸牛の歩みなのです。

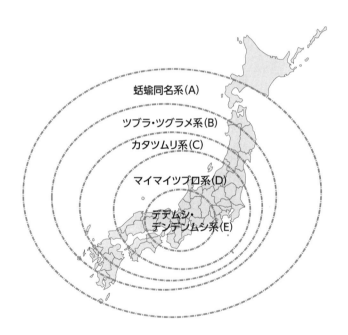

図1　蝸牛方言の周圏分布

方言周圏的な考えは柳田が創始者というわけではありません。荻生徂徠(1666〜1728)は「古への詞は多く田舎に残れり」と『南留別志』に書き残

98 | 第3章 言語変化はどのように進むのか —地域方言と若者言葉①—

していますし、本居宣長(1730〜1801)も「すべて田舎には、いにしえの言の残れること多し」と『玉勝間』(巻七)に書き残しています。しかし、フィールド・ワークの側面から考えれば、フィールド言語学の先駆けとしての柳田の功績は讃えられるべきですし、方言分布を方言区画論の枠内で考えようとするそれまでの方向性とは異なるものであったと言えるでしょう。また、語彙ばかりでなく、古い風習が辺境に残ることに着目したのです。

　　山に居れば斯くまでも今に遠いものであらうか。

　　思ふに古今は直立する一の棒では無くて。

　　山地に向けて之を横に寝かしたやうなのが我國のさまである。

　　　　　(後狩詞記　日向國那須の山村に於て今も行はるゝ猪狩の故實

　　　　　　　　　　　『定本　柳田國男集　第27巻』1964, p. 8)

2.3　有声鼻音化子音と有声両唇破裂音の相似性

　前述の「ツブリ(tsuburi)」と「ツムリ(tsumuri)」ですが、「ツブリ」は「(丸々した)頭」のことです。「つぶらな目」の「ツブラ」と同じく丸々したという意味です。「ツムリ」は「おつむ」からわかるように「頭」のことです。「カタツブリ」も「カタツムリ」も「固＋円」なのです。ただ、書き言葉ではなく口頭で伝播したので、聞き違えて「カサ(笠)ツブリ」という地域もあります。

　中世では「ムチ(鞭 muchi)」のことを「ブチ(buchi)」と呼んでいました。「平手で打つ」というように、現代語の動詞「ブツ(打つ)」は名詞「ブチ」から動詞化して生成されたと考えられます。ふくらはぎに起こる筋痙攣、「足がつる」ことを「こむら返り」と言いますが、大阪では「こぶら返り」と言ったりします。ちなみに「こぶら返り」は蛇のコブラとは無関係です。筋痙攣の形状がの形状がヘビ科のコブラが反り返った形に似ているという意味でもなく、ましてや、コブラの毒の痛みくらい筋痙攣が痛いという意味でもありません。「蛇」は現在は「ヘビ(hebi)」といいますが、上代(奈良時代)頃には「ヘミ(hemi)」と呼んでいたようです。これらはすべて有声鼻音

化子音（voiced bilabial nasal）[m] と有声両唇破裂音（voiced bilabial plosive）[b] の音声交替現象です。

　こうした音声交替の用例を調べ上げたらきりがないくらいです。「ケブリ（煙）」が転じて「ケムリ」、動詞「さぶらう」の連用形からできた「サブライ（侍）」から「サムライ」、「サミシイ」は「サビシイ」の音の変化から生まれた言葉ですし、「サムイ（寒い）」と「サブイ」も同じでしょう。でも、寒気を覚えた時に生ずる鳥肌を意味する関西方言は「サブイボ」ですが、「サムイボ」とは言いません。また、「見て見ぬふりをする」という意味では、「目をツブル」で「目をツムル」とは通常は言わないでしょう。これらは前述した定型表現・常套句は変化しにくいことから説明できるでしょう。

　『岩波 古語辞典 補訂版』（大野・佐竹・前田 1990）によれば、「傾き・傾く」は「カタブキ・カタブク」とも読みます。この「カタ」はカタツムリのカタ（固）とは異なり、「一方的で不完全」という意味ですが、「ブキ」は「向き」です。同様に、顔の横のほお骨あたりのことを、古語では「輔（カバチ）」と言います。これが転じて面構えのことを言うようになったのですが、「カバチ」は「カマチ」に変化しています。東北地方で行われる七夕行事に「ねぶた」祭り（弘前では「ねぷた」）があります。「眠たし（ねむたし）」に由来するという有力な説があります。また、「合歓の木」からという説もあります。いずれにしても「ム」が「ブ」に変化しているわけです。書き言葉、つまり書記言語が普及していない時代には、話し言葉、すなわち音声言語が主でしたし、言葉の伝播は音声言語で行われました。ですから、伝播の途中で少しずつ異なって、もしくは間違って伝わったとしても何ら不思議ではないのです。

3　地域方言の変異性

3.1　大阪諸方言を考える

　ここで大阪弁を考えてみましょう。大阪府内でも言葉に違いがあって、いわゆる大阪弁も北部の摂津方言、東部の河内方言（摂津方言と河内方言が歴

史的に同じ基盤の上に立つと考えるなら摂津・河内方言）そして南西部の和泉（泉南）方言に大別されます。たとえば、「淀川の水→ヨ<u>ロ</u>ガワノミ<u>ル</u>」「角のうどん屋→カ<u>ロ</u>ノウ<u>ロ</u>ンヤ」は古典的な大阪方言だと言われています。これは [d] ダ行 [z] ザ行 [r] ラ行の発音に区別がつきにくい時代の名残ですが、周辺部の北・中河内方言や泉南（和泉・泉州）方言にはこうした発音がまだ残っています。しかし、これは大阪方言に限りません。地域にかかわらず、日本語を母語とする幼児は「らくだ」を「だくだ」と言ったりします。幼児がそう言うのはそのように聞こえるからでしょう。これは後で述べますが、英語の場合も、shut up が「シャラップ」、water が「ワラー」に聞こえるのも同じ現象です。

　ここで思い出して欲しいのは、前節で述べた『方言周圏論』（柳田 1930, 1963）もしくは波状説（wave theory）と呼ばれる方言分布仮説です。語彙などの方言の諸要素が文化的中心地を中心に同心円状に分布する場合、同心円の中心から周辺に向かって伝播した、つまり、外側のより古い形から内側のより新しい形へ順次変化してきたと推定するこの仮説に沿えば、摂津方言は大阪方言の中心的存在で言語の革新地としての役割を担っていることになります。

3.2　「ケ」「シ」「チャル」などに認められる中泉方言の特徴：岸和田ことば

　一方、大阪方言でも、革新の中心から離れた大阪府泉南地域の中心都市である岸和田市や岸和田市の南に隣接する貝塚市などで話される和泉方言（中泉方言）には古い言葉づかいが残っています。たとえば、根際は「側、近く」という意味の語彙で、『多聞院日記』では天正 10（1582）年頃の記載に出現しますし、江戸時代前期の俳諧書『口真似草』にも出現します（大野・佐竹・前田 1990）。現在では方言の扱いとなっていて、中部地方以西、関西から中国（広島、山口）、四国北部（愛媛、香川）まで広く使われているようです。たぶん若い人は使わないでしょうし、「そんな表現、使ったことがない」という反応になるのでしょうが、名古屋でも「ねきもんには福がある（残り物には福がある）」と言うようですし、大阪でも「これ、ねきもんちゃうの（これ、残り物ではないの？）」と使います。ただ、この語彙も大阪北部で革新

の中心である摂津方言からは消えつつあるようです。しかし、辺境とはいわないまでも革新の中心から離れた岸和田ことばでは今でも日常的に使用されています。

中泉方言に特有の具体例をいくつか挙げましょう。たとえば、「行くのか」と尋ねる場合、「イクンカ」や「イクンケ」などの古い言い方が現存しています。「イクンカ」の「カ」は丁寧表現で『古事記』(712年) や『万葉集』(759年) の時代から、「イクンケ」の疑問の終助詞「ケ」は天保時代 (1830〜1844) から使用されている日常会話で親しみをこめた表現なのです。

同様に、「そうでして」の丁寧表現は「ソーヤシテ」ですが、これも歴史的に古い表現です。親しみをこめて「そうなんだよ」と言う場合も、アクセントを「シ」で強めて「ソーヤシィ」と言うわけです。「雨が降ってるよ」を「雨、フッテラシィ」と言います。中泉方言 (岸和田ことば) は俗に言う大阪方言とも異なっていて、大阪方言では「あかんわい (だめだ)」と言うところを中泉方言では「アカナイ (不味い)」、「本、読むわ」を「本、ヨマ」と言います。

朝ドラ『カーネーション』(2011年度下半期NHK大阪放送局制作・放送) は大阪府の南部に位置する岸和田市が舞台です。岸和田市は、城下町を中心に発展してきた人口約20万人の都市ですが、南海なんば駅 (大阪市) から岸和田駅まで、和歌山市行き特急サザンなら約20分、空港線関西空港方面行きの急行・区間急行でも約25分の距離に位置しています。このドラマでは、方言指導をした林英世さんによると「岸和田で普通の生活で使う言葉で、ちょっと前まで使っていた言葉を意識的に使った」とのことです。実際、大正から昭和にかけての時代設定にマッチし、時代の流れとともに現在の岸和田ことばに近づいていくという様相が再現されていて、そうした意味では、「リアルさ追求方言ドラマ」なのです (金水・田中・岡室2014)。林さんが脚本の大阪弁を岸和田ことばに変えていくわけですが、どこまで岸和田ことばを入れるかのさじ加減が大切で、ディレクターやスタッフと毎回議論した、ということです。

しかし、このドラマの岸和田ことばも、実は、ドラマのために特別に作ら

102 │ 第３章　言語変化はどのように進むのか ─地域方言と若者言葉①─

れたものでもあるのです。たとえば、和歌山県北部にも見られる表現で「〜してやる」を意味する「〜チャル（チャール）」（例：しチャル・教えチャル）がいくぶん誇張ではないかと感じるくらい頻繁にドラマの台詞に登場します。こうした誇張から、方言が「方言コスプレ」、つまり「生活言語」を超えて「イメージ創出言語」へと変質していることがよくわかります。また、地域社会の結束力を高めるという視点から眺めると、大阪府という広範な単位ではなく、より細分化された地域差を考慮していることは重要です。また、方言が地域資源、地域力、さらにはソーシャル・キャピタルの機能を果たしていることも認識できます。

　戦国時代の瀬戸内海で活動していた海賊・村上水軍と織田信長の軍勢の戦を描いた『村上海賊の娘』（2013）にも岸和田ことばを話す大阪府南西部、泉州地域（和泉国）の海賊が登場します。作者の和田竜氏によると、歴史小説なので必ずしも方言を使う必要はなかったけれども（岸和田市を中心とする）「だんじり祭り」に代表される荒々しく自由に溢れた土地の空気感を出すために、やはり先述の林英世さんに台詞を監修してもらったということです。つまり、日常生活と結びついたリアル方言ではなくて、ヴァーチャル方言なのです。たとえば、泉州の海賊、真鍋道夢斎の「ほんまけ！わし好きやし、あいつ（本当か！拙者はあいつが好きじゃよ）」（『村上海賊の娘　上巻』2013,p. 237）「どかしちゃら（どかせてあげよう）」（同 p. 243）や道夢斎の息子、七五三兵衛の「済ましちゃる訳にいけへんかったんかいな（済ませてやるわけにはいかなかったのかな）」（同 p. 240）となります。和泉綾井城主（現在の高石市周辺）で、織田信長に臣従して和泉水軍を率い、天正４年（1576 年）に「第一次木津川河口の合戦」で毛利水軍に敗北し戦死した沼間義清という人物もこの小説で描かれています。ところが、この和泉国の豪族とその父親である泉州の北半分を束ねる触頭（旗頭）沼間任世には、作者は泉州弁をしゃべらせてはいません。沼間父子は泉州方言のステレオタイプには合致していないからだという解釈が妥当なのかもしれませんが、こうした方言使用の有無がキャラクターの描き分けに寄与しているのです。また、先述した疑問を表す終助詞「ケ」にしても、退却しようとする七五三兵衛に向かって手下の兵

が「逃げんけ」（同 p. 411）と確認する場面があります。作者の和田氏によれば次のように捉えられるのでしょう。

> 「もともと方言には敬語が少ないが、泉州弁はそれが際立っている。多くの場合、言葉ではなく、わずかな発音の違いで敬意を済ますという横着さで、他国者_{よそもの}にはまず通じない」（『村上海賊の娘　上巻』2013, p. 233）

3.3 「せ」の仮名はシェ・ジェの音を表していた！：共通語のほうが変化

　もちろん、16世紀に現在と同じ岸和田ことばが使用されていたわけではないでしょう。しかし、岸和田ことばに代表される中泉方言は、文法的特徴ばかりでなく、発音的な特徴もあります。たとえば、[se] の口蓋音 [ʃe]（汗アシェ・背中シェナカ・店ミシェ）は江戸時代初期頃までは日本の標準的な発音で、[se] が方言でした。16世紀末に来日したポルトガル人宣教師イエズス会の宣教師ジョアン・ツズ・ロドリゲスは、豊臣秀吉や徳川家康といった天下人と対面し厚遇されたらしいのです。このロドリゲスが日本について書いた本、『日本大文典』によると、関東地方の人々は荒々しい言葉を使っていて「シェ」と発音しなければならないのに、「セ」と訛っていると記しています。極端にいうと、「現在の標準語は訛っている！」ということになります。

> 三河から日本の涯にいたる東の地方では一般にもの言ひが荒く、鋭くて、多くの音節を呑み込んで発音しない。…*xe*（シェ）の音節はささやくように *se*（セ）または *ce*（セ）に発音される。例えば *Xecai*（世界、シェカイ）の代りに *Cecai*（セカイ）と言い、*Saxeraruru*（サシェラルル）の代りに *Saseraruru*（サセラルル）と言う。この発音をするので、関東のものは甚だ有名である。
> （キリシタン宣教師ジョアン・ロドリゲス『日本大文典』1604-1608）

　こうした記録からわかるのは、17世紀初め頃は、関東では「セ」、都では

「シェ」と発音していたということです。つまり、現在では「訛り」だと考えられている発音が、かつては由緒正しい発音で、現在、共通語・標準語だとされる発音が、かつては訛っていると蔑まれていたのです。幕末を舞台にしたテレビドラマ『JIN－仁－』(TBS 系列) でも「しぇんしぇい (先生)、南方仁がおれば、坂本龍馬は死なんぜよ」と言う坂本龍馬の台詞がありますが、現在でも、西日本の方言には伝統的な発音特徴として「シェ」「ジェ」が残っていますし、泉南地域でも同様の発音が認められます。

　ところが、さらに南に位置し南和泉方言地域の阪南町や岬町では、こうした「セ」音の特徴は認められません。新たに言語形式・規則が発生しても、その伝播は漸次的で、たとえ周辺地域で使用されるようになっても、中泉方言のような個性の強い方言を話す地域ではそうした伝播を受け入れない場合もあるわけです。

4　言語・語彙変化の要因

4.1　有声音 vs. 無声音

　ここからしばらくは、言語学の基本的な概念を説明します。基本的な知識がないと、本章の説明で理解できないことがあるかもしれないからです。まず、音素・音韻論 (phonemics, phonology) は、音に関する要素の系統的なパターンを研究する分野です。とくに音韻論は言語学の一分野で、言語音が「言葉の構成要素としてどのような働きをするのか」という機能的側面を研究する分野です。つまり、任意の個別言語における言葉の音の響きに関して、系統だった規則を研究する分野なのです。まず、有声音と無声音の区別ですが、有声音は声帯の周期的な震動を伴う音です。母音 [a]・[e]・[i]・[o]・[u] は通常、有声音です。子音では、[b]・[d]・[g] のような破裂音、[v]・[z] のような摩擦音などが有声音に含まれます。これに対して、無声音は声帯の周期的な震動を伴わない音を指しています。たとえば、[p]・[t]・[k] のような破裂音、[f]・[s] のような摩擦音などが無声音に含まれます。

4.2 異音

音韻論では、音素（phoneme）は任意の個別言語における意味の区別（弁別）に用いられる最小の音の単位を指しています。この区別は実際的・物理的に同一かどうかによるのではなく、心理的に同一かどうかという言語話者の判断に基づいていて、音素は／／の間に入れて音韻表記します。一方、音声学（phonetics）における物理的な異音（allophone）は、音声記号を角括弧 [ ] で囲んで単音表記します。つまり、実際の発音は異なるとしても、同じ音素の異音は、同一の音素として理解されるのです。具体例として、アメリカ英語における /t/ を挙げてみましょう。

1. 語頭もしくは音節の最初に来る場合　（例：ton [tʰʌn]）
2. 語の最後もしくは母音の後に来る場合（例：kit [kʰɪʔt]）
3. 音節主音的（syllabic）/n̩/ の前で声門破裂音になる場合
  （例：kitten [kʰɪʔn̩]）
4. 有声音に近い場合　　　　　（例：pitted [pʰɪDɪd]）
5. 上記のいずれでもない場合　（例：stun [stʌn]）

4番目の有声音に近い場合の例としては、たとえば、自動車の「トヨタ（Toyota）」があります。実際には「トヨダ」と言っているのか、さらには「トヨラ」と言っているのか、よくわかりません。先述の大阪弁の「角のうどん屋→カロノウロンヤ」を思い返してください。映画『アナと雪の女王』（原題 Frozen）の主題歌 Let It Go が「レリゴー」に聞こえたり、shut up が「シャラップ」、water が「ワラー」に聞こえるのも同じで、母音に挟まれた /t/ は有声音化するので、日本語母語話者の耳には [r] に近い音に聞こえます。英語母語話者（とくにアメリカ人）が [t] をきちんと発音するのが面倒でこのように発音しているのではありませんし、わざとだらしなく発音しているわけでもありませんし、「横着」なのでもありません。

4.3 相補分布

　上記のアメリカ英語における /t/ の異音は異なる環境で背反的に出現する関係、つまり相補分布(complementary distribution)を成しているのです。これは音声学的・物理的には同一の音ではなくても、その言語（ここでは英語）内では同じ、もしくは心理的に同じ要素だと見なされる異音なのです。

　たとえば、「ピン」/pɪn/ と「びん」/bɪn/ は、それぞれが異なった意味を持っているので、この区別をしている /p/ と /b/ はそれぞれが日本語において独立した音素です。これに対して、韓国語では [p] は語頭に、そして [b] は語中に出現し、両者は意味の区別に関与しません。この場合、韓国語における [p] と [b] は音素ではなく異音なのです。韓国料理のプルゴギは、「プル」が「火」、「コギ」が「肉」を意味し、日本でいう「焼肉」ですが、この場合もローマ字表記は bulgogi であっても、語頭に来る音は有声音にしないという規則から pul となり、逆に kogi は語頭に来ないので有声音になります。カルビ（ばら肉）もローマ字表記すれば galbi となりますが、[kalbɪ] としか聞こえません。白菜などの野菜を薬味で漬けたキムチは、ローマ字表記では kimchi(kimchee) ですが、gimchi という表記もあります。大韓民国南東部の都市、釜山も同様で、ローマ字表記では Busan ですが、語頭にくる音は有声音にしないという規則から濁音には聞こえません。有声音で始まる語彙が語頭でのみ無声音になるような場合、[p] と [b] は異音であり、相補分布を成しているのです。

4.4　音声記述か音韻表示か

　さて、ここでローマ字表記の訓令式とヘボン式を思い浮かべてみましょう。訓令式は 1937 年の内閣訓令『国語ノローマ字綴方ニ関スル件』にその端を発しています。これに対して、ヘボン式は明治時代にアメリカ人宣教師ジェームス・カーティス・ヘボン（James Curtis Hepburn 1815〜1911）が編纂した辞書『和英語林集成』によって広まったものです。余談ですが、ヘボンはオードリー・ヘプバーン（Audrey Hepburn 1929〜1993）と同姓の

Hepburn なのでヘプバーン式と呼んだほうが適切かもしれません。

訓令式とヘボン式の最も大きな違いは、ヘボン式が音声レベル（phonetic level）に基づいているのに対して、訓令式が抽象的な音素レベル（phonemic level）を基にしていることです。ヘボン式は日本語を母語としないアメリカ人宣教師によって開発された音声標記なのです。一方、訓令式は日本語を母語とする子女の学校教育の場で使用することを目的として開発されたローマ字表記です。2種類の表記方法の起源からも、標記レベルの違いは明らかでしょう。

たとえば、サ行を実際の音、つまり音声記述（phonetic description）に基づくヘボン式で表記すると、sa, shi, su, se, so となります。かたや日本語母語話者には抽象的なレベルで十分です。si としても発音は「シ」以外ありません。ですから、抽象的音韻・音韻表示（phonemic prepresentation）に基づく訓令式では、sa, si, su, se, so と表記します。日本語では音素 /s/ には [s] と [ʃ]（[sh]）という異音が存在し、これらは相補分布を形成しています。音素 /s/ が前舌母音（front vowel）[i] が後に続く場合にのみ口蓋化（palatalization）による同化（assimilation）をおこして [sh] となります。しかし、母語話者にとってはこうした [shi]（[ʃi]）と [si] の区別は不要で、音素レベルの表記、すなわち訓令式で十分なのです。でも、日本語を母語としない話者には不十分ということになり、よってヘボン式が適切ということになります。

表1　ヘボン式と訓令式の対照（サ行）

ヘボン式	sa	shi	su	se	so
訓令式	sa	si	su	se	so

ここでおわかりでしょうが、[ʃi] は異音です。このように、現在のサ行音が2種の子音を異音として使いわけているのに対して、16世紀末頃はシ [ʃi] ばかりでなく、シェ [ʃe] であったということを思い出してみましょう（本章3.3）。「シ」の発音だけは狭い前舌母音 [i] の前に立ったために [si] に移行せず、現在も [ʃi] にとどまっているのですが、将来的には「セクシー部長」ではなく「セクスィー部長」（NHK バラエティ番組『サラリーマン NEO』）に

108 | 第3章　言語変化はどのように進むのか ―地域方言と若者言葉①―

見られるように、[si]（スィ）に移行していくのかもしれません。

4.5　単純化の方向：順行同化・逆行同化・混交形

　日本語の動詞には、カ行・サ行変格活用動詞は別として、語幹が母音で終わる「母音動詞（vowel verb）」と語幹が子音で終わる「子音動詞（consonant verb）」があります。母音動詞には語幹がiで終わる動詞（例：見る＝mi-ru）と語幹がeで終わる動詞（例：食べる＝tabe-ru）があり、語幹がiで終わる動詞は学校文法の上一段活用の動詞、語幹がeで終わる動詞は学校文法の下一段活用の動詞にそれぞれ相当します。このように結合部分に現れる母音は1種類に限定されるので、それぞれ上一段動詞、下一段動詞と呼びます。ここでは上一段動詞と下一段動詞を総称として一段動詞と呼ぶことにします。

　学校文法の五段活用の動詞は日本語文法では子音動詞といいます。たとえば、「トル（取る・撮る）」の語尾の出だしが、否定形「トラナイ（tor-anai）」、連用形「トリマス（tor-imasu）」、終止形「トル（tor-u）」、仮定形「トレバ（tor-eba）」、意思形「トロウ（tor-oo）」というように5つの母音がすべて現れるので五段動詞と呼ばれるのです。同じく五段動詞の「アウ（会う・逢う・合う）」「イウ（言う）」「カウ（買う・飼う）」はどうでしょうか。「アウ（a-u）」「イウ（i-u）」「カウ（ka-u）」は、語幹が子音で終わらないので子音動詞ではないように思えるかもしれません。しかし、否定形にすると「アワナイ（aw-anai）」「イワナイ（iw-anai）」「カワナイ（kaw-anai）」となるので、やはり語幹が子音で終わっていることがわかります。

　さて、同化（assimilation）は、ある音素Xが、近接する音素Yの影響により、Yの特徴を共有したY'（異音Y'）として実現する音韻過程を指します。たとえば、上に述べた「とる」「かう」という2つの五段動詞を過去形にしてみましょう。過去形語尾 /ta/ が来ると直前にある /r/ が /t/ に変化すると考えられます。つまり、後ろの音（後続音）の影響を受けて、前の音（先行音）が後続音と同じ音になっています。

　　　トッタ　　　/tor+ta/　　　→　　　[totta]

カッタ　　　　/kaw+ta/　　　→　　　　[katta]

同化は、順行同化（progressive assimilation）と逆行同化（regressive assimilation）
に二大別されます。順行同化は、語頭方向の音に合わせて語末方向の音が変
化する（後続音が先行音の影響を受ける）ことを意味します。一方、逆行同化
は、語末方向の音に合わせて語頭方向の音が変化する（先行音が後続音の影
響を受ける）ことを意味します。「トッタ」や「カッタ」は逆行同化です。

　たとえば、関西方言の否定辞「ヘン」を考えてみましょう。伝統的な京都
方言では順行同化という形でイ段へのシフト・母音調和が起こります。これ
に対して、伝統的な大阪方言ではエ段へのシフト現象・母音調和、つまり逆
行同化が顕著です。ですから、「せっかく誘たのに、あの子<u>けえへん</u>かった
わ（来なかった）」「今日は雨ふってるから、学校<u>いけへん</u>（行かない）」など
と言います。

　同様に、「かまう」の否定形は「かまわない」ですが、京都方言では関西
方言否定形「ヘン」を付けて「カマヘン」となります。ところが、大阪では
逆行同化を起こし「カメヘン」と言う場合もあるのです。つまり、[kama-
hen] が母音同化を起こして [kame-hen] となるのです。

　ここで気がついてほしいことがあります。「書く」の否定形を例にとって
考えましょう。京都方言では、語幹が子音で終わるモーラを避けるためア音
が挿入されます。すなわち、ア音接続するので「書かへん（kaka-hen）」です
が、大阪方言では母音同化という現象が顕著なので逆行同化を起こし「書け
へん（kake-hen）」となります。先述した文の里商店街のポスター「アホにつ
ける薬はあれへん。」はエ段への逆行同化ですが、これが「アホにつける薬
はあらへん。」ならア音接続です。

　　(1)　　順行同化：同化の環境を構成する Y が X に先行する場合
　　　　　　/...YX.../ → [...YY'...]
　　　　　　キーヒン（来ない）　/kiya+hen/　　→　[ki:hen]　→　[ki:hin]
　　　　　　デキヒン（出来ない）/deki+hen/　　→　[dekihin]

オキヒン（起きない）/oki+hen/ 　　→ [okihin]

(2) 　逆行同化：同化の環境を構成する Y が X に後続する場合

/...XY.../ → [...Y'Y...]

ケーヘン（来ない）　/kiya+hen/ 　→ [kiehen] 　→ [ke:hen]

デケヘン（出来ない）/deki+hen/ 　→ [dekehen]

イケヘン（行かない）/ika+hen/ 　→ [ikehen]

カケヘン（書かない）/kaka+hen/ 　→ [kakehen]

カメヘン（構わない）/kama+hen/ 　→ [kamehen]

　ここでは、語幹の最後の母音（尾母音）と後接する否定表現内の母音がどちらも [i] で一致する場合をイ段同化、語幹の尾母音と後接する否定表現内の母音がどちらも [e] で一致する場合をエ段同化と呼ぶことにします。イ段順行同化が起こりやすい京都方言（や大阪府北部ならびに河内地域）では「できない」は「デキヒン」となります。『泣かせる「芸人の美談」はウソばかり』（J-CAST ニュース 2014 年 10 月 31 日）という記事に、ダウンタウンの浜田雅功さんが病院に運ばれた松本人志さんに「あほ！お前が死んだらどうすんねん！お前は俺が死んでも笑いに変えられる力があるかもしれんけど、俺はお前が死んだら泣く事しか<u>できひんねんぞ</u>」と言う箇所があります。

　一方、エ段逆行同化が起こりやすい大阪方言（主に大阪府南部）では「デケヘン」となります。『村上海賊の娘』(2013) でも、泉州の海賊、真鍋七五三<ruby>兵衛<rt>ひょうえ</rt></ruby>や真鍋家の海賊たちに、作者は「かめへん」「<ruby>出来<rt>でけ</rt></ruby>へん」（やその脱落形「<ruby>出来<rt>でけ</rt></ruby>ん」）といった泉州<ruby>詞<rt>ことば</rt></ruby>をしゃべらせています。こうしたエ段同化、そしてイ段同化は、本来、複雑であった言語体系、ここでは音韻体系の合理化・単純化だと解釈できるでしょう。

　五段動詞（子音動詞）「死ぬ」の語幹の末尾は有声音 /n/ です。この有声音の影響を受けて、過去形語尾 /ta/ の始め /t/ が有声音化して /d/ に変化すると考えられます。「よく味がしみている・しみこんでる」ということを、大阪弁では「よう味がしゅんでる」と言いますが、具体的には、「この高野豆

腐・おでん、よぉ味がしゅんで、うまいなぁ」などとなるわけです。大阪で
はさまざまなダジャレ言葉が発達しているので、『だしパックしゅんでる』
という名前の商品すら販売されています。辞書では「染む」(古語)は『〔自マ
四〕(「しむ(染)」の変化)「染まる。においや香が染みつく」「染める。にお
いや香が染みつく」』とありますが、万葉集では「染む」が出てくる和歌は
20首余りあって、近畿では古くから使用されている言葉なのです。この [ʃi-
mu] の最初の母音 [i] が後続母音 [u] と同化することで [ʃu-mu] と母音同化
(vowel assimilation)、つまり逆行同化が起こるわけです。「歯がシミるのを
防ぐシュミテクト」として日本では第一位のシェアを占めている歯磨剤
『シュミテクト』は、日本以外では『Sensodyne(センソダイン)』のブランド
名で販売されています。現在は違いますが、以前、日本での販売提携先の製
薬会社の本社が大阪だったので、こうした名称(シュム+プロテクト:しみ
るのを防ぐ)になったことは容易に推測できます。

　こうした同化現象は方言に限ったものでもなく、また日本語にとどまるも
のでもなく、他の言語、たとえば、英語でも起こります。意味を担う最小の
言語単位を形態素(morpheme)と言います。接辞は接頭辞形態素ですが、
logical(論理的な) possible(可能な) rational(理性的な) などの前に否定を表
す接辞 in- をつけて考えてみましょう。たとえば、possible の場合は無声両
唇破裂音(voiceless bilabial plosive)/p/ で始まります。この後続音を予測し
て、先行音である歯茎鼻音(alveolar nasal)/n/ は、/p/ と同じ両唇音で両唇
鼻音(bilabial nasal)の /m/ に変化するのです。

(1')　順行同化:同化の環境を構成する Y が X に先行する場合
　　　/...YX.../ → [...YY'...]
　　　シンダ(死んだ)/ʃin+ta/　　→ [ʃinda]　　　(語幹末尾が有声音)
　　　liked　　　　　　/laik+d/　　→ [laikt]　　　(語幹末尾が無声音)

(2')　逆行同化:同化の環境を構成する Y が X に後続する場合
　　　/...XY.../ → [...Y'Y...]

シュム（染む）	/ʃi+mu/	→ [ʃumu]	
illogical	/in+logicall/	→ [illogicall]	（接頭辞末尾が変化）
impossible	/in+possible/	→ [impossible]	（接頭辞末尾が変化）
irrational	/in+rational/	→ [irrational]	（接頭辞末尾が変化）

　これらの同化は発音労力の軽減化（単純化・省力化）のためだと考えられますが、言語内要因で合理化・単純化が起こる例です。言語内要因で合理化・単純化が起こる例としては「起きれる」「食べれる」などのラ抜きも同様です。

4.6　単純化の方向：混交形（標準語＋方言）

　しかし、実際の近畿（関西）方言では、「デキヒン」「デケヘン」以外に「デキヘン」という表現も耳にします。これは標準語（共通語）「デキナイ」の否定形部分（打消の助動詞）「ナイ」を近畿（関西）方言否定形「ヘン」で置き換えた混交形で、共通語化の結果だと捉えられます。

> (3)　混交形：標準語＋方言
> 　　　[注：近畿方言の特徴で一音節が長めに発音される場合あり]
> 　　　コーヘン（来ない）
> 　　　　（標準語）/ko/ +（方言否定形）/hen/ → [ko:hen]
> 　　　イカヘン（行かない）
> 　　　　（標準語）/ika/ +（方言否定形）/hen/ → [ikahen]

　順行同化や逆行同化と異なり、混交形は音韻調和がないため音韻的側面からは単純化とは言えません。しかし、共通語の影響を受けた混交形は、統語的側面の文法規則としては既存の形式の合理化・単純化だと考えられます。つまり、言語の「経済性」もしくは「経済効率化」は、発音負担の軽減化ばかりでなく、記憶負担の軽減化でも達成可能なのです。

　さらに、混交形の生成要因からも、順行同化や逆行同化などの発音労力の軽減（単純化・省力化）、そしてラ抜きなどに見られる元来、複雑であった言語

体系の合理化・単純化とは同一視できません。言い換えれば、純粋に言語内的要因に基づく現象とは言えないのです。混交形は、共通語化の一種ですから、これは言語外的要因に基づく合理化・単純化だと考えてもいいでしょう。

要約すると、自律的な言語変化の動機には、言語の「経済性（経済効率）」と「創造性」という2つの相反する方向の力があります。経済性に基づく言語変化の場合、音声面では発音負担をより軽減化する方向への変化が促されます。発音負担の軽減化としては、順行同化や逆行同化に認められる母音調和が挙げられますが、こうした変化は言語内的要因によるもので整合性のあるものへと向かう単純化です。さらに、文法面ではより記憶負担を軽減化する単純な規則を整える方向に、人は考えようとします。こうした変化には標準語と方言の混交形のような共通語化がありますが、言語外的要因による場合だとも考えられます。

表2は逆行同化、順行同化、混交形の対照表です。「読まない」のイ段順行同化欄に斜線が入っていますが、通常、五段動詞ではイ段同化は起こらないで、代わりにア音接続が起こります。しかしア音接続（yoma-hen）のため混交形（yoma-nai → yoma-hen）との区別がつかないという問題があります。

表2　逆行同化・順行同化・混交形の対照

標準語形	来	ない	でき	ない	起き	ない	読ま	ない
エ段逆行同化	ケー	ヘン	デケ	ヘン	オケ	ヘン	ヨメ	ヘン
イ段順行同化	キー	ヒン	デキ	ヒン	オキ	ヒン		
混交形	コー	ヘン	デキ	ヘン	オキ	ヘン	ヨマ	ヘン

マスメディアを通じて全国に流れる共通語の影響により共通語が広がる一方で、伝統的な方言が衰退し、結果として地域の若年層のスピーチスタイルが大きく変容しつつある（国立国語研究所2003）と言われます。混交形は、そうした表象でしょう。つまり、いわゆる「コテコテ」の方言ではなく、かといってすべてを共通語に置き換えるのでもなく、従来の方言スタイルと標準語を混合させた中間的なスピーチスタイル（話し言葉）が一般的になりつつある（真田2006）と捉えられるでしょう。

114 | 第3章 言語変化はどのように進むのか ─地域方言と若者言葉①─

　たとえば、前出の岡田彰布氏は大阪市東区（現・中央区）出身で、早稲田大学野球部を経て、阪神タイガース、オリックス・ブルーウェーブ（現在のオリックス・バファローズ）両・在阪球団でプレーし、現役引退後は両球団で監督を務めました。氏の大阪弁の発言は、しばしばスポーツ紙面をにぎわしてきました。以下に示す例（4）を考えてみましょう。最初の「デキヒン」は京都方言や大阪府北部で認められる順行同化、次の「デキヘン」は混交形です。執筆記者の先入観もあるので断定はできませんが、岡田氏が実際にこのように発音したと仮定すると、前者の「デキヒン」は伝統的な京都方言です。ただ、摂津地域は京都府と隣接し、岡田氏の出身地である大阪市内は革新の中心である摂津方言地域です。なので「デキヒン」であっても、何ら不思議ではないわけです。例（4）後者の2例は音韻調和のない混交形「デキヘン」ですが、岡田氏が実際に「デキヘン」を使っているなら、たとえば、氏の年齢、学生時代は東京在住であったこと、東京に遠征に行くことも多いなど、さまざまな理由で標準語の影響を受けていると考えられるでしょう。

(4)　デキヒン vs. デキヘン：新聞記事の見出しから

　　　『岡田オリ5連敗「野球<u>できひん</u>。ヨーイドンで終わってしまうもんな」』　　　　　　　　（『デイリースポーツ』2010年4月8日）

　　　『オリ・岡田監督、バッテリーに苦言「簡単なことが全然<u>できへん</u>」』　　　　　　　　　　　（『スポーツナビ』2011年9月10日）

　　　『【オリックス】監督「すぐの登板はない」』
　　　オリックス岡田彰布監督は、〇〇の加入について「野球をやるならどっかに所属せんと、1人では<u>できへん</u>からな」と話した。
　　　　　　　　　　　　　　　　　（『日刊スポーツ』2012年3月28日）

4.7　新方言と潜在的威信

　真田信治は、「コーヘン」のような混交形をネオ方言（neo-dialect）と呼び、方言と標準語が接触することによって生じた新たな混交体系と規定しています（真田1987, 2001）。ネオ方言は同じ地域の老年層の使用する言葉ではな

く、かといって標準語を用いる若年層の言葉でもないのです。そのどちらでもない「自分達の言葉」としてネオ方言を意識的に活用することで、地域の若年層は言語アイデンティティを創造しています。たとえば、「すごくおいしい」を北海道の若者は「なんまらうまい」と言いますが、「なまら（とても、かなり）」は、本来は新潟県の方言です。また、山口県では「ぶちうまいっち」となります。名詞「（ムチ→）ブチ」を思い出してください（本章2.3）。「ぶち」は本来、動詞「打つ（ぶつ）」から生成されたものですが、1970年代に「とても、すごく」の意味の新方言としての使用が始まり、「山口は人情に厚いぶちええところじゃけぇ！」のように使います。

ドラマにも新方言は出現します。たとえば、『まれ』は石川県でも日本海に突き出した半島部の能登地方を舞台とした連続テレビ小説ですが、「だよ」「です」といった意味の新方言「げん」が頻出します。主人公が電話で「うちら普通と違うげんさけ」と言うと、夫の圭太が「何ちゅうか…実感したいげん」と返します（第86話2015年7月7日放送）。

ところで、言語変異に付与される評価は、「肯定的な差異」と「否定的な差異」があります。

1. 威信（prestige：威光）　　肯定的に意味付けられる差異
2. 傷痕（stigma）　　　　　　否定的に意味付けられる差異

ここで、社会階層について考えてみましょう。社会階層というのは、似たような社会的・経済的特徴を持った個人の集合体に基づく差異を指しますが、ある特定の社会階層に属する人々が共有する言語変種を「階層方言」と呼びます。「社会方言」は、ある社会的集団に固有の特徴を持つ言葉づかいを指します。社会階層から眺めた階層方言ばかりでなく、若者言葉のような特定の年齢層で使用される言葉づかい、さらには特定の職業集団、そして教育程度や性別による言葉づかいも社会方言に含まれます。ある種の価値観が付いているという意味では「役割語」も社会方言の一種です。

注目すべきは、若者言葉に代表されるタイプの社会方言も、そして地域方

言も、一般的には、否定的な差異だと捉えられているという事実です。しかし、変化には2種類あると考えられ、若者言葉のような社会方言や地域方言のように社会的に低く見られている言語形式が魅力的な場合、つまり change from below (Labov 1994, p. 78) や covert prestige (Trudgill 1972) があります。

1. 上からの言語変化 (change from above: Labov 1972, 1994)
   顕在的威信・威光 (overt prestige：Trudgill 1972)
   (規範的な形で) 社会的に高く位置づけられている形式が持つ力
2. 下からの言語変化 (change from below：エルスパス 2015)
   潜在的威信・威光 (covert prestige：Trudgill 1972)
   (非規範的な形で) 社会的に低く位置づけられている形式が持つ魅力

4.8 若者言葉：「〜クナル」

マスコミも若者言葉を敏感、ときには過敏に捉えているのではないでしょうか。『「立ちションできへんくなる」国民栄誉賞を辞退した、世界の福本伝説』(『日刊 SPA』2013 年 4 月 3 日) という見出しの記事があります。岡田氏同様、福本豊氏 (1947 年 11 月 7 日生〜) も大阪市生野区出身で東大阪市 (図1 参照) 育ちの元プロ野球選手です。氏は 1983 年当時の世界記録となる 939 盗塁を達成し、中曽根康弘内閣から国民栄誉賞を打診されましたが固辞しています。見出しとは異なり、この記事の中では「そんなんもろたら立ちションもできんようになる」と「デキン」という脱落形を使用しています。ちなみに脱落形というのは、以前述べた西日本で古くから専ら使用されてきた形式です。

(5) 若年層の表現と従来の関西方言 (大阪方言) の対比
   若年層：立ちションできへんくなる→混交形＋くなる
   従来の関西方言：
       立ちションもできんようになる→脱落形＋ようになる

4　言語・語彙変化の要因 | 117

　国民栄誉賞辞退の福本伝説のスレッドの書き込みには「できへんくなるって、おっさんでも使うで」という反応がないではないのですが、総じて「デキヘン（否定の言い切り形）＋クナル」という表現に違和感が抑えきれないらしく、「なに？この関西弁。福本がこんな言葉使うかドアホ！胸くそ悪うて反吐出てくるわボケ！」と過激な批判から「福本世代は『できへん』普通に言うし、今、潰滅しつつあるのは『できひん』」と順行同化まで引き合いに出す例、さらには「『できへん』は言うけど、その後の『くなる』ってケッタイな言い回しを福本は使わん」と言語分析を行った書き込みまであります。これらは「顕在的威信」からの視点です。また、以下のように「ヘン＋クナル」に関する書き込みも存在します。標準語と関西弁のチャンポンというのは、まさに方言要素（否定辞ヘン）と標準語要素が混在する混交形（＝音韻調和なし）を指しています。

「へんく」？？
日常的に関西弁を使う方々にお尋ねしたい。たとえば、標準語で「見えなくなる」というのを、あなたは関西弁でどう表現するだろうか？
　おれなら、「見えへんようになる」「見えんようになる」と言う。おおかたの年配の関西人はそうだと思う。
　が、近年、若い関西人のあいだには、「見えへんくなる」という表現が広まっているように思いませんか？しばしばこいつに遭遇して、「う〜む」と考え込んでしまう。なんなんだろうね、これは？標準語と関西弁のチャンポンなんだろうか？言わんとすることはわかるし、面白い表現だとは思うが、自分ではまず使わんだろなあ。違和感が抑えきれない。　（2011年1月25日）

「くなる」は「楽しくなる・寂しくなる」のように形容詞に付加して用いられますが、形容詞だけでなく動詞にも適用し、類推（analogy）を使った単純化が見られます。

　(5')　若年層の表現と従来の関西方言（大阪方言）の対比
　　　行かなくてもいい

若年層：　　　　　行かんくてもええ
　　　従来の関西方言：行かへんでもええ・行かんでもええ
　　行かなくなる
　　　若年層：　　　　　行かんくなる
　　　従来の関西方言：行かへんようになる・行かんようになる

　　たとえば、「足らんようになった」を「足りひんくなった」と言うような
関西方言の変化に限ったことではなく、共通語「なく」と「ん」(脱落形)の
混交形「んく」が新方言として広まりつつあるようです。関西地域ではない
他のスレッドでも「ロッテとオリックスと楽天が今年からJスポーツから
FOXスポーツジャパンに移籍して観れんくなったのが悲しい」といった書き
込みが認められます。ドラマ『半沢直樹』(TBS系列)に関して「竹下は、半
沢のことをわからんくなってきた」、動画『PPAP』で大ブレークしたピコ太
郎について「日本で相手にされんくなったからって…」とウェブに書き込み
があります。テレビ小説『まれ』では、まれの母の藍子(40歳代後半)に「ど
うしても出されんくて」(設定場所 2006年能登 第90話 2015年7月11日放
送)「ごめん…できんくなってしもうて、家探し」(設定場所 2007年 横浜 第
100話 2015年7月23日放送)と言わせます。「観れんくなる」は脱落形＋
「くなる」ですが、このように、人はできる限り整然とした体系を追求し、
単純な形を効率的に頭の中に蓄積しようとするのでしょう。

4.9　若者言葉と地域方言の関わり：「～クナイ」

　　学校文法では形容詞(例：美しい)と形容動詞(例：きれいだ)を区別して
います。一方、日本語学習者を対象とした日本語文法では、形容詞をイ形容
詞、形容動詞をナ形容詞と呼び、一括して形容詞という品詞に収めていま
す。これは、人や物の属性や感情・感覚の状態表現などにおいて、形容詞と
形容動詞が共通していることから、一つの品詞と捉えているためだと考えら
れます。

　　名詞とナ形容詞は機能が似ています。「有名」は名詞でも使えそうな気が

しませんか。「きれい」も「きれいな私」ではなくて、名詞みたいに「きれいの私」になったり、さらには「きれいをつくる」「きれいの道」「キレイのオクターブを上げよう」「いちばんキレイと言われたいの」「私のキレイが進化する」といった表現を化粧品の宣伝コピーを含めた美容関係の宣伝でよく目にします。こうした美容関係ばかりではなくて「トイレのキレイを守ります」という洗浄剤の宣伝や「キレイをもっとカンタンに」というプリンターの広告だってあります。「きれいだ・きれいな」から「だ」や「な」が取れて、「きれいを」「きれいが」などといった使用例が多くなり、ナ形容詞と名詞との区別・境界が希薄になりつつあるのです（第5章 1.4 参照）。

　たしかに、名詞もナ形容詞もともに述語になる場合、「だ」（例：「ここは図書館だ」「これは有名だ」「あの娘はきれいだ」）と同じ語尾を取ります。でも、名詞とナ形容詞がいつも同じようにの機能するわけではありません。名詞、ナ形容詞ともに修飾語になりますが、その場合、形式が異なります。たとえば、「これは図書館の本だ」であって、名詞をナ形容詞のように扱って「これは図書館な本だ」とは通常は言わないでしょう。同様に、「有名な本だ」「きれいな娘だ」とは言っても、ナ形容詞を名詞のように扱って「有名の本だ」とすると何か違和感があるでしょうし、広告はともかく、通常は「きれいの娘だ」とは言わないでしょう。

　ところが、「あの娘、きれいになったよね」とか「あの本は、有名じゃないもん」ではなくて、「あの娘、きれいくなったよね」とか「あの本は、有名くないもん」と言えば、どうでしょうか。俗に言う若者言葉になってしまうのではないでしょうか。

　「きれい」はナ形容詞なので、否定形は「きれいではない」もしくは「きれいじゃない」となります。しかし、地域方言（例：石川県）によっては、「きれいくない」とイ形容詞のように活用される場合があります。もちろん、ナ形容詞と考えられるもののすべてがイ形容詞の活用をするわけではありません。初めは、単に語尾の「い」にひかれてイ形容詞と間違えて認識されたのだと推測されますが、現在では「きれい」がイ形容詞として認識され定着しています。

120 | 第3章 言語変化はどのように進むのか —地域方言と若者言葉①—

　ここで、「固まり表現」から、こうした用法を観察してみましょう。通常、「固まり表現」というのは外国語学習者に起こる現象だと考えられています。たとえば、日本在住の外国人が日本語表現に関して質問するテレビ番組のコーナー（フジテレビ系列『笑っていいとも！』）で、アメリカ人英語教師が「『先生はお腹をお立てになりました』と日本語で言ったら、同僚の日本人教師に笑われたけれど、どうして？」という質問がありました。「腹を立てる」のようにいったん表現が固定してしまい定型表現・常套句となると、そこに敬語表現を挿入できないのです。しかし、以下の例のように、ここまで述べてきた用法は、ナ形容詞だけではなく、イ形容詞や動詞にまで影響を与えています。このように見ていると、「〜くなる」も「〜くない」も一つの「固まり表現」として用いていると考えたほうが現象をうまく説明できます。

　　(6)　「〜クナイ」の使用例
　　　　最近地震すごく多い<u>くない</u>ですか？　　　（「多い」＋「くない」）
　　　　狭い日本。行方不明者が多い<u>くない</u>ですか？
　　　　GWに主人の実家には行きますけど、私の実家には行きたい<u>くな</u><u>い</u>んです。変ですか？　　（「行きたい［言い切り形］＋「くない」）

こうした若者言葉や地域方言に認められる事象が示唆しているのは、文法規則が簡略化されていく傾向にあるという認識です（第5章参照）。

5　地域方言の変化の方向

5.1　『あまちゃん』とラボフの方言調査に共通しているのは？

　しかし、簡略化だけですべてが説明できるわけではありません。もし簡略化ですべての言語変化が説明できるのであれば、たとえば、方言は共通語化という簡略化に進むことになるのかもしれません。他の地方の友だちや配偶者と話をしている時は標準語・共通語、もしくは共通語的でも、電話で郷里

の親兄弟と話をしたり、帰省して親兄弟や地元の友人たちと話をする際には方言を使用するのではないでしょうか。「話し相手がその方言を使用できるか、理解できるか」といった「空間的広がり」を考えるだけでは十分ではないのです。

　ここで関西出身の大学院生と指導教官との修論に関するメールでのやり取りを考えてみましょう。関西出身でない読者の方は、この一見、乱暴、もしかしたら暴力的にすら聞こえるかもしれないメールのやり取りのおかしさが理解できるでしょうか。共通語なのか、方言なのか、対話相手の使用する言葉で使い分けが行われていますね。それにしても、このやり取りの前半は距離があるようですが、大阪弁に切り替えることで、ぐっと距離が縮まっているように感じませんか。距離感が劇的に近づいていると感じませんか。乱暴な物言いの中にどこか親しみやすい、温かみがあると思いませんか。

教　授　：お元気？状況はいかがでしょうか。

大学院生：こちらから先生にご連絡をしないといけませんのに、先生のほうからメールをいただき、本当に恐縮しております。先生は、研究休暇中でいらっしゃいますが、お会いしてお話しさせていただくことは可能でしょうか。ぜひ助けてください。

教　授　：は、は、は、ずっと何も連絡してこないで、こちらから連絡をさせておいて「何が相談！」「聞いて呆れる！」。というか、本当に修論やってるんですか？もう「やめたのか」と思ってましたよ（ここまで言うと「言い過ぎか」と自問自答）。まあ、いいか。私は寛大な心、そして同時にとても狭い心の持ち主なので、本当に修論やってるんだったら連絡ください。

大学院生：先生のお怒りはごもっともです。本当に申し訳ございません。

教　授　：これのどこが怒ってるんや。話になれへんわ（とエ段同化を気にしながら）。そんなもん、ぜんぜん「白犬のおいど」やないわ。そのほうが怒りまっせ。ほんまに「黒犬のおいど」やで。

大学院生：「黒犬のおいど」ですか。先生はほんまに「牛のおいど」でんなあ。

> 白犬のおいど→尾も白い→おもしろい
> 黒犬のおいど→尾も白うない →おもしろない
> 牛のおいど→牛（モー）の尻 → 物知り

　さらに、「発言する場面」といった「場面的広がり」も考慮に入れなければなりません。「場面的広がり」は、公私・年齢・立場の上下などといった「社会的距離」、親しさといった「心理的距離」にさらに区分できるでしょう。たとえば、フォーマル、つまり上位場面では共通語アクセント、インフォーマルな場面では方言アクセントという切り換えが起こることが予測できます。しかし上位場面になっても、共通語に置き換えられない場合がある。これはなぜでしょうか。

　移住・転居といった移動によって方言接触を経験した場合、以下の4つの選択が考えられます。

1. 棲み分け（新旧2つの形式を両者とも使用）
2. 取り替え（古い形式を捨て、新たな形式を採用）
3. 混交　　（新旧を組み合わせ）
4. 全く別の形式（標準語）を導入

　『あまちゃん』(2013年度上半期NHK制作）では、主人公、天野アキが「おらの訛りは自己流（ズコリュー）だけどな」と言う場面があります（第73話『おら、奈落に落ちる』2013年6月26日放送）。つまり、「メタ化された方言、ヴァーチャル化された方言」（金水・田中・岡室2014）ドラマの中で「ニセ方言」をあやつるヒロインなのです。視聴者も不思議に思うようで質問を寄せていますし、これに対してなかなか核心を突いた興味深い回答が掲載されています。

> **NHK あまちゃんのアキは初めて東京から来たのに最初から方言訛りで話すの は何故でしょうか？** （yahoo! 知恵袋　2013 年 4 月 15 日）
>
> アキは訛りを話せるのではなく、「自発的に」訛りを話しているのだと思いま す。東京での自分の立ち位置よりも、母の故郷で自分の居場所を見つけたか らです。自分から染まろうと思う気持ちが、そうさせているのだと思いまし た。

　つまり、東京出身のアキは、田舎に魅力を感じているから方言で話してい るのです。アキとは対照的に、アキの友人で北三陸出身の足立ユイは、東京 に強い憧れを持っていて、方言が飛び交う田舎で標準語を使って話します （北三陸市は架空の町で、ロケ地は岩手県久慈市）。田舎の人々に溶け込むア キに対し、ユイは距離をとっているようにも見えるのです。方言には、仲間 への帰属意識、他集団との差別化を表す機能、緊張を緩和する機能などがあ りアイデンティティにもかかわってくる問題です。

　通常、無標（unmarked）は基本的ないし自然と考えられる場合です。物語 の中心人物は深く描き込むので無標、一方、脇役はさほど描き込むことがな いので方言などを使って有標（marked）にします。もちろん、方言話者が単な る脇役でない場合はこれまでもあったかもしれません。しかし、たとえ脇役 がどんなに格好よくても、あくまで主人公のライバルであって、主役ではな い場合がほとんどだったのではないでしょうか。そういった意味で『あま ちゃん』は脇役ではなく、主人公が方言を使う初めての「方言コスプレ」ド ラマなのでしょう。また、方言の有無は、「訛っているほうの」アキと「か わいいほうの」ユイというダブルヒロインの二人に与えられた役割、さらに は方言と結びつけることでアイデンティティの形成を際立たせるためでしょ う。脚本担当の宮藤官九郎と音楽担当の大友良英の対談（NHK 出版『あま ちゃん part 2』2013, p. 41）からはそうした意図がよくわかります。

大友	僕は宮藤さんの"方言の使い方"にシビれましたね。 東京で生まれ育ったアキが訛っていて、岩手で生まれ育ったユイが訛っていない。あの設定だけで「これはすごい！」って。
宮藤	喋る言葉って相手に心を開いている証拠だったりしますよね。北三陸市へ来たアキが訛るのは、「自分はここが好き」っていう気持ちの表れなんです。
大友	ドラマや映画で東北弁が使われるときって、だいたい田舎から東京に出てきたばっかりの人っていうパターンだったでしょう。主人公が自ら訛るって、今までにない発想ですよね。

　北三陸の住民としてのアイデンティティが東北弁の使用に反映されているアキ、一方、北三陸を出て東京に出てアイドルになりたいと強く願っているユイには東北独特の言語的特徴は認められません。この対比は、ウイリアム・ラボフのマーサズ・ヴィニヤード島（Martha's Vineyard）での発音調査結果（Labov 1963）と非常によく似ています。具体的には、マーサズ・ヴィニヤード島ではかつては漁業や農業が島の主要産業だったのですが、避暑の観光客がボストンなどから押し寄せて来るようになり、観光産業が島の大きな収入源となっていきます。島民と観光客との接触機会は増加の一途をたどるのですが、観光客を快く思っていない、もしくは苦々しくすら思っている漁民や農民などの島民の間では、島独自の /r/ の発音と中舌化された二重母音（centralized diphthongs）の使用頻度が最も高いことがわかったのです。また、島という地理的環境がゆえに仕事がさほどないにもかかわらず、高校卒業後も島に残り生計をたてていくつもりの若者も島独自の発音を維持していたのです。島に対する忠誠心、つまり地元に居続けるという島民としての主体性・プライド・アイデンティティといった社会的動機の発露が島独自の発音の頻繁な使用に反映されていたのです。逆に、島を出て本土に働きに行こうとしている若者では、こうした島独特の言語的特徴はさほど認められませんでした。つまり、この場合も社会的動機から島特有の発音を棄てていたの

です。

表3 『あまちゃん』とラボフの調査の対照

ドラマ『あまちゃん』		マーサズ・ヴィニヤード島調査(Labov 1963)	
登場人物	方言使用	調査対象	方言使用
アキ(東京出身だが東北・北三陸に住む意思が強い)	疑似東北弁(方言コスプレ)	島に残る意志を持つ若者	島独自の発音を維持
ユイ(東北・北三陸出身だが、東京に出たい)	東北独特の言語的特徴があまり顕著ではない	島を出て都会で働こうとする若者	島独特の言語的特徴があまり認められない

　『あまちゃん』のヒロイン天野アキの祖母で海女の夏は、地元を動かないので東北弁話者ですが、アキの母、春子は18歳のときにアイドルを目指して家出、上京するので基本的に東北弁を話しません。さらには、周辺人物として描かれる北三陸の人々でも、渡辺えりさん演じる今野弥生は、現役の海女で、今では久慈でも誰も使っていないほどの古い方言の話し手、元漁師で漁業組合長の長内六郎やアキの祖父で遠洋漁業の漁師、忠兵衛もきつい方言話者です。一方、北三陸駅の駅長、大向大吉、副駅長の吉田正義は観光客と接するという職業柄、さほどきつくはない方言を使い、同様に観光客と接する機会も多く年齢的にも若い観光協会の職員、栗原しおりの方言はさらに軽めの方言話者というように、それぞれのキャラクターが方言使用の有無ばかりでなく、状況や対話相手に応じて濃くなったり、薄くなったりする様子が描かれているのです。

5.2　相手に合わせてものを言う：スピーチ・アコモデーション(発話適応)理論

　時・場所・場合、つまりTPOに応じて服装や行動・言葉などを使い分ける必要があるというのはごく、ごく当たり前の考え方で、そうした使い分けをしない人がいたとしたら、それは逆に「変な人だ」と考えるのではありま

せんか。つまり、言葉は距離感を表しています。小説でもこうした心理的距離感は巧みに表現されています。たとえば、『村上海賊の娘　上巻』(2013)では一向宗の門徒である源爺と孫の留吉が盗賊に囚われの身になった時、景姫に助けられる場面があります。景は盗賊に対しては「ほかに申すことはないか」(同　p. 79) と時代劇言葉、子どもの留吉に対しては「あ、それ言おうと思ってたのに！」(同　p. 80) とくだけた現代語の話し方、さらに留吉に詰られた際には「初めから分かってました。船に乗ったときから気付いてました」(同　p. 81) と現代語で、しかも自分の体面を保つという行為の表象としてわざと言葉づかいを丁寧語にする場面があります。小説の中でのこうした言語表現の面白さは、対話相手に応じて言葉づかいを変える、たとえ同じ対話相手であっても、状況に応じて言葉づかいを変えることで心理的距離を巧みに描いていることにあります。

　どのような距離で他者と接しているのか、そして気持ちの距離は表現したい言葉との距離とどのように関わっているのか。こうした事柄は方言使用の場合も同様です。前節では、関西出身の大学院生と指導教官とのメールでのやり取りから始まって、『あまちゃん』のアキとユイ、そしてさらには二人を取り巻く人々の言葉づかい、マーサズ・ヴィニヤード島の若者の島独自の発音を維持するかどうか(Labov 1963)といった調査を紹介しましたが、これらにも心理的距離が言葉づかいに反映されていました。

　現実世界においても、他者との関係性に応じて、自己表現のあり様としての言葉づかいは左右されます。たとえば、ニューヨーク市にある顧客階層が異なる3つのデパートの従業員をインフォーマントとした母音の直後の /r/ を発音するかどうかというラボフの調査があります (Labov 1966, 2006)。

- サックス・フィフス・アベニュー (Saks Fifth Avenue)：洗練された品揃えで上層階層の顧客を対象とする高級デパート
- メイシーズ (Macy's)：高級デパートに比べて安心価格の中流階級の顧客を対象とする中間ランクのデパート
- クライン (S. Klein)：下層・労働者階級の顧客を対象としたデパート

ニューヨーク市は、元来は /r/ を発音しない方言のコミュニティでした。しかし、第二次世界大戦終了後の富裕層流入の結果、/r/ を発音するほうがより品位が高いと考えられるようになったのです。ラボフは、社会階層が上がるにつれ、この /r/ の発音が顕著になるという仮説を立てました。そして、得られた結果はラボフの予測通りだったのです。/r/ の発音がサックス・フィフス・アベニューの従業員の間で最も高く、クラインの従業員の間で最も低く、メイシーズではその中間だったのです。さて、ここで考えてみましょう。たしかに、サックス・フィフス・アベニューの顧客は上層階級、メイシーズの顧客は中流階級、クラインの顧客は下層・労働者階級なのですが、これらのデパートの従業員がそれぞれ顧客に応じて異なる社会階級に属しているわけではありません。この調査結果からわかるのは、相手への「歩み寄り現象」なのです。「商人は客の言葉を話す」のです。

ラボフが変異（バリエーション）分析理論の立場から調査・研究（Labov 1966）したニューヨーク英語における言語変数 /r/ からわかることは、change from above なのです（Labov 1994, p. 78）。本来のニューヨークの住民ではなく、/r/ を発音する富裕層は外部からニューヨーク市に引っ越して来ることが可能です。一方、本来のニューヨークの住民である /r/ を発音しない下層・労働者階級はお金がないので、ニューヨーク郊外の一戸建て住宅を購入して引っ越す金銭的余裕などないのです。つまり、移動できないのです。

ここで述べた事例は、地域方言というよりむしろ社会方言の性格を帯びています。こうした方言の選択は、応化理論（accommodation theory）［スピーチ・アコモデーション（発話適応）理論（speech accommodation theory）］から理解できるでしょう（Giles, Coupland, & Coupland 1991; Giles & Powesland 1975）。端的にいうと、年齢・性別・身分・母語・方言等の異なる話者同士の会話において、

1. 意識的もしくは無意識に心理的距離を縮めようとして、対話相手の言語スタイル・話し方におけるさまざまな特徴（例：発音・ポー

ズ・発話の長さ）に近づける（収束・収斂 convergence）
2. 対話相手との違いを強調し、心理的距離を取るために、対話相手の言語スタイル・話し方におけるさまざまな特徴から乖離する（拡散・分離 divergence）

という対人関係の調節なのです。以下の４つの組み合わせが考えられます。

表4　スピーチ・アコモデーション理論

	心理的収束・収斂	心理的拡散・分離
言語的収束・収斂	A	C
言語的拡散・分離	B	D

A. 話し手が対話相手との間に「我々」という意識を持っている。
B. 親しくても話し手それぞれが対話相手（または別の参加者）と異なる言語を使用する。
C. 話し手は、対話相手と心理的隔たりがありながら、対話相手と同じ言語を操る。
D. 話し手は対話相手と関わりたくない。

　（A）は心理的収束・収斂と言語的収束・収斂が同時に起こっている、すなわち話し手が対話相手との間に「我々」という意識を持っている場合です。『あまちゃん』のアキの東北弁はニセ方言というか、少しウソっぽくても、心理的収束・収斂の表象でしょう。心理的収束・収斂と言語的収束・収斂が同時に起こっている状況を理解するには、大阪人が東京人と標準語で話す場合を想定してもいいでしょう。

　一方、（D）は心理的拡散・分離と言語的拡散・分離が同時に起こっている場合、つまり話し手が対話相手と関わりたくないという意識がある場合です。『あまちゃん』のユイが訛らないのは「北三陸には残らない！東京に出て行って、アイドルになるんだ！」という強い意思表示です。「自分の周りにいる北三陸の人たちと自分は同じではない、一緒にしないでほしい」という自己主張なのでしょう。心理的拡散・分離と言語的拡散・分離が同時に起こっている状況を理解するには、大阪人が東京人と話す場合も、どこまでも

大阪弁を使用する場合を想定してもいいでしょう。

　(B) は心理的収束・収斂と言語的拡散・分離という組み合わせ、つまり、親しくても話し手それぞれが対話相手または別の参加者とは異なる言語を平気で使う場合です。心理的には東京弁を話す東京人に憧れてはいるけれど、東京弁とは異質の大阪弁もしくは疑似大阪弁を公然と使用する関西人を想定してください。これは、自分は自分であることを主張したいからかもしれませんし、東京在住の吉本のお笑い芸人がこれに当てはまるのかもしれません。

　さて、最後に (C) は心理的拡散・分離と言語的収束・収斂の組み合わせ、つまり、対話相手とは心理的には隔たりがあるけれども対話相手と同じ言語を使用する場合です。『あまちゃん』のユイも所々で東北弁を使うシーンがあります。また、大阪人が大阪弁は捨てたけれども、心に中では自分は大阪人であると考えているのなら、これに相当するでしょう。逆に大阪を長く離れ東京かどこか別の地域に住んでいる元大阪人が、久しぶりに大阪に帰ってきて「やっぱり大阪は『ええで』」と口では言いながら、本音は、大阪よりも住み慣れた別の地域のほうがいいと考えているなら、これも心理的拡散・分離と言語的収束・収斂の組み合わせ、つまり (C) ということになるでしょう。

　発話適応理論は、一言で言えば「対話相手に合わせてものを言う」(橋内1999) ことになるのですが、心理的収束・収斂と言語的収束・収斂が同時に起こるとは必ずしも断定できません。心理的拡散・分離と言語的拡散・分離が同時に起こっている場合もあるでしょうし、心理的収束・収斂が働いていても言語的拡散・分離が起こっている可能性も考えられます。あるいは逆に、心理的には拡散・分離しているのに言語的収束・収斂が起こっている場合もあり得ます。

　ちなみに収束・収斂 (convergence) と拡散・分離 (divergence) は、とても有益な概念で、先述したサ行の「シ」が他のサ行の音に歩調を合わせるような傾向、つまり単純化が起こっているのなら、それは [ʃi] から [si] への収束・収斂です。同様に、タ行をヘボン式では ta, chi, tsu, te, to と表記します。言い換えれば、3つの異なる子音、つまり、異音が存在するのです。ところが、訓令式では ta, ti, tu, te, to と表記します。これは日本語では [t]・[ch]・

130 | 第3章　言語変化はどのように進むのか —地域方言と若者言葉①—

[ts] は同一の音素の成員、つまり異音と見なされ相補分布をなしているから
です。音素 /t/ が前舌母音 [i] が後に続く場合にのみ口蓋化による同化をおこ
して [ch] となり、後舌母音 (back vowel) [u] が後に続く場合には同化をおこ
して [ts] となる相補分布です。もし、「上代ではこうした異音が存在しな
かった」と仮定するとどうなるでしょう。つまり、相補分布が歴史的変化だ
とすれば、それは拡散・分離が起こった結果だと考えられます。いずれにし
ても、単純化というのは一方向ではありません。収束・収斂ばかりでなく、
拡散・分離という方向に進む場合もあるように思えるのです。

表5　ヘボン式と訓令式の対照 (タ行)

ヘボン式	ta	chi	tsu	te	to
訓令式	ta	ti	tu	te	to

5.3　マック vs. マクド

　大阪方言は共通語などの影響を受けて、年々伝統的な形を失いつつあり、
標準語の影響を受けた形、つまり混交形へと変容しています (真田 1990；真
田・岸江 1990)。ネオ方言とほぼ同義で、徳川・真田(1991, p. 107)は「現在
あるいは近い過去に出現し、定着に向かっている形式」を「新方言」と規定
しています (第4章、第5章を参照)。しかし、こうした変化は、収束・収斂
ばかりでなく拡散・分離も起こる可能性があるというように、一方通行ではな
いのです。

　方言独特の表現には帰属意識や他集団との差別化を表す機能などがありま
す。ハンバーガーショップの『マクドナルド』の略し方を例にとって考えて
みましょう。東日本(関東地方)では「マック」ですが、西日本(関西地方)で
は「マ／ク＼ド」と言い語尾の「ド」にアクセントを置きます。中国上海市
の食品会社による期限切れ食肉の使用問題が世間を騒がした際の『毎日新
聞』東京本社版(2014年7月23日)と同日の大阪本社版のそれぞれ第1面を
比較してみましょう。東京本社版の見出しは『中国から期限切れ鶏肉か
マック　ファミマ　販売中止』です。一方、大阪本社版の見出しは『中国か

ら期限切れ鶏肉か　マクド　ファミマ　販売中止』です。これは、特定の新聞社に限ったことではなく、『朝日新聞』でも「米マクドナルドが23日発表した2014年通期決算は、『世界の既存店売上高』が前年より1.0％減で、02年以来12年ぶりのマイナスになった…」と本文はまったく同じなのに、見出しは東京が『日米中　マック不振』、大阪が『日米中　マクド不振』となっています（2015年1月25日）。関西の大学で大学近くのマクドナルドの店舗に長く居座って迷惑がかかっているとして、大学が学生に、店へ行かないよう求める通知を出していたという関西版のニュースでも、以下のように見出しがあります。

　　　『学生に「マクド禁止」　○○大、近くの店の苦情受け』
　　　　　　　　　　　　　　　　　　　　（『朝日新聞』2012年1月20日）
　　　『マクドが○○大生を出入り禁止？　“大人”の過剰対応に疑問も』
　　　　　　　　　　　　　　　　　　　　（『産経新聞』2012年1月28日）

「マクド」という呼称は見出しだけですし、この記事は関西版限定だったらしいのです。実際に、「マクド」が使用されているのは関西（近畿）地方に限られていて、四国や九州地方では「マック」を使用するらしいのです。［ただし、フランス語話者は関西弁です。フランスではマクド（MacDo、McDo）、カナダケベック州ではメクド（MecDo）と発音されるようです。］　いずれにせよ、この固有名詞は動詞化もされていて、マクドナルドに行くことを関西以外では「マクる」、関西では「マクドる」と言うらしいのです（北原2006）。「マクドる」は動詞化する前に短縮形がすでに存在しているという証拠です。

　だからといって、「ビッグマック」「チキンマックナゲット」「マックシェイク」を「ビッグマクド」「チキンマクドナゲット」「マクドシェイク」などと呼ぶのかというと、「そんなアホな」となるでしょう。関西（大阪）でも「アホ売れ」「アホ丁寧」「アホでかい」「アホ陽気」とは言わないことから、いったん固定してしまう定型表現は変化しにくいということを先に述べました（本章2.1、2.3、4.9）。「クリネックス」ブランドのティッシュでなくても、米国人

は Kleenex という商品名・登録商標を使います。セロハン粘着テープを日本では「セロテープ」、米国では Scotch tape と呼ぶのも似通った状況でしょう。

5.4　マックはハンバーガー？それともコンピュータ？：同音衝突

『日本経済新聞』（大阪夕刊いまドキ関西大阪経済部　神宮佳江記者 2012年 1 月 25 日）の『マクドナルド、関西ではなぜ「マクド」？』と題した記事では、関西でも若年層を中心に共通語としての「マック」を自然に使う人が増えているのではないかという予測に対して、まだまだマクド派勢力が強いということをインタビュー調査しています。とりわけ、以下に示す (6) の最後の意見は「同音衝突」という観点から興味深いものがあります。

同音衝突とは次のような現象を示します：「理解の不便さなどから同音語の共存が許されず、片方の語が形を変える現象を指す。これが地理的平面の上では、二つの同音語が地域を分け合い、互いを侵さない分布となって現れる」（小林 2006, p. 125）。具体例を使って考えてみましょう。マッキントッシュ・コンピュータの意味で「マック」を使用している関西地域では、同音異義語として新しくマクドナルド・ハンバーガーの略称「マック」が入ってきても同音衝突となり敬遠され、広がりません。結果的に、マクドナルド・ハンバーガーの意味で「マクド」を使用する地域はそのまま残り、地図の分布を見てもマクドナルド・ハンバーガーという意味で「マック」を使用する地域とは重なり合わない現象、つまり「相補分布 (complementary distribution)」になるのです。

(7)　『マクドナルド、関西ではなぜ「マクド」』
（『日本経済新聞』2012 年 1 月 25 日）
堺市に住む 40 代のビジネスマンは「高校ぐらいからやったかなあ。ずっと『マクド』言うてますけど」という。孫のためにハンバーガーを買いに来たという大阪市内在住の 70 代の女性も「うちでは孫も私も『マクド』やわ」とほほ笑む。
兵庫県西宮市で育ったという 40 代の主婦も高校時代からのマク

ド派。米アップル社のパソコン「マッキントッシュ」が「マック」の愛称で呼ばれていることにも触れ、「『マクドナルド』まで『マック』言うたら紛らわしいし、『マクド』でええんちゃう？」とあっけらかんと話す。

たしかに、「マック業績見通し取り下げ」(『朝日新聞』2014 年 7 月 30 日) という見出しだけで、もしその後に「期限切れ鶏肉問題が追い打ち」が続かなければ、一瞬、パソコン売り上げの記事だと勘違いしてしまうかもしれません。

　同音衝突を避けるという意味では、大阪市にあるユニバーサル・スタジオ・ジャパン (Universal Studios Japan, USJ) にもふれなければなりません。たぶん大阪以外では略称は USJ なのでしょうが、大阪では「ユ↗ニ↘バ」と言う人たちがいるようです。USJ と言うと「UFJ (銀行) と混同しやすい」という理由もあるのでしょう。一方、神戸にはユニバー記念競技場があって、神戸で「ユニバ」と言うとややこしくなるので、USJ と呼ぶようです。いずれにしても、同音衝突は避けるという動機が働いているようです。

6　大阪方言研究の展開

　言語研究・言語学の難しさは「人はそう言うかもしれないけれど、自分はそうは言わない」といった反応にしばしば遭遇することです。方言調査でも「同じ市の〜町ではそう言うかもしれないけれど、ここではそうは言わない」と指摘されることがたびたびあります。たとえ同じ母語話者でも、皆が同じ文法を持っているわけではありません。兄弟、姉妹だってまったく同じ文法を持っているわけではありません。こうした違いは、家庭ばかりでなく学校や職場でどんな人たちと日常的に接しているのか、周囲の人たちの影響によるのかもしれませんし、それ以外の要因もあるでしょう。ですから、ある一定の範囲内で、人はそれぞれ異なる文法体系を持っていると考えたほうがいいでしょう。方言であれ、若者言葉であれ、その許容範囲を超えたとき、人は「何かおかしい」と感じるのです。ですから、言語調査の結果は最大公約

数的なものと捉えたほうがいいでしょう。

　ここで実際例を紹介しましょう。中島裕之(宏之)は、兵庫県伊丹市出身のプロ野球選手で、日本では埼玉西武ライオンズで活躍しました(2001～2012)。その後、アメリカ・メジャーリーグ・ベースボールのチームでサンフランシスコの対岸オークランドに本拠地を構えるオークランド・アスレチックス(Oakland Athletics)と契約しました。しかし、メジャーに挑戦したもののメジャーリーグでプレーすることなく、メジャーよりも2階級下のAA(ダブルエー)マイナーリーグのチームでプレーすることになって時間が経過してしまいました。そのときのインタビューで、中島選手は以下のように答えています。

　　『中島、一度もメジャー昇格なし「いっぱい考えないとあかんから」』
　　　　　　　　　　　　　　　　(『サンケイスポーツ』 2014年9月3日)
　　「なんか分からんから、何が？って言ったら、…メールが送られて来た」
　　「まあ、どうやろうなあ。何ともいえないですね」
　　「自分ではどうしようもできひんことがあるからね」
　　「日本におったらせえへんからね、そんないろんなとこ(いろいろな守備
　　位置)」

　もし中島選手が発音した通りに書き起こしたインタビューだと仮定すると、同じひとりの人が異なる否定辞を用いていることがわかります。五段動詞「わかる(分かる)」の否定形では「分からん」と脱落形、同じく五段動詞「いう(言う)」の否定形では「いえない」と共通語形、上一段活用動詞「できる(出来る)」の否定形では「できひん」とイ段順行同化、そしてサ行変格活用動詞「する」の否定形では「せえへん」とエ段逆行同化になっています。こうした使い分けは何らかのルールに則っているのでしょうか。たとえば、一段動詞ではイ段順行同化になる、もしくはなりやすい、一方、サ変ではエ段逆行同化になる、もしくはなりやすいというような相補分布が存在するのでしょうか。でも、五段動詞では脱落形と共通語形が出現しているので、何らかの相補分布を形成しているとは考えにくいかもしれません。

第4章

実際に調査してみてわかること
―地域方言と若者言葉②―

1　方言否定形の調査

1.1　調査の概要

　本章では、大阪府南西部の泉州地域の高校2校に在学する高校生（若年層）を対象とした言語使用のアンケート調査結果の一部を報告します。まず、打消形式「ヘン」「ヒン」「ン」などの否定辞に着目しながら、(1) 同化 (assimilation)、(2) 標準語と方言の混交形、(3) 脱落形式など変異形の併存状況を調査し、その背後にある合理化（単純化・省力化）の方向性を概観します。また、標準語と方言の混交形が今後、拡散・浸透していく可能性の有無、そうした混交形に認められる合理化の方向性、混交形そしてさらには共通語形が今後、拡散・浸透していく可能性の有無を探ります。否定形に着目したのは、関西方言の否定辞「ヘン」が、これまで述べてきた「他集団との差別化機能」のマーカーとして残っていく可能性が大きいからです（南 2013）。

　次に、「ケ」「シ」「チャル」など中泉方言の使用、「〜くなる」「〜くない」などの若者言葉の使用に関しても報告しますが、大阪府在住の若年層の言語使用の様相を探ることが本調査の主たる目的です。とりわけ、共通語（標準語）の影響からなる混交形、そして（混交形という変異のさらに先にあるものとしての）共通語形がどの程度、浸透・拡散しているかを検証することです。

[135]

大阪府在住で泉州地域の高校 (大阪府第 4 学区公立高校 1 校、私立高校 1 校) に在学中の高校生 (16 〜 18 歳) 310 名を対象に、日常的に使用する語彙や動詞の活用方法など合計 60 問からなるアンケートを 2010 年に実施しました。

　前半部分では、60 問のうち、動詞の否定形に関する質問のみを取り上げます。回答方法は 4 択か自己記入で「親しい友人と話す時の言い方」をひらがな記入してもらいました。これは、複数の変異形の中で最も使用頻度が高く、意識して使用するのではない日常の話し言葉 (vernacular) が混交形、さらには共通語形へとどの程度シフトしているのかを探るためです。

図 2　大阪府市町村地図とインフォーマント数 (括弧内)

インフォーマントの在籍する2校ですが、公立と私立の違いはあれ、両校とも大学への進学率が非常に高く、そうした意味では、2校に学校間格差は存在しません。公立高校には学区がありますが、私立高校には学区がなく、大阪府ほぼ全域からの通学が認められます。ただし、今回の調査では、豊能地域（豊中市・池田市・箕面市）や三島地域（吹田市・高槻市・茨木市・摂津市）など北摂地域（大阪府北部）からの通学者はいません。ですから、摂津方言話者としての扱いは大阪市内と寝屋川市からの通学者のみです。

泉北方言は泉南諸方言に近いというより、むしろ摂津・河内の諸方言に近いと言われています。時代劇であるにもかかわらず時代劇言葉ではなく、ヴァーチャル方言（ここでは、岸和田ことば）「てんこ盛り」の『村上海賊の娘　上巻・下巻』(2013) を考えてみましょう。村上家の景姫は、源爺と孫の留吉を含む一向宗の門徒たちと出会うのですが、その門徒たちは兵糧を大坂本願寺に入れようとしていました。そこで源爺が景姫のような女性を美しいと考える海賊が泉州にいると伝えます。それが、真鍋七五三兵衛を筆頭とする真鍋海賊だったのです。景が期待したとおり、真鍋家を始めとする泉州侍達は景を美女として絶賛、源爺の言葉通りの歓待を受けます。

ところで、沼間家は、泉州を束ねる半国の触頭（旗頭）で「上下二つに割った泉州」（上巻 p. 266）の上半分、つまり泉北の代表です。一方、松浦家は泉州の下半分の触頭、つまり中泉・南泉の代表です。この小説には興味深い方言使用の対比があります。綾井城主（現在の高石市で堺市に南で隣接）沼間任世・義清父子の発話には泉州方言など方言を用いず、触頭にふさわしい武家詞を使用しています。ところが、同じ触頭でも岸和田城主、松浦安太夫とその兄、寺田又右衛門、そして南泉、淡輪（現在の大阪府の最南端で和歌山との県境）の豪族、真鍋道夢斎と息子の七五三兵衛には、作者が泉州弁（岸和田ことば）をしゃべらせていることです。

ちなみに、同じく小説に登場する一向宗本願寺派門主、大坂本願寺の顕如の生地は大坂ですが、顕如の発話も大阪弁で描かれていません。さらに、大坂本願寺を支える戦国最強の鉄砲傭兵集団、雑賀衆を率いる鈴木孫市を考えてみましょう。雑賀衆は紀伊国の北西部を指しますから、現在の和歌山市周

辺で、和歌山弁（紀州弁）を話す地域です。和歌山弁は泉州弁とよく似た方言ですし、大阪府の西南端を含む南泉地域は和歌山市と隣接しています。しかし、小説では、鈴木孫市は和歌山弁話者としては描かれていません。もちろん、鈴木孫市はこの小説で描かれる石山合戦、そして関ヶ原の戦いを経て、水戸藩に仕官しているらしいので、どのような方言話者であったのかは不明ですし、生地もわかりません。しかし、この小説では、作者は方言話者を限定し、地域方言を社会方言として使用しているのです。摂津方言、泉北方言、紀州方言話者には方言を割り当てないで無標（unmarked）、一方、中泉・南泉話者の発話には泉南方言を使用し有標（marked）にしているのです。つまり、「イメージ創出言語」の有標性（markedness）の有無が現在の実際の方言使用の境界と対応しているのです。

表1　『村上海賊の娘』登場人物のヴァーチャル方言（役割語）と現在の方言の対照

『村上海賊の娘』登場人物	（出身）地域	小説での方言使用	現在の方言
本願寺第十一世（浄土真宗の僧）顕如	大坂本願寺 （難波）	なし 無標	摂津方言
沼間任世・義清　父子	綾井城・泉北 （高石）	なし 無標	摂津方言
松浦安太夫・寺田又右衛門兄弟	岸和田城・中泉 （岸和田）	岸和田ことば 有標	泉南 （中泉）方言
真鍋道夢斎・七五三兵衛父子	眞鍋城・南泉 （淡輪・泉南郡岬町）	岸和田ことば 有標	泉南 （南泉）方言
鈴木孫市	和歌山県 （不明）	なし 無標	紀州弁

　岸江信介は、摂津方言・河内方言・（高石市・泉大津市・和泉市で使用される）泉北方言をグループとする「摂津・河内方言」と「泉南方言」に大別することが可能だという立場を取り、さらに「泉南方言」は中泉（中和泉）方言と南泉（南和泉）方言の2方言に下位分類しています（岸江 2009）。本節で紹介する調査では、細分化する目的で「摂津方言」「河内方言」「堺市地域方言」「泉北方言」「中泉方言」「南泉方言」の6地域に分類しています。堺市

は大阪市と北で接していますが、堺市地域（堺区・西区・中区・南区・北区・東区・美原区）は摂津方言と河内方言が重なり合う地域なので、別個の扱いとしてあります。しかし、いわゆる堺弁は船場ことばの土台となった方言で、おおまかには摂津・河内方言地域に含まれます。同様に和泉（泉南）方言の下位区分である「中泉方言」と「南泉方言」を別個の地域として扱っています。これは調査対象の公立高校が岸和田市に位置し、インフォーマントの2割強が中泉地域の岸和田市在住であること、そして岸和田ことばに代表される中泉方言が個性の強い「一般的に知られている大阪弁とはかなりかけ離れた方言」（岸江 2009, p. 1）だと考えられることによります。

ここに、該当する質問項目を示します。「ケ」「シ」「チャル」などの中泉方言、「〜くなる」「〜くない」などの若者言葉に関する質問も、後半で考察するので、同様に列挙します。

表2　方言アンケート調査

質問項目［オリジナルの調査での質問項目番号も記載］
1. 「来ない」（カ行変格活用・不規則動詞）［オリジナルの調査では質問項目46］ 「あの人はここには来ない」と言うとき、「来ない」の部分をどう言いますか。
2. 「しない」（サ行変格活用・不規則動詞）［オリジナルの調査では質問項目48］ 「今日は、もう仕事をしない」と言うとき、「しない」の部分をどう言いますか。
3. 「出来ない」（上一段活用・母音動詞）　　［オリジナルの調査では質問項目10］ 友達に「今日はクラブの練習をすることが出来ない」と言うとき、「出来ない」の部分をどう言いますか。 ＿＿＿できへん ＿＿＿でけへん ＿＿＿できひん ＿＿＿他の言い方をする：＿＿＿＿＿＿＿＿＿＿
4. 「見ない」（上一段活用・母音動詞）　　　［オリジナルの調査では質問項目47］ 「今日はテレビは見ない」と言うとき、「見ない」の部分をどう言いますか。

140 | 第4章　実際に調査してみてわかること ―地域方言と若者言葉②―

5. 「起きない」（上一段活用・母音動詞）　［オリジナルの調査では質問項目51］
「毎日6時に起きるの？」と聞かれて「起きないよ」と言うとき、どう言いますか。
_____起きへん
_____起きひん
_____他の言い方をする：_____

6. 「行かない」（五段活用・子音動詞）　［オリジナルの調査では質問項目44］
「今日は学校に行くか」と家の人から聞かれて、「行かないよ」と答えるとき、どう言いますか。

7. 「構わない」（五段活用・子音動詞）　［オリジナルの調査では質問項目4］
「今日の約束が明日に延びても構わないよ」と言うとき、「構わないよ」の部分をどう言いますか。
_____かまへん（よ）
_____かまわへん（よ）
_____かめへん（よ）
_____他の言い方をする：_____

8. 「行かなかった」（五段活用・子音動詞　過去）［オリジナルの調査では質問項目45］
「昨日は、学校に行ったか」と家の人から聞かれて「行かなかったよ」と答えるとき、どう言いますか。

9. 「知らなかった」（五段活用・子音動詞　過去）［オリジナルの調査では質問項目20］
「それは知らなかった」と言うとき、「知らなかった」の部分をどう言いますか。
_____知らなんだ
_____知らんかった
_____知らへんかった
_____他の言い方をする：_____

10. 方言形式「いけるけ」　［オリジナルの調査では質問項目1］
親しい年上の人に「大丈夫ですか？」と聞くとき、「いけるけ？」と言うことがありますか。
_____言う
_____言わないが聞いたことがある
_____言わないし聞いたこともない
_____他の言い方をする：_____

1 方言否定形の調査 | 141

---

11. 方言形式「そうけ」 ［オリジナルの調査では質問項目 15］
（友達の話を聞いて）「ふ〜ん、そうなんだ」と言うとき、「そうなんだ」の
部分をどう言いますか。
＿＿＿そうなんけ・そうけ
＿＿＿そうなんかいな・そうかいな
＿＿＿どちらも言わないが聞いたことがある
＿＿＿どちらも言わないし聞いたこともない
＿＿＿他の言い方をする：＿＿＿＿＿＿＿＿＿＿

---

12. 方言形式「ほんまけ」 ［オリジナルの調査では質問項目 16］
友達が宝くじに当たったという話を聞いて、「本当ですか」と聞くとき、ど
う言いますか。
＿＿＿ほんまか
＿＿＿ほんまかいな
＿＿＿ほんまけ
＿＿＿まじで
＿＿＿他の言い方をする：＿＿＿＿＿＿＿＿＿＿

---

13. 方言形式「し」 ［オリジナルの調査では質問項目 18］
「今日、休みだったんだよね」と言う時、「だったんだよね」の部分を「やっ
たんやし（い）」と言うことがありますか。
＿＿＿言う
＿＿＿言わないが聞いたことがある
＿＿＿言わないし聞いたこともない
＿＿＿他の言い方をする：＿＿＿＿＿＿＿＿＿＿

---

14. 方言形式「ちゃる」 ［オリジナルの調査では質問項目 58］
「この漫画、貸してあげようか」と言うとき、「貸してあげようか」の部分を
どう言いますか。
＿＿＿かしたろか
＿＿＿かしちゃろか
＿＿＿かしてあげよか
＿＿＿他の言い方をする：＿＿＿＿＿＿＿＿＿＿

142 ｜ 第4章 実際に調査してみてわかること ―地域方言と若者言葉②―

---

15. 方言形式「ちゃる」　　　　　　　　　　［オリジナルの調査では質問項目59］
　「（何か）してあげようか」と言う時、どう言いますか。
　＿＿したろか
　＿＿しちゃろか
　＿＿してあげよ（う）か
　＿＿他の言い方をする：＿＿＿＿＿＿＿＿＿

16. 若者言葉「～くなる」　　　　　　　　　　［オリジナルの調査では質問項目21］
　「分からなくなった」と言うとき、「わからんくなった」と言いますか。
　＿＿言う
　＿＿言わないが聞いたことがある
　＿＿言わないし聞いたこともない
　＿＿他の言い方をする：＿＿＿＿＿＿＿＿＿

17. 若者言葉「～くない」　　　　　　　　　　［オリジナルの調査では質問項目22］
　「ブロッコリーは好きじゃない」と言うとき、「好きじゃない」の部分を「好きくない」と言うことがありますか。
　＿＿言う
　＿＿言わないが聞いたことがある
　＿＿言わないし聞いたこともない
　＿＿他の言い方をする：＿＿＿＿＿＿＿＿＿

18. 若者言葉「～くない」　　　　　　　　　　［オリジナルの調査では質問項目23］
　この服装、変じゃない？」と友達に聞くとき、「変じゃない？」の部分を「変くない？」と言うことがありますか。
　＿＿言う
　＿＿言わないが聞いたことがある
　＿＿言わないし聞いたこともない
　＿＿他の言い方をする：＿＿＿＿＿＿＿＿＿

1.2　調査目的

　まず、動詞の否定表現（現在形・過去形）に焦点を当て、どのような語形が使用されているのか、変異形―イ段順行同化（イ音接続）・エ段逆行同化（エ音接続）・ア音接続・混交形・脱落形式・共通語形―の分布を以下の観点から調査しました。

1. 動詞の種類による相違［言語的要因］

イ段同化（順行同化／イ音接続）・エ段同化（逆行同化／エ音接続）・ア音接続・混交形・脱落形・共通語形などの変異形の浸透度（使用頻度）は、動詞の種類（変格活用・一段活用・五段活用動詞）と関わりがあるのか。

2. 地域差と歴史的変遷の立ち位置［社会的要因］

「ン」［西日本の多くの方言で古くから専用されてきた脱落形式］→「ヘン・ヒン」［（近畿圏の諸方言で用いられる形式である）エ段逆行同化／イ段順行同化］→ 混交形［標準語の語幹＋（近畿方言の否定辞）ヘン］→ 共通語形という想定されるシフト（変遷）の過程で、若年層の現在の立ち位置、つまり、どの形式を好んで用いているのか、それには地域差が認められるのか。

1.3　否定辞の変異形

　以下は、本調査の打消形式（動詞＋否定辞）の変異形を示したものです。ここでは議論を簡略にするため、エ段同化を伝統的な大阪方言、イ段同化を伝統的な京都方言と捉えることにしますが、実際は少し複雑です。たとえば、五段動詞「行く」の否定形「行かない」を例にとって考えてみましょう。京都方言では「イケヘン」（エ段同化）は「行くことができない」という［不可能］を意味しています。ですから、ア音＋「ヘン」で「イカヘン」（ika-hen ア音接続「a+ヘン」）となります。京都方言地域と隣接する地域（摂津方言地域）では、否定の「イケヘン」と不可能の「イケヘン」の同音衝突を避け区別するために以前から京都方言と同様の「イカヘン」が使用されてきました（岸江・中井 1994；真田ら 2009）。さらに、脱落形の「イケン」は大阪方言でも［不可能］を意味するので、今回の調査では脱落形を「イカン」のみとしてあります。

　まだまだ疑問はあるでしょう。ここではイ段同化の「イキヒン」を含んでいません。たしかに、真田ら（2009）は北河内方言地域と南河内方言地域に「イカヒン」、中河内方言地域に「イカイン」という分布を報告しています

[注：佐藤（1986）も中河内地域の八尾市で「ヨマイン」（読まない）の使用を報告しています］。ここでは、簡略化して、五段動詞は（京都方言でも）通常はイ段同化せず、ア音接続すると解釈しています。「イカヘン」以外に、いくつかア音接続の例を挙げましょう。

泳がない	[oyoga-nai]	→	オヨガヘン	[oyoga-hen]
書かない	[kaka-nai]	→	カカヘン	[kaka-hen]
勝たない	[kata-nai]	→	カタヘン	[kata-hen]
読まない	[yoma-nai]	→	ヨマヘン	[yoma-hen]

　ただし、ア音接続では混交形と区別がつかないことになります。ですから、本調査では五段動詞「かまう（構う）」の否定形も尋ねることにしました。「かまう（構う）」の否定形は「かまわない（構わない）」で、伝統的な大阪方言ではエ音接続・逆行同化を起こし「カメヘン（kame-hen）」となります。京都方言ではア音接続して「カマヘン（kama-hen）」ですが、混交形は「カマワヘン」（kamawa-nai → kamawa-hen）になると予測されるので、ア音接続と混交形に違いがわかると予測されるからです。

表3　動詞の種類と変異形

カ行変格活用動詞　変異形		
コン	[ko-n]	脱落
キーヒン	[ki:-hin]	イ段順行同化
ケーヘン	[ke:-hen]	エ段逆行同化
コーヘン	[ko:-hen]	混交形
コナイ	[ko-nai]	共通語形
サ行変格活用動詞　変異形		
セン	[se-n]	脱落
シーヒン	[ʃi:-hin]	イ段順行同化
セーヘン	[se:-hen]	エ段逆行同化

シーヘン	[ʃiː-hen]	混交形
シナイ	[ʃi-nai]	共通語形
上一段活用（母音動詞）変異形		
デキン	[deki-n]	脱落
デキヒン	[deki-hin]	イ段順行同化
デケヘン	[deke-hen]	エ段逆行同化
デキヘン	[deki-hen]	混交形
デキナイ	[deki-nai]	共通語形
上一段活用（母音動詞）変異形		
ミン	[mi-n]	脱落
ミーヒン	[miː-hin]	イ段順行同化
メーヘン	[meː-hen]	エ段逆行同化
ミーヘン	[miː-hen]	混交形
ミナイ	[mi-nai]	共通語形
上一段活用（母音動詞）変異形		
オキン	[oki-n]	脱落
オキヒン	[oki-hin]	イ段順行同化
オケヘン	[oke-hen]	エ段順行同化
オキヘン	[oki-hen]	混交形
オキナイ	[oki-nai]	共通語形
五段活用（子音動詞）変異形		
イカン	[ika-n]	脱落
イケヘン	[ike-hen]	エ段逆行同化
イカヘン	[ika-hen]	ア音接続・混交形
イカナイ	[ika-nai]	共通語形
五段活用（子音動詞）変異形		
カマワン	[kamawa-n]	脱落
カメヘン	[kame-hen]	エ段逆行同化
カマヘン	[kama-hen]	ア音接続

カマワヘン	[kamawa-hen]	混交形
カマワナイ	[kamawa-nai]	共通語形
五段活用（子音動詞）過去　変異形		
イカナンダ	[ika-nanda]	（ナンダ系）
イカンカッタ	[ika-n-katta]	脱落＋過去（カッタ系）
イケヘンカッタ	[ike-hen-katta]	エ段逆行同化＋過去（カッタ系）
イカヘンカッタ	[ika-hen-katta]	ア音接続・混交形＋過去（カッタ系）
イカナカッタ	[ika-na-katta]	共通語形＋過去（カッタ系）
五段活用（子音動詞）過去　変異形		
シラナンダ	[ʃira-nanda]	（ナンダ系）
シランカッタ	[ʃira-n-katta]	脱落＋過去（カッタ系）
シレヘンカッタ	[ʃire-hen-katta]	エ段逆行同化＋過去（カッタ系）
シラヘンカッタ	[ʃira-hen-katta]	ア音接続・混交形＋過去（カッタ系）
シラナカッタ	[ʃira-na-katta]	共通語形＋過去（カッタ系）

　脱落形「ン」は、「ヘン」と同様に否定辞の一つで、西日本で古くから専ら使用されてきた形式だということは以前にも述べました。伝統的な大阪方言では、変異形「イカナンダ」「シラナンダ」などの「〜ナンダ」も用いられていました。真田信治らの研究では、調査時（1990年）の70歳以上のインフォーマントに「行かなかった」について調査した言語地図では、「〜ナンダ」系と「〜カッタ」系（例：「イカヘンカッタ」「イケヘンカッタ」）の2形式の併存状態が示されています（真田ほか2009）。真田らは、「〜ナンダ」系は主に老年層でよく使用される傾向があるのに対し、「〜カッタ」系は若年層で使用されることを指摘し、今後、大阪府全域で「〜ナンダ」系が後退・衰退し「〜カッタ」系がこれに取って代わるであろうと予測しています。本調査は若年層を対象としているので、こうした先行調査の予測通りなのかどうかを検証することを目的としています。

　否定辞「ヘン」は、「ン」の強調表現「連用形＋ハセン」が幕末から明治にかけて以下に示す歴史的変化によるというのが定説です。「ハセヌ」「ハセン」の「ハ」は、（他のことがらと対比する意味を付け加える働きをする）取

り立て助詞です。形態が縮約されるに応じ、取り立ての意味が薄れ、単純否定の意味を担うようになります。とくに明治以後は「ヘン」が急速に普及し、強調の意が薄れ（かつて頻繁に使用された）「ヤヘン」は現在「ヘン」に集約されつつある（例：出来ヤヘン→デキヘン）と言われています。語幹が1拍の動詞の場合は、「ヤ」を省略する代わりに連用形を長音化する（例：見ヤヘン→ミーヘン）［母音調和せず］。脱落の「ン」は「ヘン」と同じ、つまり、文語助動詞「ズ」連体形から派生した「ヌ」がさらに転じたものです。脱落（未然形＋「ン」）は中世以来の西日本共通の表現ですが、近畿中央部では明治以降「ヘン」が普及したため、「ン」が用いられる場面は、強く言い切る場合や慣用表現（「んで・んでも」や「んと」）のような助詞を伴った用法など、やや限定的なものとなっています（西尾2009）。

(6) 関西方言否定辞「ヘン」の歴史的変化

カ変：来ハセヌ→来ハセン→来ヤセン・来ヤヘン→来ャセン・来ャヘン
　　　→来エヘン　　　（エ段同化　ケーヘン：イ段同化　キーヒン）

サ変：しハセヌ→しハセン→しヤセン・しヤヘン→しャセン・しゃヘン
　　　→しエヘン　　　（エ段同化　セーヘン：イ段同化　シーヒン）

一段：出来ハセヌ→出来ハセン→出来ヤセン・出来ヤヘン→出来ャセ
　　　ン・出来ャヘン→出来エヘン

　　　　　　　　　　（エ段同化　デケヘン：イ段同化　デキヒン）

一段：見ハセヌ→見ハセン→見ヤセン・見ヤヘン→見ャセン・見ャヘン
　　　→見エヘン　　　（エ段同化　メーヘン：イ段同化　ミーヒン）

一段：起きハセヌ→起きハセン→起きヤセン・起きヤヘン→起きャセ
　　　ン・起きャヘン→起きエヘン

　　　　　　　　　　（エ段同化　オケヘン：イ段同化　オキヒン）

五段：行きハセヌ→行きハセン→行きヤセン・行きヤヘン→行きャセ
　　　ン・行きャヘン→行きエヘン

　　　　　　（エ段同化・エ音接続　イケヘン：ア音接続　イカヘン）

五段：構いハセヌ→構いハセン→構いヤセン・構いヤヘン→構いャセ

ン・構いャヘン→構いエヘン

（エ段同化・エ音接続　カメヘン：ア音接続　カマヘン）

　同様に、脱落「ン」は西日本で古くから専ら使用されてきた形式で、「ナイ」を使う東日本に対して典型的な東西分布を反映しています。「ン」の流れを簡略化すれば「セズ（se-zu）→セヌ（se-nu）→セン（se-n）」「デキズ（deki-zu）→デキヌ（deki-nu）→デキン（deki-n）」「ミズ（mi-zu）→ミヌ（mi-nu）→ミン（mi-n）」「イカズ（ika-zu）→イカヌ（ika-nu）→イカン（ika-n）」などとなるのが通説です。「ン」に代わって登場した「ヘン」が近畿一円を席巻しつつあるという指摘もあります（岸江 2005）。ただし、個人の認知レベルもしくは地域レベルでは否定辞「ヘン」の歴史的変化から派生した「シャン」「デキャン」「ミャン」も存在する可能性があるのではないかと考えられます。

　要約すると、大阪方言の打消形式は、以下のようになります。共通語形でもアクセントは大阪方言です。基本的には、1、2 が古い形、3 は中間的なスタイル、4 がいちばん新しいと考えてもいいでしょう。

1.　否定辞「ン」（西日本の多くの方言で専用される形式）
2.　否定辞「ヘン・ヒン」：エ段逆行同化・イ段順行同化（近畿圏諸方言形式）
3.　標準語語幹＋否定辞「ヘン」：混交形
4.　否定辞「ナイ」：共通語形

問題は「大阪の泉州地域在住、もしくは泉州地域の高校に通学する若年層がどの形式を好んで用いているのか？」、そして「また、それにはどのような言語的、社会地域的制約が要因となっているのか？」ということです。つまり、想定されるシフト（変遷）の過程での若年層の現在の立ち位置を探ることがここで紹介する調査の主眼なのです。

　「ン」［西日本の多くの方言で古くから専用されてきた脱落形式］→「ヘ

ン・ヒン」[（近畿圏の諸方言で用いられる形式である）エ段逆行同化／イ段順行同化] → 混交形 [標準語の語幹＋（近畿方言の否定辞）ヘン] → 共通語形

1.4 得られた結果

　本研究では、動詞の否定辞に焦点を当て、異なる言語形式・規則が変異形（バリエーション）として併存することを確認しました。どのような変異がなぜ併存するのか、その分布と理由を垣間見るため（カ変・サ変・一段・五段など）動詞の活用形の種類や現在形・過去形などの言語的要因ばかりでなく、年齢や出身（方言）地域に代表される社会的要因の側面から分析を試みました。本節では、変異形の視点から、その傾向を眺め、図示化することで、どのような制約が存在するのか、考えられる単純化・合理化の過程を探ります。

　使用頻度が高かった否定辞の変異形には網掛けをし、本調査結果から考えられる変異の要因を書き加えたのが次ページの表4です。ここで、第3章の最後に述べた関西出身のプロ野球選手、中島裕之（宏之）の場合を思い出してみましょう（『中島、一度もメジャー昇格なし「いっぱい考えないとあかんから」』『サンケイスポーツ』2014年9月3日）。サ変「する」ではエ段同化「せえへん」、一段動詞「できる」ではイ段同化「できひん」でしたね。中島選手の否定辞変異形の使用はこの調査で得られた結果と呼応していることが理解できます。脱落形は使用頻度がおしなべて低いのですが、後で述べるように、五段動詞ではある程度の使用が認められるので、これも得られた結果と照らし合わせて納得できるのではないでしょうか。

150 | 第4章　実際に調査してみてわかること　―地域方言と若者言葉②―

表4　否定辞の変異形と考えられる変異の要因

イ段順行同化が
起こりやすい音韻環境

音韻調和のない
接続形式

動詞	脱落	イ段同化	ア音接続	エ段同化	混交形
「来ない」 （カ変・不規則）	コン [ko-n]	キーヒン [ki:-hin]	×	ケーヘン [ke:-hen]	コーヘン [ko:-hen]
「しない」 （サ変・不規則）	セン [se-n]	シーヒン [ʃi:-hin]	×	セーヘン [se:-hen]	シーヘン [ʃi:-hen]
「出来ない」 （上一段・母音）	デキン [deki-n]	デキヒン [deki-hin]	×	デケヘン [deke-hen]	デキヘン [deki-hen]
「見ない」 （上一段・母音）	ミン [mi-n]	ミーヒン [mi:-hin]	×	メーヘン [me:-hen]	ミーヘン [mi:-hen]
「起きない」 （上一段・母音）	オキン [oki-n]	オキヒン [oki-hin]	×	オケヘン [oke-hen]	オキヘン [oki-hen]
「行かない」 （五段・子音）	イカン [ika-n]	×	イカヘン [ika-hen]	イケヘン [ike-hen]	イカヘン [ika-hen]
「構わない」 （五段・子音）	カマワン [kamawa-n]	×	カマヘン [kama-hen]	カメヘン [kame-hen]	カマワヘン [kamawa-hen]
「行かなかった」 （五段・子音）	イカンカッタ [ika-n-katta]	×	イカヘン カッタ [ika-hen-katta]	イケヘン カッタ [ike-hen-katta]	イカヘン カッタ [ika-hen-katta]
「知らなかった」 （五段・子音）	シランカッタ [ʃira-n-katta]	×	シラヘン カッタ [ʃira-hen-katta]	シレヘン カッタ [ʃire-hen-katta]	シラヘン カッタ [ʃira-hen-katta]

長い過去形で
起こりやすい
古い形式「ン」

音韻調和のない
接続形式

伝統的な大阪方言に
特徴的なエ段逆行同化

1.5 脱落形式・脱落＋カッタ：省力化・単純化の認知的可能性

脱落形は西日本で古くから使用されてきた形式です。今でも若年層にも使用されていることがわかりました。しかし、現在形、とりわけカ変・サ変の不規則動詞と一段動詞の場合は使用者が一割にも満たず、ごく少数でした。使用内訳は以下の通りです。

1. カ変・不規則動詞「コン」　（310 人中 16 名が使用すると回答）
2. サ変・不規則動詞「セン」　（310 人中 18 名）
3. 一段動詞「デキン」　（310 人中 5 名）
4. 一段動詞「ミン」　（310 人中 10 名）
5. 一段動詞「オキン」　（310 人中 4 名）
6. 五段動詞「イカン」　（310 人中 81 名）
7. 五段動詞「カマワン」　（310 人中 23 名）

これらの比較から、不規則動詞と上一段動詞では脱落が少ない、見方を変えていうと、五段動詞、とくに「イカン」では脱落が多いことがわかりました。

次に、五段動詞の現在形「イカン」(81 名)「カマワン」(23 名)と、同じく五段動詞の過去形「イカンカッタ」(310 人中 163 名)「シランカッタ」(310 人中 269 名)との比較から、過去形では脱落が有意に多いことが認められました ($\chi^2 = 255.19$, $df = 3$, $p < .00001$)。よって、長い動詞形に西日本特有で古くから使用されてきた否定辞「ン」が出現しやすいと推測できます。

第 4 章　実際に調査してみてわかること —地域方言と若者言葉②—

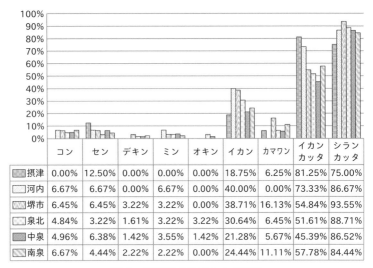

図 3　変異形の地域分布 (脱落)

　ここで、先述した若年層の表現—大阪方言の「行かんくてもええ・行かんくなる」共通語の「観れんくなった」(第 3 章 4.8)—を想起してください。これらも長い動詞形に「ン」が含まれている形式です。単純に考えれば、長い動詞形には古くから使用されてきた否定辞「ン」が今も残っていることになります。

　しかし、こうした「ン」の使用は音便化などの認知プロセスの結果だという解釈も可能ではないでしょうか。「ン」が用いられる場面は、少なくとも歴史的には強く言い切る場合や慣用表現で限定的なものだったと考えられます。にもかかわらず、全域で「イカン」が使用され、とくに過去形「イカンカッタ」「シランカッタ」の使用が圧倒的に多いということが認められたのです。「ン」が西日本で古くから用いられてきた形式 (金沢 1998；松本 2011) で、その成立は歴史的変遷からは以下の 1 ということになるのでしょうが、2 と 3 も認知的には生成可能ではないかと考えられます。ここでは報告しませんでしたが、「しない」「出来ない」「見ない」には、それぞれ「シ

ヤン」「デキヤン」「ミヤン」といった否定表現も存在することが回答から認められています。文法規則は人それぞれが頭の中で認知的に構築し体系化しているものなので、一人ひとりがある程度まで異なる言語形式・規則を生成していたとしても何ら不思議ではないでしょう。

1. 「行かぬ・知らぬ」から転じた「イカン・シラン」＋過去形表現「カッタ」
2. 「イカヘンカッタ」「シラヘンカッタ」という形に脱落が起こり「イカンカッタ」「シランカッタ」となった従来の否定形、もしくは混交形内での脱落
3. 共通語の「イカナカッタ」「シラナカッタ」の「ナ」が「イカンカッタ」「シランカッタ」と音便化

1.6 イ段順行同化：音韻環境という言語内要因からの単純化

「デキヒン [deki-hin]」（310 人中 96 名）、「ミーヒン [mi:-hin]」（310 人中 181 名）、「オキヒン [oki-hin]」（310 人中 138 名）など、語幹の最後が母音 [i] で終わる上一段動詞では、イ段同化が顕著でした（$\chi^2 = 267.60$, $df = 4$, $p < .00001$）。上一段動詞は語幹の最後が母音 [i] で終わるいう音韻環境から、イ段同化が顕著になるのだと考えられます。つまり、これは尾母音同音化の傾向が変化していることを示唆しているのです。「ミーヒン」の場合は、周圏分布が広がり定着化したことにより伝統的な大阪方言であるエ段同化「メーヘン」を駆逐してしまったような印象すら受けます。「ミーヒン」と同様、「オキヒン」も定着化により伝統的な大阪方言であるエ段同化「オケヘン」を駆逐してしまったかのような印象を受けます。

　一方、それ以外の動詞ではイ段同化しにくいという現象が認められました。さらに、同じく語幹最後の母音が [i] で終わるサ変動詞の場合、イ段同化「シーヒン [ʃi:-hin]」の使用はわずか（310 人中 18 名）しか認められませんでした。これは、伝統的な大阪方言に認められるエ段へのシフト現象、すなわちエ段同化の「セーヘン [se:-hen]」が強い勢力を持って定着しているため

154 | 第4章　実際に調査してみてわかること ―地域方言と若者言葉②―

に、「シーヒン」が取って代わることができなかった、もしくは浸透しなかったことが主な理由ではないかと推測されます。

　ちなみに、「キーヒン」（イ段同化）の回答例は今回の調査地域ではきわめて少ない（310人中3名）ということがわかりました。これは「キーヒン」は「来ない」ではなく「（服などを）着ない」の意味に使用されるので、同音衝突の不都合を避けるためだと推測されます。使用が少ないと言っても、それを一言で片付けるのではなく、異なる理由、複合的な理由が考えられるでしょう。

イ段同化

	キーヒン	シーヒン	デキヒン	ミーヒン	オキヒン
摂津	0.00%	12.50%	43.75%	87.50%	68.75%
河内	0.00%	0%	53.33%	60.00%	60.00%
堺市	3.22%	9.68%	35.48%	61.29%	51.61%
泉北	0.00%	6.45%	29.03%	66.12%	48.39%
中泉	1.42%	4.96%	27.66%	53.90%	39.72%
南泉	0.00%	4.44%	28.88%	48.89%	35.55%

図4　変異形の地域分布（イ段順行同化）

1.7　エ段逆行同化：本来の大阪方言の将来

　サ変動詞「セーヘン」では、310人中234名が使用すると回答し、エ段同化が顕著でした。また、カ変動詞「ケーヘン」でも、310人中133名とエ段同化の高い使用が認められました。

　一方、上一段動詞では、「デケヘン」（310人中94名）はともかく「メーヘ

ン」(310人中2名)、「オケヘン」(310人中0名) でした。これは、否定辞の前接部の音形、つまり語幹が [i] で終わる上一段動詞に接続する場合には、音韻的な変化 (イ段同化) が起き「ミーヒン」「オキヒン」が出現しやすいからだと考えられます。見方を変えて、「ヒン」は「ヘン」が上一段動詞に接続する際に起こる音韻的な変化だと考えれば、「出来ない」のような上一段動詞に「デケヘン」が「デキヒン」と併用でこれだけの高頻度で使用されているわけです。ですから、語彙によっては上一段動詞であっても伝統的な大阪方言形式が今も強く残っている状況を示しているとも解釈できるでしょう。

　五段動詞では「イケヘン」(310人中81名) はともかく、「カメヘン」(310人中46名) ではエ段同化の使用が比較的少ないことがわかりました。以上から次のように要約できるでしょう。

1. 語彙によっては伝統的な近畿方言否定辞「ヘン」が定着していて、それ以外の変異形が侵入する余地がさほど残っていない場合 (例：サ変) もある。
2. しかし、多くの場合は他の変異形と併存している、もしくは音韻的制約などの理由で使用率がかなり低い (例：「メーヘン」)。

　さらに地域的な要因も考えられます。たしかに「セーヘン」が全域で最も使用頻度が高く、各地域別に見ても、それぞれの地域で 60% 以上の使用が認められました。これは、大阪方言話者はエ段同化を好むという傾向を顕著に示す一例であると考えられます。「ケーヘン」「デケヘン」も岸和田市を中心とする中泉地域では、それぞれ半数以上 (56.7%)、半数近く (47.5%) のインフォーマントが使用すると回答しました。しかし、これを周圏分布の中心から離れているのが理由だとは解釈できません。なぜなら、中泉地域よりもさらに周圏分布の中心から離れて和歌山県に近い南泉地域では、「ケーヘン」「デケヘン」を使用すると回答したインフォーマントはそれぞれ3割弱 (26.7%)、2割強 (22.2%) にすぎなかったからです。こうした状況から、岸和

田ことばに代表される和泉方言（中泉方言）が強固で、他の変異形が侵入しにくい環境にあるという解釈が成立するかもしれません。つまり、中泉地域が個性の強い方言地域で、元来の大阪方言の特徴であるエ段同化が強く残っているということです。一方、中泉地域と比較すれば（たとえ中泉の）周辺地域でも（さほど）強固な方言地域ではない南泉地域ではエ段同化という特徴が強くは残っていないという解釈になるのではないかと考えられます。もちろん、こうした違いは、他地域から南泉地域への人口流入の結果という社会的要因の可能性があることも否定できません。

エ 段 同 化

	ケーヘン	セーヘン	デケヘン	メーヘン	イケヘン	カメヘン
摂津	37.50%	68.75%	25.00%	0.00%	25.00%	18.75%
河内	13.33%	66.67%	6.67%	6.67%	6.67%	20.00%
堺市	35.48%	74.19%	32.26%	0.00%	12.90%	9.68%
泉北	35.48%	79.03%	32.26%	0.00%	16.13%	12.90%
中泉	56.74%	78.72%	47.50%	0.71%	38.30%	14.89%
南泉	26.67%	66.67%	22.22%	0.00%	17.78%	17.78%

図5　変異形の地域分布（エ段逆行同化）

1.8　混交形：言語外要因からの単純化

　混交形は音韻調和のない変異形ですが、より整然とした体系の追求、もしくは既存の形式の結果としての新たな言語形式・規則だと捉えられるでしょう。サ変動詞「シーヘン」（310人中3名）を除く多くの動詞で、混交形式の

使用頻度が高いことがわかりました。とりわけ、カ変動詞「コーヘン」(310人中 100 名) や上一段動詞「デキヘン」(310 人中 87 名)「オキヘン」(310 人中 131 名) において混交形の使用は顕著でした。また地域別に見ても、たとえば、「デキヘン」の場合、全域で使用が認められ、インフォーマントの 3割前後が使用するという結果でした。

　真田信治は「コーヘン」が周辺方言からの流入ではなく共通語 (標準語)「コナイ」の干渉による共通語との混交 (新方言もしくはネオ方言) だと主張しています (真田 1990)。各地域を眺めても「コーヘン」の浸透は顕著で、中泉地域を除く全地域で「ケーヘン」の使用を上回っていました。逆に言えば、強固な方言地域である中泉では「ケーヘン」が 56.7% に対して「コーヘン」が 17.0% と、混交形が浸透していませんでした。つまり、南泉地域などの周辺地域では混交形「コーヘン」が主に使用されているといても、岸和田ことばに代表される個性の強い和泉方言を使用する中泉地域では従来の「ケーヘン」が強固で、新たな混交体系がそうした地域にはなかなか侵入できないのだと解釈できます。

　ここで、ラボフのマーサズ・ヴィニヤード島 (Martha's Vineyard) での発音調査結果 (Labov 1963) を思い出してみましょう (第 3 章 5.1)。岸和田のだんじり祭に代表される荒々しい雰囲気になじみ、だんじりとその維持に努める青年団に対する忠誠心、そしてその背景となる泉州人としてのプライド・アイデンティティが強固な和泉方言 (元来の大阪方言) に反映されているのでしょう。

　音韻調和のない「イカヘン」の使用頻度も高く (310 人中 122 名が使用すると回答)、地域別に見ても 3 割もしくは 4 割を超えていました。しかし、前述した通り、「イカヘン」は、ア音接続なのか、混交形なのか、さらには使用意図としても意味衝突の回避なのか判別できないという問題があります。混交形と単に音韻調和のない場合、たとえば「イカヘンカッタ」は 310人中 41 名が使用、「シラヘンカッタ」は 310 人中 13 名が使用という結果が得られましたが、ア音接続なのか混交形なのか区別がつきません。

　混交形は規則が単純で、「標準語の語幹＋(近畿方言の否定辞) ヘン」で生

158 | 第4章 実際に調査してみてわかること —地域方言と若者言葉②—

成可能なので、動詞の活用に関係なく適用できます。つまり、標準語の語形
さえわかっていれば混交形を形成することができるのです。こうした論理に
沿えば、「しない」は「シ＋ナイ」なので、標準語の語幹＋ヘン「シーヘン」
が多いはずだという予測になります。ところが、「シーヘン」使用者は310
人中3名にすぎなかったのです。エ段逆行同化のまとめの冒頭でも述べたよ
うに、「シーヘン」使用者が少ないのは、伝統的な大阪方言でエ段同化の
「セーヘン」（310人中234名）が定着していて、「シーヘン」の侵入する余地
がさほど残っていないからだと推測できるでしょう。同様に、「ミーヘン」
は310人中51名、「カマワヘン」は310人中23名で、必ずしも多数が使用
しているとは言えません。

混交形

	コーヘン	シーヘン	デキヘン	ミーヘン	オキヘン	イカヘン	カマワヘン	イカヘンカッタ	シラヘンカッタ
摂津	56.25%	0.00%	25.00%	12.50%	31.25%	37.50%	12.50%	6.25%	0.00%
河内	60.00%	0.00%	26.66%	6.67%	26.66%	33.33%	20.00%	6.67%	6.67%
堺市	45.16%	3.22%	25.81%	25.81%	45.16%	41.93%	6.45%	22.58%	0.00%
泉北	40.32%	1.61%	30.64%	17.74%	33.87%	48.39%	6.45%	16.13%	1.61%
中泉	17.02%	0.00%	26.24%	13.48%	48.23%	33.33%	5.67%	13.47%	5.67%
南泉	42.22%	2.22%	33.33%	22.22%	42.22%	46.67%	8.89%	6.67%	6.67%

図6　変異形の地域分布（混交形）

1.9　過去形の否定表現：ナンダ系の現状と将来

否定表現過去形「行かなかった」「知らなかった」を調査しました。真田

信治らの調査時（1990年）の70歳以上のインフォーマントでは、「～カッタ」形（例：「イカヒンカッタ」「イカヘンカッタ」「イケヘンカッタ」）が散見されるものの、室町期以来の古形とされる「～ナンダ」系変異形（例：「イカナンダ」「イカイナンダ」「イカヘナンダ」）の使用が数多く認められ、大阪府下のかなりの地域を覆っていたのです。真田らは、「～ナンダ」系が主に老年層でよく使用される傾向があるのに対し、「～カッタ」系は若年層で使用され、顕著な対立を示す言語形式であることを指摘した上で、今後、大阪府全域で「～ナンダ」系が後退・衰退し「～カッタ」系が勢いを増すであろうと予測していました（真田ほか 1990；2009）。

　今回の高校生の言語使用調査では、ごくわずかですが「シラナンダ」を使うという回答を得ました。それに対し「イカナンダ」はまったく使用されていませんでした。しかし、回答形式が異なるので「イカナンダ」が完全に消滅したとは断言できません（本章 表2の質問項目8と9を参照）。いずれにせよ、「ナンダ」形式はいずれ消え行く語形だという予測を支持する結果となってはいます。しかし、「ナンダ」形式そのものが絶滅した、もしくは絶滅の危機に瀕しているというわけではなく、語彙によっては残る可能性があります。

　もちろん、現調査はアンケート調査なので、高校生がどのようなコンテクスト（context：文脈）で「～ナンダ」系変異形を使用しているかは不明です。もしかしたら、興味本位で「知らなんだ」と使用している可能性であるでしょうし、一つの「固まり表現」なのかもしれません。また、ある特定の仲間内、たとえば友人同士や家族内（家族に老齢者がいる）など、方言話者だけで通じる言葉や言い回しとしてのジャーゴン（jargon）の特性を示している可能性も考えられます。「ジモ方言」（「地元人：ジモティ」から）とは、自らの使用語彙ではないのに、親世代・祖父母世代が使っていた地域方言らしさを強調する用例を意味します（木部・竹田・田中・日高・三井 2013）。もし「知らなんだ」が「ジモ方言」であれば、お互いが理解できる言葉で話そうとする意識（つまり、相手に合わせた言葉づかい）、他集団との差異化・同世代の仲間への帰属意識の表象として発話適応理論（Giles, Coupland, &

160 | 第4章　実際に調査してみてわかること —地域方言と若者言葉②—

Coupland 1991；Giles & Powesland 1975）からの理解が適切かと思われます。
対話相手が、友人同士なのか、おじいちゃんやおばあちゃんといった異なる
世代なのか、服装や行為と同様に、方言も濃くなったり、薄くなったり TPO
に応じて使い分けているのです。

1.10　共通語形：スピーチスタイルの変容

　地域の伝統方言には、衰退が早い語彙や表現はたしかに存在します。しか
し、衰退が遅い語彙や表現も同時に存在するのです。端的に言えば、大阪の
高校生の間では共通語形は普及するには至っていませんでした。たとえば、
共通語形「イカナイ」が 310 人中 8 名、共通語形過去「イカナカッタ」の使
用は 310 人中 6 名でした。しかし、今後、拡散・浸透していく可能性は認め
られています。たとえば、共通語形「コナイ」は、310 人中 11 名とごく少
数ですが、使うと回答しています。共通語形「シナイ」も 310 人中 11 名が
使用すると回答しています。混交形「シーヘン」の使用が 3 名なので、混交
形をとびこえて、共通語形の使用が広がる可能性も考えられます。

　注目すべきは「ミナイ」の使用が脱落形の「ミン」と同数程度、もしくは
それ以上認められることです。つまり、西日本で古くから使用されてきた打
消形式「ン」の使用が 310 人中 10 名で、共通語の否定辞「ナイ」の使用が
310 人中 14 名だったことです。こうした状況からも、時系列変化を考えれ
ば、「ン」が今後、減少する傾向にあり、一方「ナイ」は共通語化によって
今後、増加していく傾向であることを示唆しています。さらに、近畿方言の
特徴で一音節が長めに発音されてはいますが、混交形「ミーヘン」と共通語
形「ミナイ」の違いは、実は、否定辞が近畿方言の「ヘン」と共通語の「ナ
イ」だけなのです。つまり、若年層の共通語化によって「ヘン」すらも「ナ
イ」に置き換え、変化していく傾向を示していると解釈できるでしょう。

2 研究の展望

2.1 『方言周圏論』再考

　異言語間の意思疎通のために自然に作られた混成語をピジン (pidgin) といいます。これに対して、クレオール言語 (creole) は、ピジン言語話者達の子ども達の世代で母語として話されるようになった言語を指しています。また、コイネー (koiné) ［ギリシア語］は単純化を伴う方言融合のことで、複数の方言が接触する中で新たに形成された当該集団・当該地域社会の共通語を指しています。

　ここで紹介した方言調査では、家族が両親とも大阪府（もしくは近畿地方、西日本）出身なのか、他地域出身者なのかなど、出身地域が変数としては統制困難な側面を持っていることは否定できません。さらに、学校で他地域の学生と交わることで、影響を受けることもあるでしょうし、特定の語彙がピジンもしくはクレオール、つまり、近畿圏でも異なる地方出身者の間で使用される接触方言コイネーとして共通語化していくという側面（南 2009）も否定できません。

　にもかかわらず、摂津地域では「ミーヒン」、河内地域では「デキヒン」、摂津・河内地域では「オキヒン」のイ段順行同化形式がきわめて多いということがわかりました。イ段同化は伝統的な京都方言でよく起こる現象ですが、ここで紹介した調査でも「デキヒン」の使用が京都方言地域に隣接する摂津・河内方言地域により多く認められています。しかし、京都方言地域から地理的には遠く離れた中泉地域や南泉地域など泉南（和泉）方言地域でも「デキヒン」は 3 割弱、「オキヒン」は 4 割弱の使用が認められました。こうした結果から、南河内から和泉山脈伝いの内陸部に認められる打消形式「ヒン」の存在も無視できません。

　『方言周圏論』（柳田 1930）は、中央から同心円状に同じような語彙や言い回しが存在し、中央から離れて辺境に行けば行くほど、古い時代には中央で使用されていたが、現在ではもう使用されていないものが、辺境には今も存

在し分布していることがあるという仮説でした (第 3 章 2.2)。この仮説をここで思い出してみましょう。周圏分布的に解釈すれば、言語形式・規則の伝播は漸次的です。ここでは、摂津・河内方言が大阪方言の中心的存在となり、言語の革新地としての役割を担っていることを示唆していると考えられます。混交形は動詞の未然形 (語幹 − 活用語尾の例：話 − さ、読 − ま、笑 − わ) に近畿方言の代表的な否定辞「ヘン」を付加したもので、地域方言らしさを維持しながら「中間的なスピーチスタイル」(真田 2006) となっていますが、これも同様なプロセスで拡散するでしょうし、混交形が「中間地点」となってさらに共通語にシフトしていく可能性も考えられるでしょう。

2.2　中泉方言再考：疑問の終助詞「ケ」

　ここから今回の方言調査の後半部分 (本章表 2 の質問項目 10–18) の報告です。疑問の終助詞「ケ」は天保時代 (1830〜1844) から使用されている日常会話で親しみをこめた表現だと述べました (第 3 章 3.2)。「アホちゃうケ (バカじゃないのか)」「そんなもんケ (そんなものか)」「見てへんケ (見てないのか)」というように使います。

　方言形式「イケルケ」(「だいじょうぶ？」の意) という表現を使用するかどうか高校生に尋ねた今回の調査 (質問項目 10) では、「イケルンケ」5 名、「イケンケ」1 名を含めて、310 人中 28 名が「使用する」と答えましたが、3 分の 1 強の 117 名は「自分では使用しないが、こうした表現を聞いたことがある」と回答しています。ちなみに自分で使ったこともなければ聞いたこともないと答えた高校生が 3 分の 1 弱の 92 名に上っています。この結果だけを見れば、終助詞「ケ」は今後、消滅していくと予測できそうに思えるのです。

　ところが、方言形式「ソウケ」(「そうなんだ」の意) の場合 (質問項目 11)、82 名が「使用する」と回答し、33 名が「自分では使用しないが、こうした表現を聞いたことがある」と回答しています。一方、「自分で使ったこともなければ聞いたこともない」と答えた高校生は 12 名にすぎなかったのです。「ソウケ」の場合、「イケルケ」とはかなり分布が異なっています ($\chi^2 = 112.08$, $df = 2$, $p < .0001$)。このように、まったく正反対とも思える結果になったのは、

「ソウケ」がいわゆる「固まり表現」になっていることが考えられます。さらに、「ダ」の代わりに関西方言「ヤ」をつけた、つまり、「そうなんだ」の代わりに「ソウナンヤ」と混交形を使用する高校生が139名にも上りました。

表10　疑問の終助詞「ケ」

	イケルケ	ソウケ
言う	28	82
言わないが聞いたことあり	117	33
言わないし聞いたこともない	92	12

　ちなみに、「本当ですか」を意味する「ホンマケ」は46名が「使用する」と回答し、「ホンマカイナ」は5名、そして138名が「マジで」を使うと答えているのです（質問項目12）。こうした結果から、「ケ」を使用するかどうかというよりは、むしろ若年層は「イケルケ」「ソウケ」「ホンマケ」をそれぞれ別個の「固まり表現」と捉えていると推測できます。

2.3　中泉方言再考：文末詞「シ」

　文末詞「シ」も古い表現です（第3章3.2）。アクセントを「シ」で強めて、「ええ人やシィ（いい人なんだよ）」「遅いわシィ（遅いじゃん）」「来たんやシよ（来たんだよ）」「困ってんやシよ（困っているんだよ）」「そうやシィ（そうなんだよ）」「ほんま好きやシィ（本当に好きだよ）」「言うたんやシィ（言ったんだよ）などと使います。

　村上海賊と戦った織田方の主力でもあった泉州の海賊真鍋七五三兵衛や真鍋家の海賊たち、岸和田城主でもあった松浦安太夫とその兄、寺田又右衛門らが登場する『村上海賊の娘　上巻・下巻』(2013)は勇猛果敢な岸和田のだんじり祭を見るように、言葉も荒々しく自由に溢れた泉州の空気感が充満しています。たとえば、七五三兵衛は、自らの上司でもある織田家の武将が殺されたときは「えらいことじょ。どないしょ」と泣き言を言って格好をつけません（『村上海賊の娘　上巻』p. 240）。女主人公である村上景に「心を盗りに来たんやしよ」（同 p. 324）「口説きに来たんやし」（同 p. 325）と「シ」を

164 ｜ 第 4 章　実際に調査してみてわかること ―地域方言と若者言葉②―

使いながら自らの心中を露わにします。それでいて、同時に冷めた頭で周囲の様子を注意深く観察しているのです。七五三兵衛の手下、真鍋家の海賊たちにしても、戦闘で景に切られたときでさえ、ふざけた調子で絶命するまでにぎやかです。不敵な態度ということでは共通していますが、松浦安太夫と寺田又右衛門は小ずるい人物として描かれています。これらの描写をひっくるめて、泉州方言を使いながら、そこから喚起されるステレオタイプ的なイメージ、特定の「キャラ」を利用することで小説を生き生きとしたものにしているのです。

　方言形式「シ」を問う設問「今日、休みだったんだよね」（質問項目 13）は、文脈から「休みだったから」と考えられるので、「シ」は接続助詞「カラ」と似た役割をしていると考えられます。「休みヤッタンヤシ」（「ダ」は関西方言では「ヤ」に置き換え）は 9 名のみが「使用する」、50 名は「聞いたことはあるが、自分では使わない」、そしてほぼ半数の 152 名が「自分で使ったこともなければ聞いたこともない」と答えています。

　ちなみに、「○○シ！」と語尾に「シ！」を付ける若者言葉がありますが、たとえば、「言うんじゃねえ！」「するんじゃねえ！」を「言うなシ！」、「するなシ！」など対話相手の行為や発言内容を否定する文脈において使用される場合が多いと思われます。古語の「シ」も強意の間投助詞として使用される場合があるので、用法としては似ています。しかし、実は、この場合は「言うな」、「するな」に「シ」が付いているのではなくて、「ナシ」という打消しが語尾についている形式だと考えた方が適切な解釈でしょう。つまり、動詞を命令形にしないで、終止形の後に「ナシ」を付けているのです。以前、若者言葉の「行きたい＋くないんです」という表現を例にあげましたが、よく似たパターンです。

　　　言わないでほしい・しないでほしい　→　｛言う・する｝＋ナシ（打消）

　語と語の間にスペースがある英語とは異なり、日本語やトルコ語のような言語は膠着言語（agglutinative language）と呼ばれています。つまり、語幹に

語尾をいろいろ変化させて付着させていく言語です。たとえば、「遊ぶ」はasob という語幹に語尾の否定辞 nai が付いて asobanai となります。ちなみに、語尾の最初の母音、nai の直前の a は、語幹が子音で終わるモーラを避けるため挿入されたと解釈するのが妥当でしょう。いずれにせよ、第一言語習得では、「語の最後に注目せよ (Pay attention to the end of words)」という動作原理 (operating principles) がよく知られています (Slobin 1973)。日本語のような膠着言語でも、子どもの言語発達のプロセスでは、たとえば、「できなかった (dekinakatta)」のように否定辞を動詞の中に取り込んでしまうVERB+**NEGATIVE**+PAST ではなく、「できたない (dekitanai)」のように文もしくは節の末尾に持ってくる VERB+PAST+**NEGATIVE** となることが報告されています (Clancy 1985; Slobin 1985)。この幼児の言語発達のプロセスで起こる否定辞の付け方は、若者言葉の「言うナシ」「するナシ」にとてもよく似ていますし、若者言葉が創造されつつある言葉なのだと解釈すれば、発達・進化のプロセスは似ていて当然なのかもしれません。

2.4　中泉方言再考：「〜てやる」の音便形「チャル」

　最後に、「○○してあげる・やる」の音便形「○○しちゃる」です。「やっちゃる」や「しちゃる」的な使用法は全国に存在するので、必ずしも岸和田言葉に特有というわけではありません。岸和田ことばのオンパレードで岸和田テイストが満載の『村上海賊の娘　上巻・下巻』(2013) から岸和田ことばを代表する「しちゃら、しちゃり、しちゃる、しちゃれ、しちゃろ」の「ちゃる」五段活用動詞の用例を抜粋しました。

166 | 第4章 実際に調査してみてわかること ―地域方言と若者言葉②―

表11 『村上海賊の娘』に出現する「〜てやる」の音便形「チャル」

足、止めちゃる	足（攻撃）を止めてやる
預かっといちゃら	預かっておいてやろう
後で吠え面かかせちゃるよって	後で吠え面かかせてやるから
案内しちゃれ	案内してやれ
いま、そっちに行っちゃるさかいよ	いま、そっちに行ってやるから
討ち取っちゃる	討ち取ってやる
ええ話しちゃったんや	いい話をしてやったのだ
教えちゃら	教えてやろう
おどれだけは、絶対殺てもうちゃる	おまえだけは、絶対殺してやる
思いっ切り阿呆に育てちゃってくれ	思いっきりバカに育ててやってくれ
じきにそっち行っちゃら	すぐにそっちに行ってやる
済ましちゃる	すませてやる
そないに言うんやったら、逃げちゃらぁ	そこまで言うのなら、逃げてやるよ
助けに来ちゃるさかい	助けに来てやるから
ちゃんと言うちゃらんかい	ちゃんと言ってやらないか
取り次いじゃるよって	取り次いでやるから
どかしちゃら	どかせてやろう
度肝抜いちゃらあ	度肝抜いてやる
縄解いちゃるわけにはいけへんな	縄を解いてやるわけにはいかないな
乗っ取っちゃろけ	乗っ取ってやろうか
話は聞いちゃるよって	話は聞いてやるから
話を聞いちゃってほしい奴がいてんや	話を聞いてやってほしい奴がいるんだ
待っちゃってくれ	待ってやってくれ
見せちゃって	見せてやって
目に物見せちゃらんかい	目にもの見せてやらないか
貰ちゃろか	もらってやろうか
やっちゃろけぇ	やってやろうか
許しちゃってくれ	許してやってくれ
わしの嫁に貰うちゃってもええど	わしの嫁にもらってやってもいいぞ

さて、今回の調査の分析です。『村上海賊の娘』(2013) だけでなくドラマ『カーネーション』でも頻出した「チャル」ですが、「カシチャロカ」(質問項目 14) と「シチャロカ」(質問項目 15) ではきわめてよく似た分布が認められています ($x^2= 2.95,\ df = 2,\ ns$)。どちらの場合も 37 名が「使用する」と答えていますが、「言わないが、聞いたことがある」という回答がほぼ 200 名に上りました。「チャル」は現在も使用されてはいますが、『カーネーション』で描かれていた昭和の時代 (初期、中・後期) ほど頻繁には使用されていないのではないかと思われます。

表 12 音便形「チャル」

	貸してあげようか	してあげようか
～シチャロカ	37	37
～シタロカ	204	199
～シテアゲヨ (ウ) カ	7	15

2.5 若者言葉再考：「～クナル」「～クナイ」と方言との関わり

若者言葉と地域方言の関わりで、「～クナル」という表現を取り上げましたが、「固まり表現」という視点で眺めるとうまく理解できるでしょう。これは「言うナシ」「するナシ」も同様でしたね。

さて、今回の調査結果ですが、「わからんクナッタ」(質問項目 16) の場合、3 分の 2 強の 232 名が「使用する」と回答し、50 名が「自分では使用しないが、こうした表現を聞いたことがある」と回答しています。「自分で使ったこともなければ聞いたこともない」と答えた高校生は 12 名にすぎなかったのです。ここで、西日本特有で古くから使用されてきた否定辞「ン」が長い動詞形に出現しやすいことを思い出してみてください。「わからんクナッタ」は長い表現です。長い語彙の場合、脱落形が出現しやすいことから、「わからんクナッタ」が受け入れられやすい素地があるのではないでしょうか。

ところが、「～クナイ」の場合、様相はかなり異なります。こうした表現を耳にしたことはあっても、自分では使用しない高校生が多く、「好きクナ

イ」（質問項目 17）も「変クナイ」（質問項目 18）もその分布に統計的な有意差が認められない（$\chi^2 = 3.67$, $df = 2$, ns）ことから、似通った分布をしていることがわかります。言い換えれば、たとえば、「好きクナイ」は使うが「変クナイ」は使わない、もしくはその逆というような語彙レベルの使用差ではなく、こうした「ナ形容詞＋クナイ」という表現そのものが、自ら使用するほどには浸透していないと推測できるでしょう。「わからんクナッタ」のように「〜クナル」の形式が受け入れられている一方で、よく似た形式の「〜クナイ」は受け入れられていません。この現象はどう解釈すればよいのでしょう。これは、近畿（関西）地方では否定辞「ナイ」ではなく、否定辞「ヘン」がまだまだ優勢だということと無関係ではないのかもしれません。方言の変化は共通語化一辺倒ではないのです。地域方言を失う一方であるかのように見える若年層でも、言葉の地域差は存在しますし、とくに若者言葉の取り入れ方は異なるのです。ここで得られた結果は、そうした差異を浮き彫りにしているように思えます。

表 13　若者言葉「〜クナイ」

	好きクナイ	変クナイ
言う	61	84
言わないが聞いたことあり	114	115
言わないし聞いたこともない	64	56

2.6　まとめ

　人は周囲の人々と絶え間なく言葉を交わし、他者の使う言葉を聞いています。社会言語学では、実際に社会で進行中の言葉の変化を捉え、言葉の変化と社会的要因の関わりを明らかにし、なぜそうした変化が起こるのかという原因とメカニズムを明らかにすることを、その目的としています。言語使用者は、さまざまな文法項目・規則を頭の中に蓄積していますが、それをできる限り単純な体系として構築・運用しようとする傾向が認められます（例：形容詞否定形「〜くない」を形容動詞にまで敷衍した「変クナイ」「きれ（い）クナイ」）。そのほうが認知的な経済効率が高いからです。

たとえば、音韻調和のない混交形では、従来の同化形式（イ段同化・エ段同化）の音韻的合理化とは異なる意味で、既存の文法形式の合理化・単純化が認められます。ここで紹介した方言調査によれば、混交形はカ変動詞の否定形「コーヘン」でとりわけ顕著でしたが、他の動詞でも使用され徐々に増えつつあると推測されます。さらには「ヘン」という否定辞も共通語化によって「ナイ」へと変化し（アクセントはさておき）方言色の薄い標準語形が用いられるようになる可能性があるでしょう（朝日 2004）。

一方、過去形で顕著だった脱落形式「ン」は、西日本で古くから使用されてきた形式ですが、過去形では現在も高校生が頻繁に使っていますし、今後も残っていく形式だと考えられるでしょう。このように考えれば、「ヘン」も他集団との差別化を表す機能として、もしくはマーカーとして有標化して残っていく可能性が考えられます。

最初に述べましたが、第二言語話者ばかりでなく、日本語を母語とする第一言語話者でも、地域方言を知らないために発生するトラブルに巻き込まれないとは断言できません。また、地域方言の会話に入り込めないために感じる疎外感に悩まされないためにも、第一言語であれ第二言語であれ、地域方言を理解することは重要な課題だと考えられます。

さらに、東京視点ではない、地域からの視点ということも大切でしょう。「世界の人気者、ミッキーマウスが岸和田のまちをお散歩——。そんな図柄のご当地グッズが完成し、今月から市内で販売されている」という書き出しの『ミッキー、大阪・岸和田をゆく　ご当地グッズが完成』と題した記事（『朝日新聞』2014 年 6 月 22 日）があります。この記事では、大阪のご当地グッズの多くが、たこ焼きや通天閣といった東京目線の「こてこてイメージ」ばかりで不満を持っていたという商品制作者の意図が説明されています。一口に関西と言っても、大阪は京都とは違いますし、神戸とも違います。さらに細分化すると、大阪と一口で言っても、南海なんば駅（大阪市）から 30 分弱で行ける岸和田は大阪（大阪市）とは違います。ですから、こうしたご当地グッズの販売は「朝ドラ」とともに、町おこしの起爆剤として経済効果に寄与するでしょう。このように、社会政策から考えても、ソーシャ

ル・キャピタルという視点から眺めても、さらには日本語教育という立場に立ってみても、地域方言を単純に否定するのではなく、より深い、正しい理解が必要なのです。

第5章

言語はなぜ変化するのか
―プロトタイプと可能表現―

1　カテゴリー化：階層分類

　おとぎ話『桃太郎』は、桃から生まれた男の子がお婆さんからきび団子を
もらって、鬼ヶ島まで鬼を退治しに行く物語ですが、何か違和感を覚えたこ
とはありませんか。

　　むかしむかし、あるところに、おじいさんとおばあさんがありました。
　　ある日、おじいさんは山へ柴刈りに、おばあさんは川へ洗濯に行きまし
　　た。
　　おばあさんが川で洗濯をしていると、ドンブラコ、ドンブラコと大きな
　　桃が流れてきました。おばあさんは大きな桃を家に持ち帰りました。お
　　じいさんが包丁で桃を切ろうとしたら、桃がぱっくりふたつに割れて、
　　なんと中から元気な男の赤ちゃんがとび出してきました。おじいさんと
　　おばあさんは、桃から生まれた男の子を桃太郎と名づけました。桃太郎
　　はスクスク育って、やがて強い男の子になりました。

　　そのころ、鬼ヶ島の鬼が都の人々を苦しめていました。桃太郎は、時間
　　をかけてじっくり考えました。そして、ある日、桃太郎はおじいさんと

[171]

おばあさんにきっぱり言いました。「鬼ヶ島へ行って、悪い鬼を退治してきます！」

鬼退治の決心をして旅立った桃太郎は、旅の途中でイヌに出会いました。

「桃太郎さん、どこへ行くんですか？」

「鬼ヶ島へ行って、都の人々を苦しめている鬼を退治するんだ」

「それでは、お腰に付けたきび団子をひとつください。おともしますよ」

イヌはきび団子をもらい、桃太郎のおともになりました。

こんどはサルとキジに出会いました。サルとキジにもきび団子を分け与えて家来にしました。

イヌとサルとキジを従えた桃太郎は、鬼ヶ島へ行って鬼を退治しました。そして、鬼が都の人々から奪った財宝を持って帰りました。それから、おじいさんとおばあさんの元に帰って幸せに暮らしました。

冒頭は「むかしむかし、あるところに、おじいさんとおばあさんがありました」ではなく「いました」かもしれません。それに、イヌとサルは種類を限定してないのに、トリだけはキジと限定していることもよく考えれば変です。お笑いタレント、浅越ゴエの「イヌと呼ばれアイデンティティを傷つけられた」「何で、オレだけトリじゃなくて、キジなんだ」は、この何かわからないモヤモヤ感の核心をついていて、「なるほど、イヌ、サル、トリじゃないのは変だ」と思ってしまうかもしれません。

「桃太郎がイヌ、サル、キジに訴えられています。『せめて我々に名前をつけて』『イヌと呼ばれアイデンティティを傷つけられた』『何で、オレだけトリじゃなくて、キジなんだ』などの訴えです。当の桃太郎は『鬼と戦うほうが楽だ』とコメントしています。」

（『たかじんのそこまで言って委員会』 2011年10月2日）

1.1 階層分類（カテゴリー化）

　人間の認知システムには限界があります。「マジカルナンバー 7 プラス マイナス 2」という表現を耳にしたことがありますか。これは、アメリカの認知心理学者ジョージ・ミラー（George Miller）が提唱した理論で、人間は短期的に大体 7 個くらいのチャンク（chunk）、すなわち、かたまり（塊）を記憶できる、という主張です（Miller 1956）。では、「それ以上はどのようにして記憶するのか」というと、刺激入力をまとめ上げ、うまくチャンクにすることができれば、記憶容量を広げることが可能だということになります。この 7 という数字の信憑性・妥当性はともかく、カテゴリー化を行うことで、最小の認知的な努力で最大の情報を求めようとするのです。たとえば、電話番号は 03-4321-9876 のように 2 桁や 4 桁のチャンクになっているので、たとえ長くても覚えることができるのでしょう。

　認知システムの経済効率化を図るために、すべての言語では、たとえそれが曖昧でぼやけた境界であっても、動植物を自然なカテゴリーとして 3 レベルから 6 レベルに縦に階層分類しています。たとえば、心理学では、最も日常的な基本レベル・カテゴリーを中心に、それより抽象的で一般的な上位レベル・カテゴリーと、それより細分化され個別的な下位レベル・カテゴリーと 3 層に縦に階層分類しています。つまり、基本レベルは、特定で詳細な下位レベルでもなく、概括的・抽象的な上位レベルでもないのです。

- 上位レベル（superordinate level）
- 基本レベル（basic level）
- 下位レベル（subordinate level）

　基本レベル・カテゴリーは、イヌとかサルなど短く頻繁に使用される名前によって特徴づけられています。イヌもサルも哺乳類で動物ですが、イヌには、さらに柴犬（日本犬）・秋田犬・土佐犬から始まってスピッツ・ダルメシアン・コリー・チワワ・プードル・ゴールデンレトリーバー・コッカスパニ

エルなどいろいろなイヌがいます。サルも同様にニホンザル・オナガザル・アカゲザルなど下位レベルでの分類が可能でしょう。こうした階層分類は、生物分類で属・種の上位分類として綱・目を設ける階層的な分類体系と同様です。

　ここで、『桃太郎』に話を戻しましょう。階層分類を適用し「トリ」が基本レベルで、特定で詳細な従属レベルに「ニワトリ」や「キジ」があると仮定してみます。つまり、「トリ」という上位概念で「ニワトリ」や「キジ」という下位概念を表していると考えると、やはりキジだけがイヌとサルとは階層が異なって、キジが上位概念に昇格している印象を受けます。これには、いろいろな説明が行われています。まず、イヌ・サル・キジの選択に関して方位からの説明です。鬼門は北東のことですが、鬼は牛のような角を生やし虎柄の腰巻きをしています。これは、十二支の言い方では、鬼門に位置する「丑（牛）」「寅」の干支によるもので、その反対方向（北西）には戌、西には酉、そして南西には申がいます。でも、酉がニワトリではなく、どうしてキジなのでしょう。

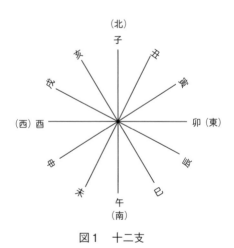

図1　十二支

次に、桃太郎の起源は、『古事記』に出てくる「吉備津彦命」で、その家来に犬飼部・猿飼部・鳥飼部という部族がいたからという神話からの説明です。でも、どうしてトリ＝キジなのでしょう。「イヌとサルは基本レベル・カテゴリーだが、キジはトリの下位レベル・カテゴリーなので、このおとぎ話は、浅越ゴエの主張通り、カテゴリー化、情報の抽象度（レベル）に問題あり」と結論づけそうなのです。

イヌは、ネコ目（食肉目）・イヌ科・イヌ属に分類される哺乳類です。このサルはニホンザルですから、哺乳綱サル目（霊長目）・オナガザル科・マカク属に分類される哺乳類です。では、キジはどうでしょうか。キジは、キジ目キジ科キジ属の鳥類です。ニワトリも、キジ目キジ科です。やはり、どうも、よくわかりません。

『桃太郎』をもう一度考えてみましょう。十二支で「酉」といったらニワトリでしょう。しかし、物語の起源が『古事記』に出てくるくらいなので、昔話としての成立が室町期の末期頃でも、それ以前からずっと語り継がれていたのでしょう。国鳥として指定されたのが戦後とはいえ、キジは日本固有の種で、『万葉集』や『古事記』などの上代の諸作品では「キギシ」の名で記載されています。キジが下位レベルから基本レベルに昇格したというわけではないのでしょう。

『桃太郎』では、鬼ヶ島へは船で行ったことになっているので、斥候として空を飛ぶ鳥が必要でした。しかも、いざ上陸したら、一緒に戦わなくてはならないので、地上でもすばしこく動けないと戦力になりません。キジもニワトリも「キジ科」に分類され、仲間なのです。しかも、キジは気が強く、少しとはいえ空だって飛べるのです。つまり、キジは「トリらしいトリ」なのです。鳥飼部という弓矢を使って空を飛ぶ鳥を捕ることを職能とした軍事集団から考えても、飛ばないニワトリでは理にかなわないでしょう。

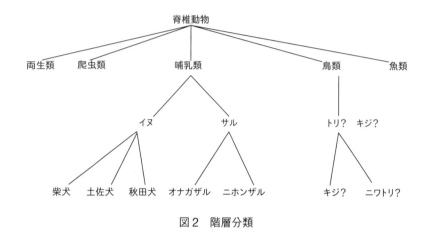

図2　階層分類

　では、「トリらしいトリ」とは、いったいどんなトリを連想するのでしょうか。トリにもいろいろなトリがいます。ペンギンは「トリらしいトリ」でしょうか。ダチョウは「トリらしいトリ」でしょうか。エミューはどうでしょうか。フラミンゴはどうでしょうか。『新明解国語辞典』には「からだ全体に羽毛が生え、空中を飛ぶことのできる動物」とあります。ちなみに、「狭義では、ニワトリの肉を指す」とも書いてあるのですが、「空中を飛ぶことができる」という項目でペンギン、ダチョウ、エミュー、フラミンゴ、そしてニワトリは「トリらしいトリ」からは除外されてしまうのかもしれません。

　動物ばかりでなく、果物もオレンジ・レモン・ブドウ・ナシ・リンゴ・パイナップル・イチゴなどに階層分類できます。さらにブドウにも、ナシにもいろいろな種類があります。衣類だって、シャツも靴下もパンツも「衣類」と総称できますが、シャツにもTシャツもあればドレスシャツもあり、靴下にもストッキングもあればルーズソックス・タイツ・スパッツを含めていろいろあります。たとえば、積極的に海外進出し現在、全世界中に店舗を展開しているアメリカのスーパーでの事業規模報告が以下のようであったとします。これでは、アフリカだけがレベル分けが異なってしまいます。

アルゼンチン、ブラジル、チリ、カナダ、中国、コスタリカ、エルサルバドル、グアテマラ、ホンジュラス、日本、メキシコ、ニカラグア、英国、インド、アフリカ、アメリカの 27 の国で、毎週○億人以上のお客様に利用されています。

人は、基本レベル、より抽象的な上位レベル、より具体的な下位・従属レベルのようにレベル分けをして整理して考えます。こうすれば、認知的には非常に経済的・効率的です（Brown 1958）。逆に、こうした階層分類をしていないと、情報量が多すぎて脳にはとうてい収まりきらないのです。

1.2 プロトタイプモデル (prototype model)

言語学・認知心理学上の概念で、人間が実際に持っているカテゴリーは、典型事例とその類似性によって特徴づけられるという考え方があります。つまり、経験した多くの刺激から、典型性や類似性によって代表的事例、すなわち「プロトタイプ（prototype：原型・典型）」が形成され、そのプロトタイプを用いてカテゴリー化が行われるとする考え方です。これをプロトタイプモデル、またはプロトタイプ理論と呼びます。

ルートヴィヒ・ウィトゲンシュタイン（Ludwig Wittgenstein）は、「家族的類似性、中心性とその広がり」について議論しました（Wittgenstein 1953）が、家族的類似性の中心にあるのはプロトタイプです。たとえば、「目元が何となく似ているから家族だとわかる」ということです。つまり、なんらかの「共通の属性（attribute）」があるという概念に基づいているのですが、共通の属性というのは、必ずしもいつも顕著であるとは限りません。むしろ、曖昧で、どこかでつながりあっている、つまり、プロトタイプがあるということです。

エレノア・ロッシュ（Eleanor Rosch）は、一般に、思考がプロトタイプと基本レベル構造でまとめられるということを示唆しました（Rosch 1973a, 1973b, 1978）。野菜や動物についての典型性や、ウィトゲンシュタインによって提唱された家族的類似性を測定する実験を行い、典型的な事例ほどカ

178 | 第5章　言語はなぜ変化するのか―プロトタイプと可能表現―

テゴリー化が速く記憶されやすいと主張したのです。ウェブスター（Webster）
などの英語辞典で「bird」の項目に使用されているのは、カワセミ（キング
フィッシャー）やアオカケス（ブルージェイ）などの空を飛ぶ小動物の挿絵で
す。プロトタイプモデルによれば、ニワトリを始めとしてペンギンやダチョ
ウ、エミュなどは、典型的なトリからは離れていることになります。「トリ」
という語から想起される動物ではないのです。実際、ロッシュによれば、鳥
のプロトタイプはアオカケスであり、スズメであり、コマドリなのです。

1.3　イメージ・スキーマ

　物事を理解し、一連の行動をとる際に利用される体系的な知識のことを、
スキーマと呼びます（第2章参照）。認知言語学もしくは認知意味論では人の
空間認知をイメージ・スキーマとして捉えます（Lakoff 1987）。ここでは、
「通信手段」のプロトタイプ「本」を考えてみましょう。「手紙の一本もよこ
さない」というように、手紙を「本」で数えるのは定型表現、つまり慣用表
現のみに限られるのかもしれません。そういった意味では、今ではどうして
「こんにち<u>は</u>」が「わ」でなく「は」で、「やむ<u>を</u>えない」が「お」でなく
「を」なのか、考えもしないけれど、それでも「こんにちわ」が誤用で「こ
んにちは」が正用、「やむおえない」が誤用で「やむをえない」が正用だと
認識されるのと同じようなプロセスの結果なのかもしれません。いずれにせ
よ、江戸時代以前の手紙は、毛筆で書いたのでかさばり、細長く丸めるか、
たたんだりして和紙で包んでいました。明治時代になって封筒ができても江
戸時代の呼び方を引き継いで「本」という助数詞を使用しました。つまり、
形状が変わっても通信手段なのでイメージ・スキーマを敷衍して、やはり
「本」で数えるというプロトタイプが確立したのです。ですから、明治時代
にできた電報（1869年 東京・横浜間）も通信手段なので、やはり「本」を
使って数えたのです。その後に登場した電話（1890年 東京・横浜で電話サー
ビス開始）も、やはり通信手段なので「本」を使って数えました。しかし、
今後も通信手段に「本」という助数詞を使用し続けると予測できるかどうか
は別問題でしょう。ただ、ここから理解できるのは、いったんプロトタイプ

1 カテゴリー化：階層分類 | 179

が出来上がると、拡張されて、以下の「耳ざわりの良い」のように、なんだかよくわからない場合もあるということです。

手触り・歯触り → 耳ざわり？（耳障り）→ 耳ざわりの良い音楽（？）

1.4 カテゴリー境界：品詞の曖昧さ（形容動詞）

プロトタイプ的カテゴリーの考え方は言語学上の概念にも適用されます。たとえば、名詞・動詞・形容詞のような品詞も、実は、その境界がさほど明確でなく、それぞれ典型的なメンバーと、非典型的・周辺的なメンバーを持つと考えられます。

ここで、形容動詞を考えてみましょう。形容動詞も形容詞も自立語です。用途も同じで、現代日本語文法では活用語尾のみに両者の相違点が認められます。学校文法では「形容動詞」と呼びますが、日本語を母語としない人々に対する日本語教育・日本語文法では「ナ形容詞」と呼び、形容詞の扱いです。これは「形容動詞を形容詞とする立場」だと考えていいでしょう。

しかも、名詞と形容動詞は機能が似ています。名詞も形容動詞もともに述語になる場合、「だ」（例：「これは本だ」「海は静かだ」）、「です」（例：「これは本です」「海は静かです」）、「である」（例：「これは本である」「海は静かである」）と同じ語尾を取ります。次の比較を考えてみましょう。

（1a）　求められているのは平和・健康だ。
（1b）　とても平和・健康だ。

（1a）（1b）はまったく同じ「～だ」でも、（1a）は名詞、（1b）は形容動詞と分類されます。つまり、「平和」「健康」のような抽象的な概念の場合、名詞にも形容動詞の語幹にもなる語があるのです。これは「形容動詞を名詞とする立場」だと考えていいでしょう。形容動詞を形容詞の仲間と捉えるのか、それとも名詞の仲間と捉えるのか、いずれの立場からしても「形容動詞という

名称自体が適切ではない」という考え方なのでしょう。

たとえば、「素敵な大人の時間を過ごしませんか？」ではなく「素敵な大人な時間を過ごしませんか？」のように、最近の日本語では、名詞の形容動詞化が頻繁に見られるような気がしませんか。名詞を形容動詞に拡張しているわけですが、こうした傾向は書き言葉、話し言葉を問わず認められます。一方、「起こるはずもないくらいに平凡を生きてきた」（『純愛ラプソディ』作詞：竹内まりや　作曲：竹内まりや）のように形容動詞から名詞に拡張している語彙や表現はさほど認められません。

> (2a) 『ひとりな理由は聞かないで』原題 "How to be Single" Liz Tuccillo
> 　　　ひとりなわたしの「脱」婚活の旅　　　　（映画公開　2016 年）
> (2b) 「ピエロな恋」「ブログな恋」「結婚寸前な恋」「仕分けな恋」
> 　　　「風水な恋」「横取りな恋」　　　（ウェブ『本当にあった恋の話』）
> (2c) 「神々しいほど、美人な同僚」　　　　　　　　　　（ウェブ）
> (2d) 「新しい野菜、知らない食感な野菜」
> 　　（香取慎吾　フジテレビ系列『SMAP × SMAP』2009 年 6 月 22 日）
> (2e) 「草彅より大人な子役」（『SMAP × SMAP』2009 年 9 月 14 日）
> (2f) 「大人な感じで、ぼく対応できなかった」
> 　　　　　　　　　（水嶋ヒロ『SMAP × SMAP』2009 年 9 月 28 日）
> (2g) 「今、注目なおからこんにゃく」
> 　　　　　　　　　（香取慎吾『SMAP × SMAP』2010 年 4 月 19 日）

しかし、名詞と形容動詞の機能がいつも同じというわけではありません。名詞も形容動詞もどちらも修飾語になりますが、その場合、修飾する「名詞」につなげる、つまり接続方法が異なります。たとえば、形容動詞では「静かな海だ」で、これを名詞のように扱って「静かの海だ」と通常は言いません。名詞の場合、「これは図書館の本だ」で、形容動詞のように扱って「これは図書館な本だ」とは言わないでしょう。しかし、ここにあげた例にあるように「『ひとりな理由は聞かないで』『ひとりなわたしの「脱」婚活の

旅』といった本の題名や宣伝を目にするのです。

1.5 カテゴリー境界：品詞の曖昧さ（オノマトペ）

　オノマトペは口語的な言葉で書き言葉よりも話し言葉に多く出現しますが、オノマトペと副詞の境界も明確ではありません。オノマトペの多くは、動作の容態を描写し、動詞を修飾する副詞として用いられます。本章冒頭の『桃太郎』の話で、「ドンブラコ、ドンブラコ」や「スクスク」は、擬態オノマトペだとすぐにわかるとしても、「ゆっくり」や「はっきり」などの擬態オノマトペは、副詞、つまり、より書き言葉に近づいていると考えられます。以下の (3a-b) (4a-b) それぞれを比較すると、「ゆっくり」や「はっきり」は擬態オノマトペと言うよりは、むしろ通常の副詞に近くなっているような気がします。逆に言えば、「じっくり」や「きっぱり」のほうが、具体的な描写力を持っているような気がしませんか。(3a)「じっくり」(4a)「きっぱり」は擬態オノマトペの典型的なメンバーですが、(3b)「ゆっくり」(4b)「はっきり」は擬態オノマトペの非典型的・周辺的なメンバーになりつつあると言えるでしょう。

(3a)　桃太郎は、時間をかけて<u>じっくり</u>考えました。

(3b)　桃太郎は、時間をかけて<u>ゆっくり</u>考えました。

(4a)　ある日、桃太郎はおじいさんとおばあさんに<u>きっぱり</u>言いました。

(4b)　ある日、桃太郎はおじいさんとおばあさんに<u>はっきり</u>言いました。

1.6 動詞の歴史的変化：存在表現

　ここで、『桃太郎』の冒頭「むかしむかし、あるところに、おじいさんとおばあさんが<u>ありました</u>」という初出導入文を考えてみましょう。もしかしたら、若・中年層（20〜40 歳代）ばかりでなく、その上の世代でも違和感が否めないという日本語母語話者は多いかもしれません。同時にまったく違和感を感じない母語話者もいるかと思います。では、血縁的存在の所有文「〜さんには家族（子ども）が<u>ある</u>」や関西人の「ぼくも娘が<u>ある</u>んでね」（角淳一

毎日放送　情報エンターテイメント『ちちんぷいぷい』2009 年 3 月 16 日）「気が利く人と利かない人がありまして」「さわるのが料理やと思てる人があるわけです」（土井善晴 TBS 系列『サワコの朝』2015 年 8 月 1 日）といった発話はどうでしょうか。容認度は上がるでしょうか。詩人で彫刻家でもあった高村光太郎（1883〜1956）の『智恵子抄』には「私にはあなたがある　あなたがある」という一節があります。音楽グループいきものがかりの歌『エール（YELL）』は「私は今どこにあるの」から始まります。やはり違和感があるでしょうか。かなり口語表現ですが、「こんな楽しい人がこの世にあるんだろうか…」や「お宅、家族あんのに冷蔵庫なしで、よく生活してたねえ…」などはどうでしょうか。

　逆に、「ちくわぱん」を食べて「ちくわ、います」（貫地谷しほり　テレビ朝日系列『SmaSTATION!!』2013 年 5 月 4 日）と言ったり、変わりおでんを食べながら「カニがいた」「ぎょうざがいる」（竹内結子　フジテレビ系列『SMAP × SMAP』2015 年 8 月 3 日）と言うのはどうでしょうか。ちくわ・カニ・ぎょうざなどが「入っている」なら状態として理解できるとしても、これはこれで、なにか違和感を覚えませんか。

　存在表現の歴史をたどれば明らかですが、室町時代末に生物（有情）主語を取る存在動詞「いる」が成立して以来、「いる」が勢力を拡大し、かつて「ある」が使用されていた領域を侵食し続けているのです。その一方で、日本語学習者の「シカがたくさんありました」が、日本語母語話者にはたぶん誰にでも奇異に聞こえるのはなぜでしょう。タクシーの運転手と乗客の会話で「運転手さん、もっと急いでください！」と叫ぶ乗客に対して「無理ですよ。前にパトカーがいるんですよ！」と運転手が応答する場面を想定してみましょう。歌謡曲の歌詞「夢のいた場所」（『夢の途中』来生たかお）を「夢のあった場所」に訂正すべきだと主張する人はたぶん皆無でしょう。

2　言語変化

　社会言語学は、変異形（variant）を研究する作業です。現実に社会で進行中

の言葉の変化を捉え、言葉の変化と社会的要因の関わりを明らかにし、なぜそうした変化が起こるのかという原因とメカニズムを明らかにすることを、その目的としています。

2.1 記述文法：動詞の活用から「ラ抜き」の規則性を考える

　動詞の活用を考えてみましょう。カ行・サ行変格活用動詞は別として、動詞には語幹が母音で終わる「母音動詞（vowel verb）」と語幹が子音で終わる「子音動詞（consonant verb）」があります。母音動詞には語幹が i で終わる動詞と語幹が e で終わる動詞がありますが、語幹が i で終わる動詞は学校文法の上一段活用の動詞、語幹が e で終わる動詞は学校文法の下一段活用の動詞にそれぞれ相当します。ここでは、上一段動詞と下一段動詞を総称として一段動詞と呼ぶことにします。子音動詞は学校文法の五段活用の動詞に相当します。日本語学習者を対象とした日本語文法では、その終止形の語尾から母音・一段動詞を RU-verb、五段・子音動詞を U-verb と呼ぶ場合があることも断っておきます。

　下一段動詞「食べる」、マ行五段動詞「飲む」を例にとって活用を表 1 に示します。一段動詞の可能形では、語幹に -rare- を付け、「食べられる（tabe-rare-ru）」となり、屈折形が受身形と同形になります。一方、五段動詞の可能形では語幹に -e- をつけ、「飲める（nom-e-ru）」となるので、受身形「飲まれる（nom-are-ru）」とは屈折形を異にしています。［注：「飲める（nom-e-ru）」の e-ru ですが、厳密には母音 e は語幹が子音で終わるモーラを避けるため挿入されたと解釈するのが妥当でしょう。］

　ところが、母音・一段動詞の可能形も子音・五段動詞にならって、語幹に -rare- ではなく、-re- を付ける傾向が見られます。肯定では、「食べられる（tabe-rare-ru）」ではなく「食べれる（tabe-re-ru）」、否定では、「食べられない（tabe-rare-nai）」ではなく「食べれない（tabe-re-nai）」となります。こうした現象は、少なくとも表面上は、「ラ（ra）」が抜けたように見えることから「ラ抜き言葉」と呼ばれ、若年層を中心に口語として広範に用いられています。

184 | 第5章　言語はなぜ変化するのか―プロトタイプと可能表現―

表1　動詞の活用

動詞タイプ　活用形	一段動詞・母音動詞 （Vowel verb・RU-verb） 食べる	五段動詞・子音動詞 （Consonant verb・U-verb） 飲む
語幹	tabe-	nom-
否定形	食べない　　tabe-nai	飲まない　nom-a-nai
連用形	食べます　　tabe-mas-u	飲みます　nom-i-mas-u
終止形	食べる　　　tabe-ru	飲む　　　nom-u
命令形	食べろ　　　tabe-ro	飲め　　　nom-e
仮定形	食べれば　　tabe-reba	飲めば　　nom-eba
意志形（未然形）	食べよう　　tabe-yoo	飲もう　　nom-oo
使役形	食べさせる　tabe-sase-ru	飲ませる　nom-ase-ru
受身形	食べられる　tabe-rare-ru	飲まれる　nom-are-ru
可能形（肯定）	食べられる tabe-rare-ru 保守的可能形 食べれる tabe-re-ru 革新的可能形・ 類推変化（ラ抜き）	飲める nom-e-ru 飲めれる nom-e-re-ru　革新的可能形・ 類推変化（レ足す）
（否定）	食べられない tabe-rare-nai　保守的可能形 食べれない tabe-re-nai　革新的可能形・ 類推変化（ラ抜き）	飲めない nom-e-nai 飲めれない nom-e-re-nai　革新的可能形・ 類推変化（レ足す）

［注：表1の「飲めれる」や「飲めれない」という「レ足す」言葉は後で考察します。］

　ちなみに、日本語学習者を対象とした教科書、たとえば『げんきⅡ』（坂野・池田・大野・品川・渡嘉敷 2011a, p. 30）では、「られる」ではなく「れる」の使用を "These *ra*-less forms are gaining popularity, but are considered slightly substandard" とし、主流ではない用法だと解説しています。ラ抜きにまったく触れない教科書もありますが、"many Japanese speakers use a shortened form: the root + れる. In fact, nowadays the shortened form is more widely used than the longer form, especially among the younger generation"

（Tohsaku 2006, p. 321）と若い世代を中心として多くの日本語母語話者がラ抜きを使用していると説明する教科書もあれば、"The younger generation now drops the ら out of ～られる in-る verb potential forms, as in たべれる and ねれる, in colloquial speech"（Makino, Hatasa, & Hatasa 1998）と若い世代の日常会話での使用だと限定している教科書もあります。

表1の補足ですが、五段動詞の可能形では「れる」で終わる「レ足す言葉」が存在します。たとえば、「飲める（nom-e-ru）」を「飲めれる（nom-e-re-ru）」、否定形でも「飲めない（nom-e-nai）」を「飲めれない（nom-e-re-nai）」と、必要がないところに「れ（re）」を入れて使うものです。

ここで目を転じて仮定形を見れば、一段動詞と五段動詞の違いは「食べれば（tabe-reba）」と「飲めば（nom-eba）」で、活用語尾の最初の子音 r があるかないかの違いであることがわかります。意思形では「食べよう（tabe-yoo）」と「飲もう（nom-oo）」で、活用語尾の最初の子音 y があるかないかの違いであることがわかります。同様に、使役形では、活用語尾の最初の子音 s があるかないか、受身形では活用語尾の最初の子音 r があるかないかの違いです。ここで、「一段動詞と五段動詞の違いが活用語尾の最初の子音があるかないか」という規則性を可能形に当てはめれば、ラ抜きの一段動詞「食べれる（tabe-re-ru）」「食べれない（tabe-re-nai）」のほうがより整然としていることになります（図3）。しかも、これなら受身形と可能形も異なり混乱が起きないので、より合理的です（菊地 2000, 益岡 1993）。つまり、言葉の乱れ、若者言葉と批判されてきた「ラ抜き言葉」が、実は規則性に沿ったもの、認知的単純化の結果だと解釈できるのです。

実際の言語使用から法則性を見出そうとする社会言語学的アプローチを「記述文法（descriptive grammar）」と呼びます。記述文法では、たとえ現時点で誤用とされている言語現象に対しても、それを単に批判するのではなく、なぜそのような変化が生じるのかに注目するのです。一定の時期・場所においての、ある言語の文法現象をありのままに記述する記述文法では、ラ抜きは言葉の乱れではなく自然な言語変化だと捉えているのです。

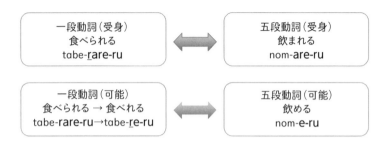

図3 受身形と可能形

2.2 可能表現の作り方

「られる」は、上一段・下一段・カ変動詞の未然形、サ変動詞の未然形「せ」、使役の助動詞「せる」「させる」の未然形に付き、複数の用途があります。(a) 受け身の意を表す（例：「乗客が次々と助けられた」「家の前にごみを捨てられて困った」、(b) 可能の意を表す（例：「誰でも組み立てられる模型」「あの人が落選するとは、とても考えられなかった」、(c) 自発の意を表す。（意思と関係なく）自然に〜となる、ひとりでに〜の状態になる（例：「性格が性格だから将来が案じられる」）、(d) 尊敬の意を表す（例：「先生が入って来られた」）。ここで、問題にしているのは、(b) の可能表現で、作り方は大まかに以下のように区分できます。2にあげた例はすべて五段動詞（子音動詞）です。五段動詞には「ラ」を入れないということ、そして、語尾からわかるように、五段動詞の可能形が下一段化していることが理解できます。

1. 「動詞の未然形＋助動詞れる・られる」による方法【明治時代】
   [例：「読まれる (yom-are-ru)」「書かれる (kak-are-ru)」「泳がれる (oyog-are-ru)」（以上、五段動詞）、「着られる (ki-rare-ru)」「投げられる (nage-rare-ru)」（以上、一段動詞）]
2. 可能動詞による方法（可能の意味だけを取り出した「分裂」による変化）【現代】

[例：「読める (yom-eru)」「書ける (kak-eru)」「泳げる (oyog-eru)」「切れる (kir-eru)」「作れる (tsukur-eru)」]
3.　「動詞の連体形＋ことができる」による方法
　[例：「読むことができる」「着ることができる」]

　1 から推測すると、歴史的には「走られる」が規範的な可能形だったけれど、現在ではもっぱら「走れる」という可能動詞が用いられていると解釈できます。しかし、現代では、一段動詞（母音動詞）には「ラ」を入れて、五段動詞には「ラ」を入れないのが標準です。五段動詞では、語幹に -e- をつけ「読める (yom-e-ru)」「書ける (kak-e-ru)」「泳げる (oyog-e-ru)」などとなることが、作り方の 2 からもわかります。逆にいうと、「読まれる (yom-are-ru)」「書かれる (kak-are-ru)」「泳がれる (oyog-are-ru)」など、1 に示すように語幹に -are- をつける形が可能形として用いられることは、歴史的にはともかく、現在ではほとんどないということです（本章 4.1 で述べるように、現在も用いられている「行かれる (ik-are-ru)」は、否定形での出現が多いとはいえ、例外的でしょう）。つまり、五段動詞では、受身形と可能形は屈折形を異にするのです。

　一方、一段動詞の標準形では、受身形と可能形の屈折形が「見られる」「食べられる」のように同形になります。ところが、一段動詞の可能形も五段動詞にならって、「見れる」「食べれる」のように、語幹に -re- をつけて作るという傾向が見られる、これが「ラ抜き」です。ここまで述べてきた記述文法では、この現象は類推 (analogy) による言語変化だと考えられます。将来は、一段動詞も「ラ」を入れないのが標準になって、一段動詞と五段動詞の不均衡が統一されるだろう、いわゆる「ラ抜き言葉」が標準化するだろうと予測されます。

　話し言葉としては昭和初期か、ずっと以前に出現し、戦後いっそう広まり、その流れが現在まで続いているラ抜きですが、現状ではラ抜きとそうでない用法が併存しています。以下に二つのテレビドラマの中でのラ抜きの例を示します。『官僚たちの夏』は 1960 年頃の東京、『おひとりさま』は現代

の東京です。でも、1960年頃を舞台とした『官僚たちの夏』ではラ抜きが使用されるのに、現代を舞台とした『おひとりさま』ではラ抜きが一切出現しません。たとえ現実世界でかわされる言葉の反映であるとはいえ、これらは実際の発話ではなく、ドラマの脚本もしくは脚本家の言語観であることを理解しておく必要があるでしょう。『おひとりさま』の脚本家もしくはテレビ局の人は、ラ抜きに抵抗を感じている、もしくは敏感なのかもしれません。

『官僚たちの夏』（TBS系列『日曜劇場』2009年7月～9月）
第6話（2009年8月9日）公害問題
　江戸川漁業被害（1958年）"ミスター・通産省"の異名を取る風越信吾（佐藤浩市）の妻、道子（床嶋佳子）
　（所得倍増計画［1960年7月］をテレビで観ながら）
　「お給料が倍になるなんてすごいわね。月に一度はビフテキが<u>食べれる</u>ようになるのかしら。」

『おひとりさま』（TBS系列　2009年10月16日～12月18日）
　「安いアパートぐらい<u>借りられる</u>んじゃないの。」
　映画は欠かせない。見るのは一人のほうがいい。好きな日、好きな時間に好きなものを<u>見られる</u>からだ。そして、その余韻に浸っ<u>ていられる</u>のも一人ならでは。
　（プリン）2つも<u>食べられる</u>。
　こうやって友達にも会えて、好きなものも<u>食べられて</u>、自分で働いたお金で買いたいものも買えて、仕事だってやりがいあるし、行きたい場所へも旅ができる。

2.3　規範文法

　「ラ抜き言葉」に抵抗を感じない20歳代が4分の3に上ると、すでに2000年1月10日付の『読売新聞』が報じています。「規範文法（prescriptive grammar）」は、日本語話者や英語話者など、ある言語の話者が従うべき文法規範のことで、文法的に正しいか正しくないかを判断します。ですから、記述文法とはその方向性を異にしています。生態系では「自然淘汰」（つま

り、成り行きまかせ）と「駆除」が連続体の両極端として考えられますが、規範文法は駆除に相当すると言っていいでしょう。"some grammarians consider the root + られる to be the only correct form of Class 2 verbs（一段動詞を指す）"(Tohsaku 2006, p. 321) と文法家に言及している日本語学習者向け教科書もあります。ここでは『読売新聞』の記事から 10 年あまりが経過した国語世論調査に対する新聞記事を読んでみましょう。

「寒っ」「すごっ」数年で急速に広がる　国語世論調査

　5 年ごとに定期調査をしているらぬき言葉の使用は、「来れます」が前回調査から 7.8 ポイント増の 43.2%、「食べれない」は、同じく 8.6 ポイント増の 35.2% に伸びた。一方、「考えれない」は、2.4 ポイント増の 8.1%。今回新たに調査した「見れた」は 47.2%、「出れる」は 44.0% の人が使っていた。　　　　　　　　　　　　　　　　（『朝日新聞』2011 年 9 月 15 日）

ら抜き言葉増加中
「ら抜き」増加、慣用句誤用　数年後には「考えれない」？

　言葉の使用を聞く項目では、「食べられない」と<u>正しく</u>使用しているのは全体では 60.2% だったが、16 ～ 19 歳は 58.8% が「食べれない」と<u>間違って</u>使用していた。「来られますか」（<u>正</u>）と「来れますか」（誤）についても、50 代以上は<u>正しく</u>使えている割合が上回ったが、40 代でほぼ同数、30 代以下では<u>誤った</u>使用が上回り、16 ～ 19 歳では 73.8% が<u>間違った</u>使用をしていた。　　　　　　　　　　　　　　　　（『産経新聞』2011 年 9 月 15 日）

　『朝日新聞』が記述文法的であるのに対して、『産経新聞』は「正しい」「間違った」「誤った」とラ抜きでないものを正用、ラ抜きを誤用とする規範文法の立場に立っています。つまり、その論説は言語変化を成り行き任せにせず駆除しようとしているように思えます。論理は (a) 一段活用の動詞とカ行変格活用の動詞においては、五段動詞に見られるような可能動詞は認められない。(b) したがって、「見る」（上一段）「投げる」（下一段）「来る」（カ変）などを可能表現にする場合は、「れる」は五段・サ変の未然形に付くという規則 [つまり、先に述べた「動詞の未然形＋助動詞れる・られる」による方

法］に則り、「見られる」「投げられる」「来られる」が正しい、というもので
す。学校の教科書、新聞、テレビなどでも、この形が標準で「ラ抜き言葉」
は、ドラマの脚本を除いて好まれていないようです。たとえば、「野菜も
いっしょに食べれるし」「食べれるところがありますね」ばかりでなく、沖
縄出身のスリムクラブ内間政成が「車止めれますけど、車ないです」（関西テ
レビ『快傑えみちゃんねる』2015 年 7 月 31 日）、上沼恵美子が大阪弁イン
トネーションで「梅干しの食べれない人も食べれる！」（同 7 月 17 日）、同
じく大阪方言のイントネーションで「辛い、辛い、甘い、甘い、って食べれ
るのが、うどんがよりいっそうおいしく感じます」（山田菜々（『カミングア
ウトバラエティ！！秘密のケンミン SHOW』日本テレビ系列 2015 年 7 月 23
日）、さらに埼玉県出身者（内山高志、プロボクサー）が「食べれる所って相
当限られている」（同 7 月 23 日）と、たとえ発話にラ抜きが出現しても、字
幕スーパーでは、わざわざラ抜きを訂正して表示しています。インタビュー
で、姫路の人が「起きれる」、札幌の人が「食べれる」、山梨県の人が「生で
食べれるのはあこがれます」、愛媛県の人たちが「鯛を一番おいしく食べれ
る料理は鯛めし」「（鯛めしは）店でも食べれるけど自分らでも作れる」（同
2016 年 6 月 16 日）と答えても、つまり、東西南北、人々がラ抜きで発話し
ているにもかかわらず、まるで目の敵のように、字幕スーパーではラ抜きを
訂正して表示しているのです。逆に、もしラ抜きを使ったりしたら、規範意
識や好悪感情と結びついてしまい、次のように叱責されるのがオチでしょう。

A： 人気記事。始めから終わりまで全部見れます。

B： 「見れます」は誤りです。正しくは「見られます」でしょ。広告な
　　 ら、なおさら注意しましょう。こういう細かいところからも信用度
　　 が測られますよ。

A： ホントですね。お恥ずかしい。朝早く起きれるので、朝一番に修
　　 正します。ありがとうございます。

B： …

2　言語変化 │ 191

　文化庁が行った2015年度「国語に関する世論調査」では、ラ抜きでも「見れた」「出れる」を使う人の割合がそれぞれ48.4％、45.1％で、規範文法では正用と考えられる「見られた」（44.6％）「出られる」（44.3％）を上回っています。さらに、ラ抜きもいわゆる正用も「どちらも使う」と回答した人が、それぞれ6.5％、10.2％存在しているので、これらを合算すればラ抜き使用者が過半数となってしまいます。同様に、「来れる」が44.1％、「来られる」が45.4％と伯仲し、どちらも使うという人が9.8％いた、と世論調査は報告しています。

　しかし、否定形は2015年度調査でも少し様相が異なり、「食べれない」ではなく「食べられない」、「考えれない」ではなく「考えられない」を使用すると回答した人の方が多かったようです（『時事通信』2016年9月21日）。ですから、『産経新聞』が2011年に心配した「数年後には『考えれない』？」というのは、現実世界では起こらなかったことになります。ただ、ラ抜きのように、「昨今、日本語の乱れとされる言い方」の多くは実はずっと以前からあるもので、規範文法に沿った「正しい」か「正しくない」かという判断を再度考えてみる必要があるかもしれません。

2.4　社会的要因と言語的要因

　革新的可能形である「ラ抜き」に抵抗を感じるか、さほど問題なく受け入れるかどうかは、さまざまな要因が考えられますが、そうした要因は社会的要因と言語的要因に大別できます。中尾・日比谷・服部（1997, pp. 111–112）や真田（2006, p. 155）は、以下のような社会的要因をあげています。

1. 年齢（若年層が好んで使用するかどうか）
2. 性（女性のほうが男性より好んで使用するかどうか）
3. 出身地域（特定の都道府県で革新的可能形が「おかしくない」と感じる人が多いかどうか、地域差のある表現かどうか）
4. 社会階層（収入階層、学歴階層を含めて、使用層に社会階層的偏りが認められるかどうか）

192 | 第5章　言語はなぜ変化するのか―プロトタイプと可能表現―

先に見たように、『産経新聞』では、年代別に「誤用」に関して述べていますが、これは社会的要因と言えるでしょう。一方、言語的要因には、以下のようなものがあげられます。

1. 語幹の長さ（語幹が1モーラの動詞［例：見る・着る］に革新的可能形が出現しやすいのか、それとも2モーラもしくは3モーラ以上の動詞［例：起きる・混ぜる・育てる］に出現しやすいのか。）

2. 母音・一段動詞のタイプ（「起きる (oki-ru)」「閉じる (toji-ru)」「降りる (ori-ru)」のように語幹が i で終わる上一段活用の動詞に革新的可能形が多いのか、それとも「食べる (tabe-ru)」「耐える (tae-ru)」「任せる (makase-ru)」「比べる (kurabe-ru)」のように語幹が e で終わる下一段活用の動詞に革新的可能形が多いのか。）

3. 肯定形・否定形（たとえば肯定形の「起きれる」と「否定形の「起きれない」では、どちらのほうが革新的可能形が多いのか。）

4. 文法的機能から見た動詞のタイプ（複合動詞［例：「飛び起きる」「飛び降りる」］使役形［例：「見させる」「食べさせる」］補助動詞［例：「見ている」「食べている」］では、どれに革新的可能形が多いのか。）

5. 節のタイプ（主節に革新的可能形が出現しやすいのか、従属節に革新的可能形出現しやすいのか。）
   ① 主節に革新的可能形がある場合（例：「7時に起きれる」）
   ② 従属節に革新的可能形がある場合（例：「7時に起きれると思う」「7時に起きれるなら、8時には出発できる」「7時に起きれるなんてことは、誰だって知ってる」

　ちなみに、ラ抜きは (1) 1モーラに起こりやすい、(2) 上一段に起こりやすい、(3) 肯定形で起こりやすい、(4) 単純形で起こりやすい、(5) 主節で起こりやすい、となるようです。しかし、たとえば、否定形でラ抜きがまったく出現しないわけではなく、大量のジャムが入った『スーパージャムロール』に関してインタビューを受けた千葉県民が「正直言うと2個は食べれないで

す」と答え、司会者 (みのもんた) も「普通のいちごジャムとかりんごジャム
だったら、こうやって食べれないよ」と言います (『カミングアウトバラエ
ティ！！秘密のケンミン SHOW』日本テレビ系列 2015 年 7 月 30 日)。もち
ろん、字幕スーパーではラ抜きを訂正して表示してはいますが。

　ここで、大阪府在住の高校生 310 人を対象に 2010 年に実施したアンケー
ト結果 (第 4 章参照) を見ましょう。「起きることができる」「着ることができ
る」の肯定形は「オキレル」($\chi^2 = 407.63$, $df = 2$, $p < .00001$)「キレル」($\chi^2 =$
494.18, $df = 2$, $p < .00001$) が大多数ですが、否定形「着ることができない」
は大多数が「キラレヘン」($\chi^2 = 1046.58$, $df = 5$, $p < .00001$) と回答し、ラ抜き
にはなりません。方言においても、ラ抜きは肯定形では起こりやすいけれ
ど、否定形では起こりにくいことが確認できます。

表 2　大阪方言における「ラ抜き」

「起きることができる」(肯定) の方言形式		「着ることができる」(肯定) の方言形式		「着ることができない」(否定) の方言形式	
オキレル	238	キレル	280	キレン	5
オキレンデ	17	キレンデ	1	キレヘン	4
オキラレル	2	キラレル	17	キレヤン	4
				キラレヘン	242
				キラレン	4
				ようキラン	9

　表 2 から大阪方言でも、肯定形ではラ抜きが進行し、本来の「オキラレ
ル」「キラレル」とともに「オキレル」「キレル」が勢いを得ていることがわ
かります。「キレル」の否定形は「キレヘン」でもよいはずです。現に使う
人も、今回の調査では 4 名います。しかし「キラレヘン」が圧倒的です。こ
れはなぜなのでしょう。

　『産経新聞』記事の上記に続く箇所 (下に引用) ではラ抜きは、「字数の少な
い動詞ほど誤用されるケースが多いとされる」と述べ、言語的要因に言及し
ています。

194 ｜ 第5章　言語はなぜ変化するのか―プロトタイプと可能表現―

ら抜き言葉増加中
「ら抜き」増加、慣用句誤用　数年後には「考えれない」？
　「ら抜き」言葉は、<u>字数の少ない動詞ほど誤用されるケースが多いとされ</u>る。このため「くる」「たべる」の活用では「ら抜き」が目立ったが、「かんがえる」の活用の「考えられない」では9割が<u>正しく</u>使用。ただ、17年の調査と比べ「食べれない」と回答した割合は約10ポイント増加、「来れない」も8ポイント増えており、文化庁は「今後『考えれない』と<u>誤って</u>使用をする割合も増える可能性もある」と指摘する。
（『産経新聞』2011年9月15日）

3　認知的負担の軽減

　『産経新聞』は「ラ抜き」がどうしても許せないらしく、ラ抜き言葉を平気で使う若い社員と、<u>正しい言葉づかい</u>を心がけるあまりラ抜き言葉に虫酸_{むしず}が走る体質の中年男との対立を描いた戯曲に言及しながら、追及の手を緩めません。

　小さな通信販売会社に、海老名という中年男が入社した。言葉遣いにうるさい海老名は、とりわけ「ら抜き言葉」に我慢がならない。敬語を正しく使えず、ことわざも誤って覚えている若い社員たちは、海老名に反発して、大騒動になる。劇作家の永井愛さんが、平成9年に発表した『ら抜きの殺意』は、こんな設定だ。10年以上たって、ら抜き言葉はますます定着している。日曜日にも少し触れた文化庁の調査によれば、「来れる」「出れる」を使う人が、それぞれ43.2％、44.0％に達したという。ら抜き言葉は、原稿では使わないようにしている。
（『産経新聞』産経抄　2011年9月20日）

　それにしても、「どうしてラ抜きへ進んでいるのか」という疑問には、まだ十分に答えていません。地域方言では、本章4.4、5.2に詳述する大阪方言の可能否定形に認められるように、五段動詞に「ラ」が今も存在する場合があります。しかし、歴史的には、五段動詞ではラ抜きがすでに一般的で、一段動詞では「られる」とラ抜きが併存状況にあると考えた方がいいわけで

す。もちろん、これまで見てきたように、単純に言えば、「ラ抜きのほうが可能の意味を表していることがはっきりするから」ということになるでしょう。「食べられる」だったら受身なのか、可能なのか、尊敬なのかが不明瞭です。つまり、一段動詞では、受身形と可能形の屈折形が「見られる」「食べられる」のように同形です。尊敬と可能形でも屈折形が同形です。ラ抜きなら受身形（食べられる）と可能形（食べれる）の区別が明確で、こうした問題を解消してくれます。同様に、「映画を見られますか？」だと尊敬か可能かすぐにわかりませんが、「見れますか？」ならすぐわかります。「肉を食べられますか？」だと尊敬か可能かすぐにわかりませんが、「食べれますか？」ならすぐわかります。このようにラ抜きは言語的過重負担を軽減するための区別だと考えられます。つまり、認知の問題なのです。

3.1　新語動詞の特徴：類推拡張

　「バミる」という言葉を聞いたことがありますか。漢字なら「場見る」ということになるので、ある程度は推測できますが、テレビのスタジオなどでシーンごとに出演者が立つ場所の目印を付ける作業のことを「バミる」というらしいのです。「きょどる」は「挙動不審な動きをする」、「ぽちる」は「ネット通販で購入ボタンを押す」、「じわる」は「じわじわくる」の略で、「神ってる」は「神がかっている」の略、さらなる応用「神る」は「神のようなすばらしい働きをする」ことらしいのです。「ググる」は「Google で検索する」行為を動詞化した言い方ですし、「タクる」(taxi タクシー利用)、「ディスる」(disrispect けなす)、「パニクる」(panic 慌てる) など、英語を利用した若者言葉や流行語などの造語の大半は、辞書形が「る」となる五段活用の動詞です。

　他の造語では、レストランで外食することを「ファミる」（ファミリー・レストランから）と言います。「ガスる」もファミリーレストランの『ガスト』を略したものに接尾辞「る」をつけて動詞化したもので、「ガストで食事をする」「ガストへ行く」といった意味で使われる若者言葉です。ただ、元来「ガスる」はオランダ語の gas から「霧がかかる」「もやがかかる」といった

196 | 第5章　言語はなぜ変化するのか─プロトタイプと可能表現─

意味で使用されていたのでしょう。「フィギる」は、「フィギュアスケートのように滑る」という意味から、「話（ネタ）が滑る」「話題に滑る」で、「パショる」は、パッション（passion 情熱）を動詞に変えて「パッション（情熱）を全開にして語る」、「メガる」は「太る」でしょう。きゃりーぱみゅぱみゅの「つけまつける」は「つけまつげを付ける」歌だと推測できます。でも、「これまでタモってなかった僕です！でもこれからはタモる僕です」と言われても、何の意味なのかさっぱりわかりません。

　しかも、最近の新語ばかりではないのです。かつて、1970年代の終わり頃ですが、「エガワる」という言葉が流行しました。プロ野球選手の苗字、つまり固有名詞に接尾辞「る」をつけたもので、「ふてぶてしい態度をかもし出す」「強引に自分の意見を押し通す」「物事を強引に進める」「ゴリ押しする」といった意味で使われていました。

　もっと古くから使用されている表現もあります。「Ｎる」は、『海軍隠語集』で「のろける」という意味です。「なまける」という意味の「サボる」は、sabotage というフランス語の語彙が語源です。フランスやオランダなどの農民が履く木靴サボ（sabot）のフランス語に由来し、sabotage の本来の意味は「木靴を履いての仕事は動作が遅く生産効率が悪い」「労働者が木靴で工場の設備を叩いたり壊したりして業務を妨害した」など諸説ありますが、それがさらに英語化したと考えられます。「サボ」に動詞を作る接尾辞「る」をつけて合成した造語「サボる」は大正時代から使用されていたらしく、歴史も長くかなり古い印象を受けます。また、すでにほとんど日本語化しているので、もしかしたら造語という認識すらないくらい普及率もきわめて高い例だと言えます。

　たとえば、「料る・料理る」のように、今はもう使わないと思われる語彙もあります（金水・乾・渋谷 2008）。

　　「山鳥を料る時、青年は…台所へ立って」夏目漱石『永日小品』
　　「手荒く料理つて、生臭い骨だらけの鯛飯を焚き…」

　　　　　　　　　　　　　　　　　　　徳冨蘆花『思出の記』四の巻十五

「早く時勢を察し予め世運を<u>料り</u>」　　　　中江兆民『三酔人経綸問答』

「異分析（metanalysis）」は、本来の語源や語の構成とは異なる解釈を行うことです。「り」で終わる名詞形は「踊り」など他にあるので、そこから類推、異分析をして動詞化したと仮定すれば説明できます。

表3　名詞形：動詞形　A：B＝A'：x

名詞形	動詞形
A　操り（あやつ<u>り</u>）	B　操る（あやつ<u>る</u>）
A　踊り（おど<u>り</u>）	B　踊る（おど<u>る</u>）
A　終わり（おわ<u>り</u>）	B　終わる（おわ<u>る</u>）
A　薫り（かお<u>り</u>）	B　薫る（かお<u>る</u>）
A　探り（さぐ<u>り</u>）	B　探る（さぐ<u>る</u>）
A　喋り（しゃべ<u>り</u>）	B　喋る（しゃべ<u>る</u>）
A　走り（はし<u>り</u>）	B　走る（はし<u>る</u>）
A'　料理（りょう<u>り</u>）	x　料る（りょう<u>る</u>）

　すでに語彙（動詞）が存在していて、それとまったく同じ動詞形をしているけれど、意味が異なる言葉を創出する場合もあります。スポーツ紙の『ヨガれ』という連載に、「ヨガるの楽しすぎます」「ヨガり続けます」「山内智恵ちゃんとインドから『ヨガれ』のために降臨した謎の男がおもしろおかしく…。レッツ！ヨガれ！」（『日刊スポーツ』2010 年 8 月 18 日）とあります。「ヨガれ」などと活用することから五段動詞であることは明らかです。これはヨガに「る」がついたものですが、ヨガりっ放しの○○ YOGA タイム！」（『サンケイスポーツ』2016 年 8 月 13 日）が「ヨガりっ放し」だけだと、もしかしたら、違うことを連想するかもしれません。

　本来は、「善がる・良がる・好がる」→「善いと思う。満足に思う。うれしく思う。得意になる。好ましがる」などといった意味で、歴史的には使用されてきたものです。坪内逍遥の『当世書生気質』には「質を八に置き、苦

198 | 第5章 言語はなぜ変化するのか―プロトタイプと可能表現―

に渋を重ね、以て<u>よがり</u>たがるしれもの（痴れ者）もありけり」という表現が
あります。この用法は、「自分の考えや言動を絶対的なものと思い込み、他
者の言うことをいっさい受け入れない」態度、つまり独善的なことを「ひと
りよがり（独り善がり）」という表現にも残っています。重要なことは、ここ
でも意味が類推拡張・敷衍（ふ えん）していることが歴然としていることです。さらに
「満足に思うこと」「うれしがること」は「快感」に通じるので、快感を嬌声
や表情にあらわすことを「よがる」と言うわけです。すなわち、類推・拡張
こそが、言語変化の推進力なのです。

　「きょどる」（挙動不審）、「愚痴る」（愚痴を言う）、「告る」（告白する）、「事
故る」（事故に遭う）［国語世論調査2014年］、など、まだまだ新語は続きま
す。このような新動詞は、思いつく限りすべて「る」で終わります。しか
も、その大多数がラ行五段動詞なのです。

3.2　方言の造語

　新語・造語の終止形が「る」を取るのは、それが「日本語動詞の終止形
で、最も出現頻度が高いから」という理由であるのは想像に難くありませ
ん。そして、こうした現象は標準語に限ったことではありません。ここで
は、方言の新語や日本語学習者にも同様の傾向が認められるのかどうか、考
えてみましょう。たとえば、「助かる・便利である」という意味の「幸せる」
という動詞が山口方言に存在し「〜していただけると幸せます」と普通に使
用しているようです。ここでも名詞形「幸せ」に「る」を付けることで動詞
化しています。このことは辞書形が「る」で終わる動詞の存在が顕著である
ことを示唆しているのではないでしょうか。

「〜していただけると助かります」と言うところを、山口県では「〜していた
だけると<u>幸せます</u>」と普通に言ったり、書いたりする。
（『カミングアウトバラエティ！！秘密のケンミンSHOW』日本テレビ系列
2010年5月7日）

> 防府商工会議所（山口県）はこのたび、新ブランド「幸せます」を立ち上げた。これは、同地の方言で「幸いです、うれしく思います、助かります、ありがたいです、便利です」などの意味を持つ「幸せます」という言葉のイメージを活用して、地元企業の商品をアピールしていこうというもの。
>
> （日本商工会議所　2011年4月27日）

3.3　日本語学習者の造語

　ここで日本語学習者の類推拡張・単純化の具体例を考えてみましょう。たとえば「起きる」「見る」「寝る」など一段活用の動詞（母音動詞）の辞書形は「る」で終わります。さらに、五段活用の動詞（子音動詞）でも「走る(hashir-u)」「取る(tor-u)」など基本系語幹の末尾に現れる子音がrで終わるラ行五段動詞が存在し、辞書形が「る」で終わる動詞の存在が顕著です。ですから「『待ちます』とか『持ちます』など五段活用動詞（子音動詞）を辞書形にしなさい」という指示に対して、「待ち・る」とか「持ち・る」とする初級日本語学習者が必ずと言っていいほどいます。

　しかし、これまで検証してきたように、こうした類推拡張は外国語学習者に限ったことではないのです。「選挙る」「コピペる」「マクる・マクドる」（マクドナルドに行くこと）など、若者言葉や流行語などの造語の大半は、辞書形が「る」となる五段活用の動詞なのです。ですから、若者言葉も、方言も、さらには日本語学習者の日本語も、方向性においては一致していて、新しい造語の動詞が「る」で終わる、たとえば、「帰る」や「入る」のように語幹がrで終わる子音動詞（ラ行五段動詞）をベースとした類推的拡張なのです。つまり、母語話者も学習者もラ行五段動詞を日本語の動詞らしい動詞、いわばプロトタイプだと認知しているのです。

3.4　「ラ抜き」再考：論理的整合性なのか、類推的拡張・単純化なのか

　表1で見たように、可能の意味を表す場合、「飲む」は五段動詞で、「飲める」「飲めない」という形になります。これからの類推で、五段動詞ではなく一段動詞の「食べる」から作られたのが「食べれる」「食べれない」とい

200 | 第 5 章 言語はなぜ変化するのか—プロトタイプと可能表現—

う「ラ抜き言葉」です。ラ抜きは、これまで日本語の乱れ、もしくは誤った使用の代表例として取り上げられてきた感があります。しかし、ラ行五段動詞が日本語動詞のプロトタイプとなっていることからの類推的拡張・単純化だと捉えれば、ラ抜き現象はシンプルに説明できます。

　本章ではラ抜きは日本語の乱れというよりは論理的な変化であるという説明を紹介しました。表1で見たように一段動詞と五段動詞の受身形、使役形での規則的な相違から、一段動詞の可能形がラ抜きであるほうが論理的で、整合性がある（類推変化）という説明です。表4でも、上一段動詞「見る」、ラ行五段動詞「走る」を例に表1と同じように示します。仮定形では、一段動詞と五段動詞の違いは「見れば（mi-reba）」と「走れば（hashir-eba）」で活用語尾の最初の子音 r があるかないかの違い、意思形では「見よう（mi-yoo）」と「走ろう（hashir-oo）」で活用語尾の最初の子音 y があるかないかの違い、使役形では活用語尾の最初の子音 s があるかないか、受身形では活用語尾の最初の子音 r があるかないかの違いです。ですから、「一段動詞と五段動詞の違いが活用語尾の最初の子音があるかないか」という規則性を可能形に当てはめれば、五段動詞「走れる（hashir-e-ru）」「走れない（hashir-e-nai）」とラ抜きの一段動詞「見れる（tabe-re-ru）」「見れない（mi-re-nai）」の r が対応します。

　しかし、若者や方言話者が、こんな活用変化表を考えて分析しているでしょうか。頭の中でこうした対比分析を即座に行っているとは、とても想像できないのです。異分析は、誤解に基づいて本来の語源や語の構成とは異なる解釈を行うことですが、「走れる（hashi-reru）」「走れない（hashi-renai）」という異分析を一段動詞に適用すれば、「見れる（tabe-reru）」「見れない（mi-renai）」となります。このように、ラ抜きを、ラ行五段動詞「走る」「帰る」「取る」「入る」のように、語幹が r で終わる子音動詞が日本語における動詞のプロトタイプとなっていることからの類推的拡張・単純化だと捉えれば、ラ抜き現象の説明はずっとシンプルなものになります。

表4　動詞の活用

動詞タイプ／活用形	一段動詞・母音動詞 （Vowel verb・RU-verb） 見る	五段動詞・子音動詞 （Consonant verb・U-verb） 走る
語幹	mi-	hashir-
否定形	見ない　　mi-nai	走らない　　hashir-anai
連用形	見ます　　mi-mas-u	走ります　　hashir-imas-u
終止形	見る　　mi-ru	走る　　hashir-u
命令形	見ろ　　mi-ro	走れ　　hashir-e
仮定形	見れば　　mi-reba	走れば　　hashir-eba
意志形（未然形）	見よう　　mi-yoo	走ろう　　hashir-oo
使役形	見させる　mi-sase-ru	走らせる　hashir-ase-ru
受身形	見られる　mi-rare-r	走られる　hashir-are-ru
可能形（肯定）	見られる mi-rare-ru　保守的可能形 見れる mi-re-ru　革新的可能形・ 類推変化（ラ抜き）	走れる hashir-e-ru
（否定）	見られない mi-rare-nai　保守的可能形 見れない mi-renai　革新的可能形・ 類推変化（ラ抜き）	走れない hashir-e-nai

4　「レ足す」言葉

　「レ足す言葉」は五段動詞の活用形で「る」終わる活用形を「れる」で終わるように一般で広まったものですが、その背景を詳細に検討します。

4.1　歴史的表現「行かれる」

　次の『美人帝国』と題された文章を見ると「行かれる」という表現が出てきて、少し違和感を覚えませんか。前述（2.2）したように、「行く」という動詞の未然形「行か」に可能の助動詞「れる」がついて「行かれる」となっているわけです。「バツ2だからクラス会には行かれないし…」（『家売るオン

ナ』日本テレビ系列 2016 年 8 月 31 日）、「事情があって○○を体操教室に連れて行かれないの…」（『砂の塔〜知りすぎた隣人』TBS 系列 2016 年 10 月 14日）、「これに成功しないと、次には行かれないの…」（『Chef 〜三ツ星の給食』フジテレビ系列 2016 年 10 月 20 日）、さらには「この調子で行けば新宿営業所は守られるかもしれん」（『帰ってきた家売るオンナ』日本テレビ系列 2017 年 5 月 26 日）など、複数の脚本家が「動詞の未然形＋助動詞れる・られる」による方法で、否定形を用いながら登場人物に心情を語らせています。後述する大阪方言「行ける」の否定形は「行かれへん」（表6）となり、「行かれない」の「ない」を「へん」で置き換えただけです（第 4 章 1.3「否定辞の変異形」も参照）。しかし、「飲む」「読む」「書く」「行く」などの五段動詞の可能表現では「飲まれる」「読まれる」「書かれる」「行かれる」よりも「飲める (nom-e-ru)」「読める (yom-e-ru)」「書ける (kak-e-ru)」「行ける (ik-e-ru)」のほうが少なくとも現在では一般的です。つまり、現代では「行かれる」のように、五段動詞に助動詞「れる」を添えた形よりも、下一段動詞 (eru) に転じた形のほうが圧倒的に優勢なわけです。こうした変化が、まず五段動詞で先に起こり、一段動詞とカ変動詞にも、「ラ抜き」（例：「見れる」「食べれる」「来れる」）として生じていると考えられます。

> 気持ちよく汗をかいて体の中からデトックスできることで、
> 日本で女性に人気の岩盤浴。お風呂を見つけるのさえ難しいアメリカでは行かれる訳もない…。　　　　　U.S. Frontline August 5, 2010　p. 51『美人帝国』

4.2 「レ足す」とは何か

　では、「レ足す言葉」はどうでしょうか。たとえば、マ行五段動詞「読める (yom-e-ru)」を「読めれる (nom-e-re-ru)」、カ行五段動詞「書ける (kak-e-ru)」や「行ける (ik-e-ru)」をそれぞれ「書けれる (kak-e-<u>re</u>-ru)」「行けれる (ik-e-<u>re</u>-ru)」、否定形でも「読めない (yom-e-nai)」を「読めれない (yom-e-<u>re</u>-nai)」、「書けない (kak-e-nai)」を「書けれない (kak-e-<u>re</u>-nai)」、「行けない (ik-e-nai)」を「行けれない (ik-e-<u>re</u>-nai)」などと、必要がないところに「れ

〈re〉」を入れて使うものです。

表5　動詞の活用

可能形（肯定）	食べられる tabe-rare-ru 保守的可能形	読める nom-e-ru
	食べれる tabe-reru　革新的可能形・ 類推変化（ラ抜き）	飲めれる nom-e-re-ru　革新的可能形・ 類推変化（レ足す）
（否定）	食べられない tabe-rare-nai　保守的可能形	飲めない nom-e-nai
	食べれない tabe-renai　革新的可能形・ 類推変化（ラ抜き）	飲めれない nom-e-re-nai　革新的可能形・ 類推変化（レ足す）

　「ラ抜き」の結果としての一段動詞「食べれる（tabe-reru）」「食べれない（tabe-renai）」「見れる（mi-reru）」「見れない（mi-renai）」、そして、「レ足す」の結果としての「読めれる（nom-e-reru）」「読めれない（yom-e-renai）」、「書けれる（kak-e-reru）」「書けれない（kak-e-renai）」を見れば、ここでも異分析による類推的拡張・単純化だと捉えることは可能でしょう。

　「過剰修正（hypercorrection）」は、標準語（共通語）などの社会的に権威ある言語を基準にした類推から、自らが使用する語形・語法・文法・発音などを正用であるにもかかわらず、誤用であると誤解し、正しくないものに変えて使用することを意味します。ラ抜きの結果として出来上がった一段動詞の「れる」形が、今度は、五段動詞に影響を与え、過剰修正の結果として「レ足す」が生成されたと解釈できるのでしょうか。つまり、類推変化（ラ抜き）→類推変化（レ足す）という変化が起こったのでしょうか。でも、これだと、たとえば、ラ行五段動詞「終わる」「走る」「作る」などの可能形は「終われる」「走れる」「作れる」であって、「レ足す」の結果ではないのです。よって「レ足す」はラ行五段動詞には影響を与えていないことになります。

4.3　若者言葉と新方言：サ入れ言葉

　「ラ抜き」同様「レ足す言葉」も「日本語の乱れ」として批判されがちな

若者言葉です。新方言（ネオ方言：neo-dialect）というのは、新たな方言語形で、若い世代に向けて増えている言語形式ですが、①（若い世代に向けて使用者が多くなりつつあり、②使用者自身も方言扱いしている、③共通語（標準語）では使わない言い方だと言えるでしょう（井上・鑓水 2002）。ちなみに、「ネオ方言」は、標準語の接触・干渉の結果として、①共通語・標準語が背後にある新方言で、②実際の運用場面、発話の文脈から帰納的に行う、と定義されています（真田 2006）。たとえば、2002（平成 14）年 7 月 8 日付けの『朝日新聞』（朝刊）に『広がる若者言葉　方言出身っぽい』（3 面）と題した記事が掲載されています。

> 井上教授は「いずれの変化も、言葉を単純にしたい、意味をはっきり表現したい、という流れとして説明できる。『ラ抜き』や『レ足す』を使うと、動詞の活用をいくつも覚えなくて良くなる。善しあしは別にして、少なくとも『サ入れ』と『レ足す』は、『ラ抜き』と並んで、間違いだとはいずれ感じられなくなるだろう」と話している。

　上記の引用にある「サ入れ」というのは、「〜させていただく」という表現です。たとえば、「終わらせてください」「しゃべらせていただきます」ではなく、わざわざ「さ」を入れて長くし「終わら<u>さ</u>せてください」「しゃべら<u>さ</u>せていただきます」のように、使役の助動詞「せる」（owar-ase-ru　shaber-ase-ru）を付けるべき五段動詞に、一段活用の「させる」（owar-a-<u>sa</u>se-ru　shaber-a-<u>sa</u>se-ru）を付ける形式です。これは、以下の例にあるように、「さ」を入れて文章を長くすれば通常、丁寧度が増すということなのでしょう。

　(5a)　本日は都合により休ませていただきます。
　(5b)　本日は都合により休ま<u>さ</u>せていただきます。

　プロ野球選手の田中将大の結婚に関しての記事で「私、田中将大はかねてより交際しておりました里田まいさんと結婚<u>させていただく</u>ことになりまし

たので、ご報告させていただきます」（『デイリースポーツ』2012年1月27日）という発話が掲載されています。同様に、フィンランドに伝わるサウナ風呂の入浴法の一つであるロウリュを紹介するテレビ番組（テレビ朝日『マツコ＆有吉の怒り新党』2016年7月27日）でも、「今日はいつものロウリュと違いまして、パワーロウリュを<u>やらさせていただきます</u>。パワーロウリュとは、お客様お一人に対し2人がかりで<u>やらさせていただきます</u>。…お客様を<u>楽しまさせてあげたいです</u>」とインタビューに答えるサウナ店員の発話があります。これらの例は前述したひとつのユニット（固まり表現）としての使用だと考えられますが、全般的には、単に「いたす」の代用として「〜させていただく」を敷衍（ふえん）的に使用しているので、何か不自然に聞こえるのかもしれません。

　「させていただく」は、たとえば「出席させていただきます」や「休まず営業させていただきます」のように使用されますが、「させていただく」と言うこと自体を場面によっては嫌みに聞こえるという理由で嫌う向きもあります（伊藤2007）。この表現は、形式的には反対する余地を残した言い方をすることで、不特定な（複数の）誰かの同意を得て進行するという印象を持たせるという意味でのポライトネスだと解釈するのが適切でしょう。

4.4　「レ足す」「ラ入れ」を方言から考える

　「レ足す言葉」を今度は方言から考えてみましょう。2010年当時、プロ野球チーム、オリックス・バファローズ監督だった岡田彰布氏の発話として「みんなが役割果たさんと、この時期、ラッキーでは<u>勝てれ</u>へんて。あと3試合やんか。どう転ぼうが」という引用があります（『日刊スポーツ』2011年10月13日）。もしかしたら、岡田監督は実際に「勝てれへん」と言ったのかもしれません。たしかに、ブログなどでは「<u>勝てれ</u>へん・・・・負け切った・・・・」という表現が見つかります。また、「ビール<u>飲めれ</u>へん」といった表現もごくわずかですが、存在します。これらは、「レ足す」を含んだ「勝てれない」「ビール飲めれない」の「ない」を関西方言の否定辞「へん」で置き換えた混交形です（第3章、第4章参照）。しかし、大阪方言では、通

常は、「勝たない」「飲まない」の未然形「ない」の代わりに可能の否定表現である「れへん」を付けて、「勝たれへん」「飲まれへん」となります。ちなみに、大阪方言を始め関西方言でも「飲まれる」「読まれる」は受身形で、肯定形の可能表現ではないというのが通常の解釈でしょう。

表6 「レ足す」と大阪方言否定形（五段動詞）の比較

レ足す（肯定）	飲めれる	nom-e-re-ru
レ足す（否定）	飲めれない	nom-e-re-nai
大阪方言（否定）	飲まれへん	nom-a-re-hen
レ足す（肯定）	読めれる	yom-e-re-ru
レ足す（否定）	読めれない	yom-e-re-nai
大阪方言（否定）	読まれへん	yom-a-re-hen
レ足す（肯定）	書けれる	kak-e-re-ru
レ足す（否定）	書けれない	kak-e-re-nai
大阪方言（否定）	書かれへん	kak-a-re-hen
レ足す（肯定）	行けれる	ik-e-re-ru
レ足す（否定）	行けれない	ik-e-re-nai
大阪方言（否定）	行かれへん	ik-a-re-hen

　しかし、ここで注目したいことは、先に述べたように、五段動詞も昔は「ラ」ありだったということです。ラ行五段動詞「走る」の否定形は「走れない」ではなく、「走られない」が標準として正しかったのです。大阪方言では、「走れる」の否定形は「走られへん」と「ラ」が入ります。標準語可能の否定「走れない」から、大阪方言では「ない」を「へん」で置き換えて「走れへん」が考えられます。しかし、「走れへん」は可能ではなく「走らない」という意志を表します。「帰られへん」（可能）と「帰れへん」（意志）の違いも同様です。大阪方言の否定形「走られへん」や「帰られへん」は、昔は五段動詞に「ラ」が入っていた名残なのです。

4.5 「レ足す」「ラ入れ」を日本語学習者の発話から考える

　では、日本語学習者は「もう走れません」ではなく、「もう走られません」

とラ行五段動詞に「ラ」を入れて言ったり書いたりするのでしょうか。たとえば、「アメリカの受験の現状について説明しなさい」というタスクを与えると、「その試験を合格出来れば学校に入られます。…たとへ低いな得点をとっても大学はまだ入られます」「志望校に入られませんでした」「平均的にとった人が 1600 をとられます」などとする傾向があります。以下に日本語学習者の使用例を示します。ラ行五段活用の場合、「ラ抜き言葉」ではなくて「ラ入れ言葉」になっています。やはり、「レ足す言葉」ではありません。

　(6a)　この情報で、NASA はもっと安全な宇宙計画が作られます。
　(6b)　イチローはアメリカ人に比べて体が小さいのに、MLB に入られた。
　(6c)　人が紙飛行機に乗られる？
　(6d)　11 時まで帰られませんでした。

　日本語学習者の可能形は可能表現の歴史的変化と似通っています。だからといって「個人個人の言語発達と言葉の歴史的変化が相似している、つまり進化の観念史の観点から、個体発生 (ontogenesis) は系統発生 (phylogenesis) をくりかえす」とは主張できません。一段動詞もラ行五段動詞もどちらも「る」で終わるので、「自転車に乗る」「すしを作る」という文を可能形にするタスクを与えると「自転車に乗れる」「すしが作れる」ではなく「自転車に乗られる」「すしが作られる」とする学習者が少なからずいます。一段動詞のほうが活用が簡単なので、一段動詞の活用をラ行五段動詞に適用するのでしょう。ですから、学習者の可能形と可能表現の歴史的変化が似通っているという主張はごく表面的な様相から判断した結果なのかもしれません。むしろ、一段動詞もラ行五段動詞もどちらも「る」で終わる、そして学習者の場合は一段動詞の可能形「られる」をラ行五段動詞の可能形に用いている、つまり「一段動詞→ラ行五段動詞」と逆方向に敷衍していることにラ抜きを説明する認知的なプロセスを理解するヒントが隠されていると考えるべきでしょう。

208 | 第5章　言語はなぜ変化するのか―プロトタイプと可能表現―

5　可能表現再考：「レ足す」を含めた「ラ抜き」再々考

　可能表現「ラ抜き」は類推的拡張・単純化の結果だということを説明しました。ここでは、「レ足す」を含めてラ抜きを異分析から再検討します。

5.1　プロトタイプと異分析

　rで終わる子音動詞のラ行五段動詞が日本語動詞のプロトタイプであると仮定して、図4に示します。ラ行五段動詞の可能表現の語尾「れる」「れない」を類推のためのモデルとして適用すると、一段動詞では「ラ抜き」を引き起こし、カ行やマ行五段動詞などラ行以外の五段動詞では「レ足す」を引き起こすことがわかります。つまり、ラ行五段化が進行しているのです。

5.2　方言を考えてみたら

　大阪方言でも「ラ抜き」が進行し、本来の一段活用の可能形「起きられる」「着られる」とともに「起きれる」「着れる」が勢いを得ていると報告しました（表2参照）。そして、「起きれる」「着れる」の否定形は「起きれへん」「着れへん」でもよいはずですが、実際には、「起きられへん」「着られへん」が圧倒的でした。

　たとえば、カ行五段動詞「行く」の可能動詞「行ける (ik-eru)」―不可能「行かれへん (ik-are-hen)」の類推から、一段の場合も可能動詞「起きれる (oki-reru)」「着れる (ki-reru)」―不可能「起きられへん (oki-rare-hen)」「着られへん (ki-rare-hen)」となったと考えてみましょう。活用語尾の最初の子音rがあるかないかの違いだけで、五段（rなし）・一段（rあり）の区別なく用いられるという意味では、たしかに規則的なのです。しかし、可能形（肯定・否定）の対応という点では、不規則になってしまいます。つまり、肯定ではラ抜きが起こりますが、否定ではラ抜きが起こらないのです。

　しかし、ラ行五段動詞、たとえば、「走る」の可能動詞なら「走れる」―不可能「走られへん」です。この類推から、一段の場合も可能動詞「起きれる」「着れる」―不可能「起きられへん」「着られへん」となります。つまり、

5 可能表現再考：「レ足す」を含めた「ラ抜き」再々考 | 209

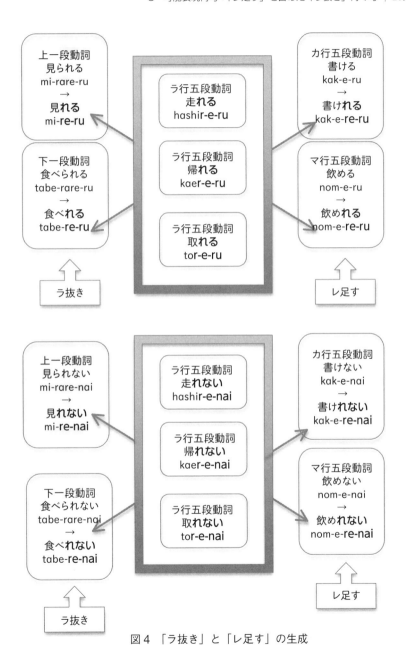

図4 「ラ抜き」と「レ足す」の生成

210 | 第5章　言語はなぜ変化するのか―プロトタイプと可能表現―

プロトタイプ理論を大阪方言に適用すると、プロトタイプとなるラ行五段動詞の可能肯定形と否定形が一段動詞の「ラ抜き」肯定形と「ラあり」否定形の形に影響を与えていることがわかるのです。

表7　大阪方言可能表現の生成

動詞タイプ ＼ 活用形	終止形	可能（肯定形）	不可能（否定形）
カ行五段動詞	ik-u	ik-eru	ik-are-hen
ラ行五段動詞	hashir-u	hashir-eru	hashir-are-hen
一段動詞	oki-ru	oki-reru	oki-rare-hen
	ki-ru	ki-reru	ki-rare-hen

5.3　単純な体系構築としてのラ行五段化

　一般に、標準とされる言葉は一時代前の言葉です。その一方で、「乱れ」とされる言葉は新しく、いずれは市民権を得て普及してゆくものがあります。たとえば、「食べられる」や「見られる」ではなく「食べれる」「見れる」のように、一段動詞の可能形もラ行五段動詞にならって、語幹に「られ」ではなく「れ」を付ける傾向が見られる「ラ抜き」現象を眺めてきました。

　「今どきの若い人はちゃんとした日本語使わない」という批判がある一方で、多くの言語学者はラ抜きは日本語の乱れというよりは論理的な変化であると説明してきました。これは、一段動詞と五段動詞の受身形、使役形での規則的な相違から、一段動詞の可能形がラ抜きであるほうが論理的であり、整合性があるという説明です。しかも、「食べられる」だったら受身なのか可能なのか、尊敬なのかが不明瞭で混同してしまう危険性があるけれどラ抜きならそれらの区別も明確になるという主張です。

　本章で検証してきたように、認知的単純化に基づく類推変化は、たしかに起こっています。しかし、類推変化が使役形、受身形などからの整合性に基づく類推変化だとは考えがたいのです。それでは、認知的に、あまりに複雑だからというのが根拠です。脳内に蓄積した規則を会話などの現場で使用する際には、極力、単純な体系を構築し、そうした単純な規則を運用するので

はないでしょうか。こうした単純化は、現在の若者言葉にだけ起こっている
わけではなく、日本語学習者の誤用にも認められます。つまり、外国語学習
者の日本語でも若者言葉でも、単純化という方向性では一致していて、それ
が新しい造語の動詞が「る」で終わる、つまりラ行五段動詞をベースとした
類推的拡張という現象に見られるのではないかと考えられます。もちろん、
歴史的変化を考える必要がありますが、実際、歴史的にも、ラ行五段動詞
（例：「走られる」→「走れる」）こそがラ抜きの先駆者なのです。

表8 「ラ抜き」の歴史的な流れ

ラ行五段動詞	走られる	→	走れる	→	走れる
一段動詞	見られる	→	見られる	→	見れる
一段動詞	食べられる	→	食べられる	→	食べれる

　ラ抜きが類推的拡張であることは明らかです。一段活用と変格活用が五段
活用に吸収されていく統合の過程と捉えることも可能です（真田2006）。言
い換えれば、どのような話者にとってもラ行五段動詞がプロトタイプ、つま
り、日本語の動詞らしい動詞になっているのです。たとえば、マクドナルド
に行くことを関西地方では「マクドる」、関西以外では「マクる」と言うら
しいのですが、どちらもラ行五段動詞の活用をします。いずれにせよ、大阪
方言を例に取って地域方言を眺めても、ラ行五段動詞の活用が高頻度である
ことが認められます。
　「レ足す言葉」と否定形での「ラ入れ言葉」の相違など完全には説明でき
ないことが、語幹がrで終わる子音動詞、つまりラ行五段動詞が日本語にお
ける動詞のプロトタイプとなっていることからの、しかも、一段動詞ばかり
でなく他の五段動詞への類推的拡張・単純化だと捉えれば、ラ抜き現象の説
明はずっとシンプルなものになるのです。

212 | 第5章　言語はなぜ変化するのか―プロトタイプと可能表現―

表9　「ラ抜き」と「レ足す」の生成

動詞タイプ	例語	可能形（肯定）	可能形（否定）
ラ行五段	走る	走れる	走れない
上一段	見る	見れる	見れない
下一段	食べる	食べれる	食べれない
カ行五段	書く	書けれる	書けれない
マ行五段	飲む	飲めれる	飲めれない

5.4　進行中のラ行五段化

　本章では言語内的要因から元来、複雑であった言語体系の合理化・単純化の代表例としてラ抜き言葉を考えました。しかも「ラ抜き」現象に限らず、ラ行五段化は進行中です。大阪方言で「テレビを見ない」と言うとき、一段動詞の否定形「見ない (mi-nai)」を「見らん (mi-ra-n)」と言います。これは、ラ行五段活用、たとえば「知る」「走る」「足る」の否定形「知らない (shir-anai) →知らん (shir-an)」「走らない (hashir-anai) →走らん (hashir-an)」「足らない (tar-anai) →足らん (tar-an)」などの類推から拡張化していると考えられます。しかし、大阪府在住の高校生 310 人を対象に 2010 年に実施したアンケート結果（第4章参照）で「『今日はテレビは見ない』と言う時、『見ない』の部分をどう言いますか。言い方を書いてください」という問い［第4章表2の質問項目4、オリジナルの調査では質問項目47］に対して、「見らん」と回答したのはわずか3名でした。

　むしろ、大阪方言でも、革新の中心から離れた大阪府泉南地域の中心都市である岸和田市やその南に隣接する貝塚市などで話される和泉方言（中泉方言）では、「そこへ座って」→「そこ座り」、「早く食べて」→「早よ食べり」などのような弱命令表現でラ行五段活用化が頻出するようです。実際、高校生対象アンケートで、「親しい年下の人（たとえば後輩）に『食べなさい』と言うとき、『食べり』と言いますか」［オリジナルの調査では質問項目9］では、142 名が使用すると答えています（$\chi^2 = 174.54, df = 2, p < .0001$）。ちなみに、教科書文法通り「食べろ」とした回答はわずか2名でした。

5　可能表現再考：「レ足す」を含めた「ラ抜き」再々考 | 213

　同様に、「親しい年下の人に（たとえば弟）『もう寝なさい』と言うとき、『もう寝り』と言いますか」[オリジナルの調査では質問項目 11]という問いでは、半数以上の 164 名が使用すると答えています（$\chi^2 = 104.27$, $df = 2$, $p <$ .0001）。ここでも教科書文法通り「寝ろ」とした回答はわずか 3 名でした。

表 10　大阪方言における一段動詞のラ行五段化

	食べり	寝り
言う	142	164
言わないがきいたことあり	34	66
言わないし聞いたこともない	5	34

　もちろん、こうしたラ行五段化は中泉方言に限ったことではなく、「食べり」「早よ寝り」（北九州）「食べりっちゃ（食べなよ）」（山口）など、他地域でも認められるようです。ただ、ラ行五段化でも「食べれ」や「寝れ」のように一段動詞でも命令形語尾が「れ」に統一される傾向は、東北・越後・関東北部や九州北部で認められるとしても、大阪府の高校生対象アンケートでは、「早よ寝れや」と回答した 1 名のみで、顕著ではありませんでした。しかし、大局的に眺めれば、地域方言ばかりでなく、たとえば「辞書る」のように何にでも「〜る」をつけて動詞にしてしまう若者言葉に代表される新語、さらには「ラ抜き」「レ足す」など潜在的威信（第 3 章 4.7 参照）による言語変化の背景にラ行五段化があるように、プロトタイプとしてのラ行五段動詞はきわめてパワフルなのです。

5.5　類推変化

　類推変化に関しては、動詞だけでなく、形容詞など他の品詞でも起こっていることを先に述べました。たとえば、日本語学習者が「いい<u>くない</u>」「変<u>くない</u>」「好き<u>くない</u>」と言えば、教師は「よくない」「変じゃない」「好きじゃない」と訂正するかもしれません。でも、「ブラックジャックは<u>普通な</u>医者たちのできないことができる医者です」のように自分の意志を自由かつ

214 | 第5章　言語はなぜ変化するのか―プロトタイプと可能表現―

明確に表現できる上級学習者に対して、それでも教師は訂正するのでしょうか。

　しかし、いったん教室を出て街に溢れている広告を眺めてみれば「キレイの私」というようにナ形容詞（形容動詞）ではなく、名詞のごとく使用した表現があります。「いい<u>くない</u>」「変<u>くない</u>」「好き<u>くない</u>」といった表現は、日本語学習者だけではなく、日本語を母語とする幼児や成人母語話者（とりわけ若年層）も現実には使用しています。たとえば、テレビのインタビュー番組で「いいくないですか？」という古関美保（プロゴルファー）の同意を求める発話に、司会者の明石家さんまが「よくないと思いますね」と返答する場面があります。「いいくない」という表現がさんまの言語体系とは異なっていたのが理由なのか、明示的ではなくとも一応、訂正フィードバックで返してはいるのですが、古関は気づいていないようでした。

　　　古関美保：「え〜っ！！！でもなんか〜いいくないですか？」
　　　さ ん ま ：「よくないと思いますね〜。ほいでインタビューなんかで嘘
　　　　　　　　　をつくのが嫌いなんだ〜。」
　　　（フジテレビ系列トークバラエティ『さんまのまんま』2009 年 2 月 20 日）

　最近では母語話者が使用している「チガク（違く）ない」もそうした例です。「自分と蹴り方が全然違くて」（NHK『鶴瓶の家族に乾杯』2016 年 8 月 1 日）というような発話は字幕スーパーにもどうどうと出現します。先に述べた A：B＝A’：x から考えてみましょう。「違う」は動詞ですが、意味的には形容詞の働きが強いので、形容詞の「近くない」や「高くない」「にがくない」ときわめて似通った活用をしています。

　もちろん、ここでも地域方言の使用など、考慮する必要があります。「チガクナル」という表現は、たとえば茨城方言や福島方言では古くから使われているようです。連続テレビ小説『ひよっこ』（2017 年度上半期 NHK 制作）では、福島県出身の青天目澄子が、祖母のことを話していて「な〜んか様子が違くって、なんとばあちゃん、腰が、ピ〜ンとまっすぐになってで！」と

言う場面があります（第37話『椰子の実たちの夢』2017年5月15日放送）。
これは1965（昭和40）年5月が舞台となっています。このように地域方言と
若者言葉と共通する「チガクナル」ですが、『意味的には状態・性質を表す
形容詞なのに形（品詞）は動詞のまま』という現代語の構造上、機能上不十分
な点、要するに短所・欠陥を補う言葉だと考えて差し支えがないわけです。

表11　「違う」の変異形と活用

A　近い	B　近かった
A　高い	B　高かった
A　にがい	B　にがかった
A'　違い	×　違かった

活用形	動詞型	形容詞型	形容詞	形容詞	形容詞
終止形	違う		近い	高い	にがい
過去形	違った	チガカッタ	近かった	高かった	にがかった
否定形	違わない	チガクナイ	近くない	高くない	にがくない
仮定形	違えば	チガケレバ	近ければ	高ければ	にがければ
テ形	違って	チガクテ	近くて	高くて	にがくて

［注：たとえば、「デートの考え方が違うくて」のように、「チガウ＋クテ」は固
まり表現からで、異なる生成だと考えられます。］

「最近は、日本語が乱れて『キレイくない』『キレかった』などと誤って使
用している子どもや若者がいる、だから誤用は訂正すべきだ」と規範文法の
視点から現状を嘆かわしく感じる人もいることでしょう。しかしながら、
「きれいくない」と使う地域方言も現に存在します（第3章参照4.9参照）。こ
うした事象が示唆しているのは、地域方言に限らず共通語、さらにはどんな
言語でも、文法規則は歴史の流れの中で簡略化されていく傾向にあるという
認識です。たしかに、こうした傾向には例外もありますが、例外が起こるに
はそれなりの理由があるはずです。言語学や心理学では普遍性を重視するの
ですが、普遍性の対極には可変の部分、たとえば各言語の固有性、さらには

性差、そして個人差などの個別性が存在します。しかも、方言に認められるように地域差も存在します。さらに、文法規則は一人ひとりが頭の中で認知的に構築し体系化しているものですから、同じ地域に住んでいても異なる場合があるでしょうし、同一家族の中で異なっていても何ら不思議ではありません。私たちが「こうあるべき」と考えている規範文法は最大公約数的な文法であって、絶対的な文法ではないのです。

5.6　概観と研究の方向性

　日本語を含めて外国語の授業では、誤用を可能な限り排除し文法的に正確な表現の産出訓練を重視する傾向があります。つまり、文法を教授する語学教室では、教師はいわゆる規範文法に囚われがちです。しかし、言葉の学習は、それが母語であれ外国語であれ、目標言語に内在する文法規則の仮説・検証を伴っています。もちろん、外国語学習の場合、幼児の第一言語習得とは異なります。まず第一に、教室で文法規則を体系的に説明されることが多いので、そうした指導やそれに伴う練習が学習者の目標言語の習得に影響を与えてしまう可能性が考えられます。既習項目からの類推、すなわち、学習・訓練の転移は無視できない要因です。このほかに、母語の干渉・転移に基づく類推も要因として挙げられます。こうした負の転移の影響はこれまでも指摘されてきました。それでも外国語学習者の頭の中では絶えず規則の仮説・検証が行われています。ですから、母語の習得段階にある子どもと成人外国語学習者の両者に共通するのは誤用の産出で、それが認知的な類推の結果、要するに、記憶負担を軽減し単純な文法規則を整えようとする結果だという解釈が可能です。

　本章では、規範文法と対峙するものとして観察的立場に立った記述文法の立場から議論を進めてきました。日本語学習者の発話を含めて、さまざまな具体例も取り上げましたが、それらを単なるエラーとして片付けるのではなく、認知的視点や社会言語学的視点など、さまざまな方向から眺めるべきでしょう。

　異分析は、多くの場合、誤解に基づいて本来の語源や語の構成とは異なる

解釈を行うことだと繰り返し述べました。言語習得のプロセス、つまり、子どもが言語を習得する過程を考えてみましょう。子どもは聞いたままを覚えるだけではなく、文法構造を覚え、類推から活用しようとします。たとえば、形容詞の活用、否定形の「〜くない」をひとつのユニット（固まり表現）として、形容動詞に適用して「好きくない」（好き＋くない）と言います。形容動詞「好き」の否定形の「好きじゃない」ではなく、イ形容詞の活用で「好きくない」と言うのは「好き（suki）」が i で終わっているからだと推測できます。親が活用を教えるわけではなく、幼児が異分析をしているのです。「違うくない」（違う＋くない）「違うかった」（違う＋かった）の類は、幼児ばかりでなく、日本語学習者の言い誤りとしてもよく見聞きします。もちろん、若者言葉の「好きくない」「変くない」「きれいくない」「いくない」などとも似ている傾向です。また、「知ってる？」という問いに対して、「知ってない」と答えます。「知ってる」を、否定形に活用、つまり、最後の「る」を否定辞「ない」に置き換えて、答えるのです。「○○できる」と言う時に、「○○する」という動詞を可能形では「○○すれる」と言う子どもがいるかもしれません。子どもの言語発達・文法規則の獲得でも類推・拡張は重要な概念です。

　「名詞＋の＋名詞」表現（連体修飾用法）を類推・拡張して、「形容詞・形容動詞・動詞＋の＋名詞」とする誤用があります。日本語を母語とする幼児は「シロイお花」ではなく「シロイのお花」と言いますし、日本語学習者も「アタラシイ（新しい）の車」だけでなく「離れているの町に引っ越した」などと言います。大阪方言では、子どもは「それ、僕の！返してぇ〜」だけでなく「それ、僕のん！返してぇ〜」などと言います。「それ、僕の！返してぇ〜」なら、「の」はコンテクスト（context：文脈）から明らかな場合の名詞の代用の「の」、つまり名詞的用法です。一方、「それ、僕のん！返してぇ〜」の「ん」は形式名詞「の（no）」の最後の o が脱落したものです。ですから、「それ、僕のの！返してぇ〜」ということになりますが、そのような発話をする幼児はいないでしょう。これは名詞的用法と連体修飾用法という準体助詞の二系列の習得順序にも関わってくるでしょう。具体的には、日本語母語

話者の幼児の場合、準体言の名詞句用法のほうが連体修飾用法より早く出現します（柴谷 2010, 2011）。しかし、日本語学習者用の教科書では、通常は、連体修飾用法（例：〜さん＋の＋メールアドレス）がまず最初に導入され、かなり後になって準体言の名詞句用法（例：赤い＋の、高い＋の）が導入されます（坂野・池田・大野・品川・渡嘉敷 2011b）。もちろん、学習者自身に内蔵（インプット）されている「習得シラバス」と教科書や語学教師の「学習シラバス」が同じ順序かどうかはわかりません。幼児の場合も、日本語学習者の場合も、本章で述べた類推の結果なのでしょうが、両者の習得パターンにたとえ類似性が浮かび上がってきても、単純に同一視することは必ずしも適切ではありません。

　より標準形へと変化を導く概念である規範文法に認められる「規範的な形で社会的に高く位置づけられている形式が持つ力」としての顕在的威信（overt prestige）、そしてそれに対して、「非規範的な形で社会的に低く位置づけられている形式が持つ魅力」の潜在的威信（covert prestige）との関わりもあります（第3章参照4.7参照）。こうした理由から潜在的威信を持つ新たな言語形式は、地域方言として取り入れられている場合があります。そして、若者言葉に見られるように、若年層が取り入れ、顕在的威信に従う老年層（多くの場合、保守層）との世代交代が進むことで、言語変化が進行するのです。つまり、地域方言も、若者言葉も、非標準形がむしろ好ましいと感じる潜在的威信の反映で、「下から上」の階層へと広まる変化の例だといえます。しかし、それと同時に、動詞らしい動詞からの「ラ抜き言葉」、「レ足す言葉」、そして「チガクテ・チガクナイ」などから推測できるのは、子ども、日本語学習者を含めて日本語話者の捉える動詞の形態的プロトタイプや体系的知識のスキーマなど、認知的な理由がかかわっているということです。

　本章の冒頭で言及した存在表現「いる」「ある」のような例からも歴史的変化はうかがえます。たとえば、日本語学習者用の初級教科書にある規範文法では、「存在するものが人・動物のような生き物（有情）なのか、それとも無生物（非情）なのかで、『いる・ある』のどちらを選択するかを決定する」ということになります。しかし、この説明が不十分であることを日本語母語

話者なら誰でも認識しています。昔話『桃太郎』の冒頭「むかしむかし、あるところに、おじいさんとおばあさんがいました」という初出導入文ですが、半世紀少し前には「いました」の使用が誤りで「ありました」とすべきだと嘆く人たちがいました。日本語における存在表現の「いる・ある」の用法は、こうした記述文法と規範文法の方向性の相違を説明する好例です。

　現実社会で進行中の言葉の変化を捉え、言葉の変化と社会的要因の関わりを明らかにし、なぜそうした変化が起こるのかという原因とメカニズムを明らかにすることは、社会言語学の目的です。母語話者に限らず、第二言語話者・外国語学習者も、さまざまな文法項目・規則を頭の中に蓄積し、それをできる限り単純な体系として構築・運用しようとする傾向が認められます。規範文法ではなく、言語の文法現象をありのままに記述する、つまり記述文法の視点から、言葉とその歴史的変化を考えると、幼児語・若者言葉・地域方言と日本語学習者の言語使用の共通性と違いが見えてきます。こうした共通点と相違点を調査することこそが、社会志向の言語研究の神髄なのです。

図5　母語（幼児語・若者言葉・地域方言）・第二言語の方向性を示す概念図
　　　（個人差を含む）

参考文献

朝日 祥之 (2004)「ニュータウン・コイネの形成過程に見られる言語的特徴—動詞の否定辞を例として—」『日本語諸方言に見られる中間語的変異の研究—言語変異理論の立場から—』科研費報告.

浅見 徹 (1964)「カラとノデ」時枝誠記・遠藤嘉基監修『講座現代語第六巻：口語文法の問題点』(pp. 293-298) 明治書院.

阿部 祐子・亀田 美保・桑原 直子・田口 典子・長田 龍典・古家 淳・松田 浩志 (2006)『テーマ別 上級で学ぶ日本語 改訂版』研究社.

安藤 忠雄 (1999)『建築を語る』東京大学出版会.

庵 功雄・日高 水穂・前田 直子・山田 敏弘・大和 シゲミ (2003)『やさしい日本語のしくみ』くろしお出版.

伊藤 隆太郎 (2007)「新社会人へ役立つマナー入門」Asahi Shimbun Weekly AERA (2007.4.2) No. 16, 1-11 (AERA in AERA).

稲葉 陽二 (2011)『ソーシャル・キャピタル入門—孤立から絆へ』(中公新書) 中央公論新社.

井上 史雄・荻野 綱雄・秋月 高太郎 (2007)『デジタル社会の日本語作法』岩波書店.

井上 史雄・鑓水 兼貴 (編) (2002)『辞典 新しい日本語』東洋書林.

内田 信子 (1990)『子どもの文章：書くこと考えること (シリーズ人間の発達 1)』東京大学出版会.

江國 香織 (1996)「デューク」(pp. 11-19)『つめたいよるに』新潮社.

NHK 出版 (編) (2013)『NHK ドラマ・ガイド 連続テレビ小説 あまちゃん Part 2』NHK 出版.

エルスパス, シュテファン [佐藤恵 訳] (2015)「下からの言語史—19 世紀ドイツの「庶民」のことばを中心にして」高田博行・渋谷勝己・家入葉子 (編)『歴史社会言語学入門：社会から読み解くことばの移り変わり』(pp. 55-69) 大修館書店.

海老沢 泰久 (1986)「眼下のゲーム」(pp. 247-263)『スーパースター』文春文庫.

大野 晋・佐竹 昭広・前田 金五郎 (1990)『岩波 古語辞典 補訂版』岩波書店.

岡 まゆみ・筒井 通雄・近藤 純子・江森 祥子・花井 善朗・石川 智 (2009)『上級へのとびら』くろしお出版.

金沢 裕之 (1998)『近代大阪語変遷の研究』(研究叢書 224) 和泉書院.

菊地 康人 (2000)「言葉の品位 教育に課題」『読売新聞』2000 年 1 月 10 日.

岸江 信介 (2005)「近畿周辺圏にみられる打消表現」『日本語学』(pp. 32-43) 明治書院.

岸江 信介 (2009)「大阪語とは何か」真田 信治 (監修) 岸江 信介・中井 精一・鳥谷 善史

[220]

（編）『大阪のことば地図』（上方文庫別巻シリーズ 2）（pp. 8–16）和泉書院.

岸江 信介・中井 精一（1994）『地域語資料 1　京都〜大阪間方言グロットグラム』近畿方言研究会.

北原 保雄（監修）「もっと明鏡」委員会（編）（2006）『みんなで国語辞典：これも、日本語』大修館書店.

木部 暢子・竹田 晃子・田中 ゆかり・日高 水穂・三井 はるみ（編）（2013）『方言学入門』三省堂.

金水 敏（2003）『ヴァーチャル日本語役割語の謎』岩波書店.

金水 敏（編）（2007）『役割語研究の地平』くろしお出版.

金水 敏・乾 善彦・渋谷 勝己（2008）『日本語史のインタフェース』岩波書店.

金水 敏・田中 ゆかり・岡室 美奈子（共編）（2014）『ドラマと方言の新しい関係：『カーネーション』から『八重の桜』、そして『あまちゃん』へ』笠間書院.

久野 暲（1978）『談話の文法』大修館書店.

栗原 由華・中浜 優子（2010）「ストーリー構築における視点：日本語母語話者と上級日本語学習者との比較から」南 雅彦（編）『言語学と日本語教育 VI』（pp. 141–156）くろしお出版.

国立国語研究所（編）（2003）『ことばの地域差—方言は今—』（新「ことば」シリーズ 16）財務省印刷局.

小林 隆（2006）『＜もっと知りたい日本語＞方言が明かす日本語の歴史』岩波書店.

佐竹 秀雄（1980）「若者雑誌のことば—新・言文一致体—」『言語生活』343, 7 月号, pp. 48–49.

佐竹 秀雄（1995）「若者ことばとレトリック」『日本語学』14, 11 月号, pp. 53–60, 明治書院.

佐藤 虎男（1986）「大阪府方言の研究 (9) 大阪市域方言の方言地理学的調査 (3)」『学大国文』（29）pp. 1–16. 大阪学芸大学国語国文学研究室.

真田 信治（1987）「ことばの変化のダイナミズム—関西圏における neo-dialect について—」『言語生活』429, pp. 26–32.

真田 信治（1990）『地域言語の社会言語学的研究』和泉書院.

真田 信治（2001）『方言は絶滅するのか　自分のことばを失った日本人』PHP 新書.

真田 信治（編）（2006）『社会言語学の展望』くろしお出版.

真田 信治・岸江 信介（1990）『大阪市方言の動向—大阪市方言の動態データ—』科研報告書.

真田 信治（監修）岸江 信介・中井 精一・鳥谷 善史（編）（2009）『大阪のことば地図』（上方文庫別巻シリーズ 2）和泉書院.

柴谷方良（2010, May）言語習得と言語理論—準体助詞「の」と誤用「赤いのくつ」をめぐって—. 神戸大学日本語日本文化教育インスティテュートシンポジウム 2010「日本語研究の視点」.

柴谷方良（2011, March）準体助詞『の』と誤用『赤いのくつ』をめぐって：第一言語習

得と第二言語習得研究を繋ぐ. 第 7 回『日本語実用言語学国際学会』(サンフランシスコ州立大学).

鈴木 おさむ (2010) SHOW BIZ 105「ザ・私聴率　画面の奥のプロに学べ　打率を上げる」Asahi Shimbun Weekly AERA (2010.1.25) No. 3, 76.

田中 ゆかり (2011)『「方言コスプレ」の時代—ニセ関西弁から龍馬語まで—』岩波書店.

冨樫 純一 (2001)「情報の獲得を示す談話標識について」『筑波日本語研究』6, pp. 19-41.

徳川 宗賢・真田 信治 (編) (1991)『新・方言学を学ぶ人のために』世界思想社.

中尾 俊夫・日比谷 潤子・服部 範子 (1997)『社会言語学概論　日本語と英語の例で学ぶ社会言語学』くろしお出版.

西尾 純二 (2009)『「堺・南大阪地域学」シリーズ 12　関西・大阪・堺における地域言語生活』大阪公立大学共同出版会 (OMUP).

橋内 武 (1999)『ディスコース—談話の織りなす世界—』くろしお出版.

坂野 永理・池田 庸子・大野 裕・品川 恭子・渡嘉敷 恭子 (2011a)『げんき I: An integrated course in elementary Japanese [第 2 版]』The Japan Times.

坂野 永理・池田 庸子・大野 裕・品川 恭子・渡嘉敷 恭子 (2011b)『げんき II: An integrated course in elementary Japanese [第 2 版]』The Japan Times.

樋口 万里子・大橋 浩 (2004)「節を超えて：思考を紡ぐ情報構造」大堀 壽夫 (編)『認知コミュニケーション論』(pp. 101–136) 大修館書店.

藤原 美保・竹井 光子 (2010)「接続表現の使用とゼロ代名詞容認度—一貫性の観点からの実験と考察—」南 雅彦 (編)『言語学と日本語教育 VI：New directions in applied linguistics of Japanese』(pp.103–121) くろしお出版.

彭 広陸 (2016)「日中両語のヴォイスに見られる視点のあり方」小野 正樹・李 奇楠 (編)『言語の主観性—認知とポライトネスの接点—』(pp. 35–51) くろしお出版.

益岡 隆志 (1993)『24 週日本語文法ツアー』くろしお出版.

松本 修 (1996)『全国アホ・バカ分布考—はるかなる言葉の旅路—』新潮社 (太田出版 1993 年).

松本 直樹 (2011)「泉北ニュータウンと隣接地域における方言使用の実態」『言語文化研究 (言語情報編)』第 6 号, pp. 33–51. 大阪府立大学人間社会学部 言語文化学科.

南 雅彦 (2004)「ナラティヴにおける言語普遍性と固有性：『かえるくん、どこにいるの？』を通しての対照談話分析 」南 雅彦 (編)『言語学と日本語教育 III: New directions in applied linguistics of Japanese』(pp. 97–116) くろしお出版.

南 雅彦 (2005)「日本語学習者のナラティヴ：ラボヴィアン・アプローチ」南 雅彦 (編)『言語学と日本語教育 IV：New directions in applied linguistics of Japanese』(pp. 137–150) くろしお出版.

南 雅彦 (2007)「物語技法の発達：日英バイリンガル児童の作話をどう評定するか」南 雅彦 (編)『言語学と日本語教育 V：New directions in applied linguistics of Japanese』 （pp. 193–212）くろしお出版.

南 雅彦（2009）『言語と文化：言語学から読み解くことばのバリエーション』くろしお
出版.

南 雅彦（2010）「接続表現：語りの談話標識として」南 雅彦（編）『言語学と日本語教育
VI：New directions in applied linguistics of Japanese』（pp. 65–85）くろしお出版.

南 雅彦（2013）「地域方言における変異形の併存状況：同化や混交形に見られる単純化
の方向」『総合政策研究（Journal of Policy Studies）』第 44 号, pp. 53–84. 関西学院
大学 総合政策学部研究会.

安田 依央（2012）『たぶらかし』集英社.

柳田 國男（1930）『蝸牛考』刀江書院.

柳田 國男（1963）『定本　柳田國男集　第 18 巻』筑摩書房.

柳田 國男（1964）『定本　柳田國男集　第 27 巻』筑摩書房.

山口 治彦（2007）「役割語の個別性と普遍性―日英の対対照を通して―」金水 敏（編）
『役割語研究の地平』（pp. 9–25）くろしお出版.

山口 治彦（2011）「役割語のエコロジー」金水 敏（編）『役割語研究の展開』（pp. 27–47）
くろしお出版.

和田 竜（2013）『村上海賊の娘　上巻・下巻』新潮社.

方言チャート 47 都道府県版
http://ssl.japanknowledge.jp/hougen/hougen47/index.php
方言チャート 100
http://ssl.japanknowledge.jp/hougen/hougen100/index69.php

Austin, J. L. (1962). *How to do things with words*. Oxford: Clarendon Press.

Bakhtin, M. M. (1981). *The dialogic imagination: Four essays by M. M. Bakhtin* (M. Holquist, Ed., C. Emerson and M. Holquist, Trans.). Austin: University of Texas Press.

Bartlett, F. C. (1932). *Remembering*. New York: Cambridge University Press.

Berman, R. A., & Slobin, D. I. (1994). *Relating events in narrative: A crosslinguistic developmental study*. Hillsdale, NJ: Lawrence Erlbaum Associates.

Brown, P., & Levinson, S. C. (1987). *Politeness: Some universals in language usage*. New York: Cambridge University Press.

Brown, R. (1958). How shall a thing be called? *Psychological Review, 65*, 14–21.

Bruner, J. (1986). *Actual minds, possible worlds*. Cambridge, MA: Harvard University Press.

Chafe, W. (1980). *The pear stories: Cognitive, cultural, and linguistic aspects of narrative production*. Norwood, NJ: Ablex.

Chomsky, N. (1957). *Syntactic structures*. The Hague/Paris: Mouton.

Chomsky, N. (1965). *Aspects of the theory of syntax*. Cambridge, MA: MIT Press.

Clancy, P. M. (1985). The acquisition of Japanese. In D. I. Slobin (Ed.), *The crosslinguistic study of language acquisition, Volume 1: The Data* (pp. 373–524). Hillsdale, NJ: Lawrence Erlbaum Associates.

De Fina, A., & Georgakopoulou, A. (2012). Analyzing narrative: Discourse and sociolinguistic perspectives. New York: Cambridge University Press.

Feldman, C. F., Bruner, J., Renderer, B., & Spitzer, S. (1990). Narrative comprehension. In B. K. Britton & A. D. Pellegrini (Eds.), *Narrative thought and narrative language* (pp. 1–78). Hillsdale, NJ: Lawrence Erlbaum Associates.

Giles, H., Coupland, N., & Coupland, J. (1991). Accommodation theory: Communication, context, and consequence. In H. Giles, J. Coupland, & N. Coupland (Eds.), *Contexts of accommodation: Developments in applied sociolinguistics* (pp. 1–68). New York: Cambridge University Press.

Giles, H., & Powesland, P. F. (1975). A social psychological model of speech diversity. In H. Giles & P. F. Powesland (Eds.), *Speech style and social evaluation (European monographs in social psychology 7)* (pp. 154–181). New York: Academic Press.

Grice, H. P. (1975). Logic and conversation. In P. Cole & J. L. Morgan (Eds.), *Syntax and semantics, vol. 3: Speech acts* (pp. 41–58). New York: Academic Press.

Hasegawa, Y. (2011). *The Routledge course in Japanese translation*. London: Routledge.

Hopper, P. (1979). Some observations on the typology of focus and aspect in narrative language. *Studies in Language, 3* (1), 37–64.

Hopper, P., & Thompson, S. (1980). Transitivity in grammar and discourse. *Language, 56* (2), 251–299.

Hymes, D. (1974). *Foundations in sociolinguistics: An ethnographic approach*. Philadelphia, PA: University of Pennsylvania Press.

Hymes, D. (1981). *"In vain I tried to tell you": Essays in Native American ethnopoetics*. Philadelphia, PA: University of Pennsylvania Press.

Hymes, D. (1982). Narrative form as a "grammar" of experience: Native Americans and a glimpse of English. *Journal of Education, 164* (2), 121–142.

Hymes, D. (1985). Language, memory, and selective performance: Cultee's "Salmon's myth" as twice told to Boas. *Journal of American Folklore, 98*, No, 390, 391–434.

Hymes, D. (1990). Thomas Paul's Sametl: Verse analysis of a (Saanich) Chinook jargon text. *Journal of Pidgin and Creole Languages, 5* (1), 71–106.

Kaplan, R. B. (1966). Cultural thought patterns in intercultural communication. *Language Learning, 16* (1-2), 1–20.

Kuno, S. (1987). *Functional syntax: Anaphora, discourse and empathy*. Chicago: University of Chicago Press.

Labov, W. (1963). The social motivation of a sound change. *Word, 19*, 273–309.

Labov, W. (1966). *The social stratification of English in New York City*. Washington, DC: Center for Applied Linguistics.

Labov, W. (1972). *Language in the inner city: Studies in the Black English vernacular*. Philadelphia, PA: University of Pennsylvania Press.

Labov, W. (1994). *Principles of linguistic change, vol. 1: Internal factors*. Oxford: Blackwell.

Labov, W. (2006). *The social stratification of English in New York City* (2nd ed.). New York: Cambridge University Press.

Labov, W. (2013). *The language of life and death: The transformation of experience in oral narrative*. New York: Cambridge University Press.

Labov, W., & Waletzky, J. (1967). Narrative analysis: Oral versions of personal experience. In J. Helm (Ed.), *Essays on the verbal and visual arts* (pp.12–44). Seattle, WA: University of Washington Press.

Lakoff, G. (1987). *Women, fire, and dangerous things: What categories reveal about the mind*. Chicago: University of Chicago Press.

Leech, G. N. (1983). *Principles of pragmatics*. London: Longman.

Makino, S., Hatasa, Y. A., Hatasa, K. (1998). *Nakama 1: Japanese communication, culture, context*. Boston, MA: Houghton Mifflin.

Matsumoto, D., & Juang, L. (2008). *Culture and psychology* (4th ed.). Belmont, CA: Wadsworth.

Mayer, M. (1969). *Frog, where are you?* New York: Dial Press.

Maynard, S. K. (1993). *Discourse modality: Subjectivity, emotion and voice in the Japanese language*. Amsterdam, The Netherlands: John Benjamins.

McCabe, A. (1991). Editorial. *Journal of Narrative and Life History, 1* (1), 1–2.

Miller, G. A. (1956). The magical number seven, plus or minus two: Some limits on our capacity for processing information. *Psychological Review, 63* (2): 81–97.

Minami, M. (2002). *Culture-specific language styles: The development of oral narrative and literacy*. Clevedon, UK: Multilingual Matters.

Minami, M. (2011). *Telling stories in two languages: Multiple approaches to understanding English-Japanese bilingual children's narratives*. Charlotte, NC: Information Age Publishing.

Minami, M. (2015a). Narrative development in L1 Japanese. In M. Nakayama (Ed.), *Handbook of Japanese psycholinguistics* (pp. 181–215). Berlin/Boston, MA: De Gruyter Mouton.

Minami, M. (2015b). Narrative, cognition, and socialization. In A. De Fina & A. Georgakopoulou (Eds.), *Handbook of narrative analysis* (pp. 76–96). Malden, MA: Wiley-Blackwell.

Minami, M. (2016). The influence of topic choice on narrative proficiency by learners of Japanese as a foreign language. In M. Minami (Ed.), *Handbook of Japanese applied linguistics*. Berlin/Boston, MA: De Gruyter Mouton.

Peterson, C., & McCabe, A. (1983). *Developmental psycholinguistics: Three ways of looking at a child's narrative.* New York: Plenum.

Reinhart, T. (1984). Principles of gestalt perception in the temporal organization of narrative texts. *Linguistics, 22* (6), 779–809.

Rosch, E. (1973a). Natural categories. *Cognitive Psychology, 4* (3), 328–350.

Rosch, E. (1973b). On the internal structure of perceptual categories. In T. E. Moore (Ed.), *Cognitive development and the acquisition of language* (pp. 111–144). San Diego, CA: Academic Press.

Rosch, E. (1978). Principles of categorization. In E. Rosch & B. B. Lloyd (Eds.), *Cognition and categorization* (pp. 28-48). Hillsdale, NJ: Lawrence Erlbaum.

Sacks, H., Schegloff, E. A., & Jefferson, G. (1974). A simplest systematics for the organization of turn-taking for conversation. *Language, 50* (4), 696–735.

Schank, R. C., & Abelson, R. P. (1977). *Scripts, plans, goals, and understanding: An inquiry into human knowledge structures.* Hillsdale, NJ: Lawrence Erlbaum Associates.

Schegloff, E. A., Jefferson, G., & Sacks, H. (1977). The preference for self-correction in the organization of repair in conversation. *Language, 53* (2), 361–382.

Schieffelin, B. B. (2002). Language and place in children's worlds. *Texas Linguistic Forum, 45,* 152–166.

Searle, J. (1975). Indirect speech acts. In P. Cole & J. L. Morgan (Eds.), *Speech acts* (pp. 59–82). New York: Academic Press.

Selinker, L. (1972). Interlanguage. *International Review of Applied Linguistics in Language Teaching, 10* (3), 209–232.

Shapiro, L. J., & Fernald, A. (1998, August). *Enculturation through mother-child play in the United States and Japan.* Paper presented at the *American Psychological Association* Annual Convention, San Francisco, CA.

Slobin, D. I. (1973). Cognitive prerequisites for the development of grammar. In C. Ferguson & D. Slobin (Eds.), *Studies in child language development* (pp. 175–209). New York: Holt, Rinehart & Winston.

Slobin, D. I. (1985). Introduction: Why study acquisition crosslinguistically? In D. I. Slobin (Ed.), *The crosslinguistic study of language acquisition, Volume 1: The Data* (pp. 3–24). Hillsdale, NJ: Lawrence Erlbaum Associates.

Tohsaku, Y.-H. (2006). *Yookoso!: An invitation to contemporary Japanese* (3rd ed.).New York: McGraw-Hill.

Toolan, M. J. (1988). *Narrative: A critical linguistic introduction.* London: Routledge.

Trudgill, P. (1972). Sex, covert prestige and linguistic change in the urban British English of Norwich". *Language in Society, 1* (2), 175–195.

Vygotsky, L. S. (1978). *Mind in society: The development of higher psychological processes.* Cambridge, MA: Harvard University Press.

Wittgenstein, L. (1953). *Philosophical investigations.* New York: Macmillan.

索 引

African American Vernacular English
  （AAVE）47
Berman, Ruth A. 48, 51
Brown, Roger 177
Bruner, Jerome 51
High Point Analysis 50
Slobin, Dan Isaac 48, 51, 165
Vygotsky, Lev 38

あ
アコモデーション理論
  （accommodation theory）39

い
異音（allophone）105–108, 129, 130
一貫性（coherence）48, 49, 55, 74–76,
  81
異分析（metanalysis）9–13, 197, 203,
  208, 216, 217
因果性（causality）51

う
ウィトゲンシュタイン，ルートヴィヒ
  （Ludwig Wittgenstein）177
上からの言語変化（change from above）
  116

え
エスノメソドロジスト
  （ethnomethodologist）40
エンコーディング（encoding）43, 44

お
音声学（phonetics）105, 106
音素・音韻論（phonemics, phonology）
  29, 104
音素（phoneme）105
音便化 152, 153

か
蝸牛考 95, 96
過剰修正（hypercorrection）203
過剰般化（overgeneralization）33, 77,
  79
化石化（fossilization）34
固まり表現 34, 120, 159, 163, 167, 205,
  215, 217

き
記述文法（descriptive grammar）185
規範文法（prescriptive grammar）20,
  188, 189, 191, 215, 216, 218, 219
逆形成・逆成語（back formation）9
逆行同化（regressive assimilation）
  109–112
共通の属性（attribute）177
巨視的コミュニケーション
  （macrocosmic communication）
  68

く
クリティカル・ディスコース分析
  （critical discourse analysis）40
クレオール言語（creole）161

[227]

訓令式 107

け
形態素 (morpheme) 8, 10, 14, 111
結束性 (cohesion) 48, 49, 55, 72
言語運用 (linguistic performance) iv
言語能力 (linguistic competence) 39
顕在的威信 (overt prestige) 116, 117, 218

こ
口蓋化 (palatalization) 107, 130
膠着言語 (agglutinative language) 164, 165
口頭産出の語り (narrative) 43
言葉の民族誌 (ethnographies of speaking and communication) v
コミュニケーション (communication) 31
コンテクスト (context) 3, 7, 31, 159, 217

さ
サックス, ハーヴェイ (Harvey Sacks) 40

し
子音動詞 (consonant verb) 108, 183
シェグロフ, エマニュエル (Emanuel Schegloff) 40
時間性 (temporality) 51
下からの言語変化 (change from below) 116
ジャーゴン (jargon) 159
社会化 (socialization) 44
社会志向の言語研究 (socially oriented linguistics) iii, 30
社会方言 90, 115, 127, 138
順行同化 (progressive assimilation) 109, 111
新方言 114, 115, 118, 130, 157, 203, 204
心理的距離 (psychological distance) 35, 81

す
スキーマ (schema) 35, 42
スピーチ・アコモデーション理論 (speech accommodation theory) 127, 128

せ
潜在的威信 (covert prestige) 116, 213, 218

そ
相補分布 (complementary distribution) 106, 132
ソーシャル・キャピタル (social capital) 88

た
対照修辞学 (contrastive rhetoric) 45
談話 (discourse) 37

ち
チェイフ, ウォレス (Wallace Chafe) 48
中間言語 (interlanguage) 34, 79
チョムスキー, ノーム (Noam Chomsky) iv

て

ディコーディング（decoding）43
ディスコース（discourse）37, 43
定着化（stabilization）34
デバイス（device）55
伝達能力（communicative competence）
　　iv, 39

と

同化（assimilation）107
動作原理（operating principles）165

な

ナラティヴ現在（narrative present）68,
　　69

ね

ネオ方言（neo-dialect）114, 204
ネガティブ・ポライトネス（negative
　　politeness）28

は

ハイムズ，デル（Dell Hymes）iv
波状説（wave theory）97, 100
発話行為論（speech-act theory）39
バフチン，ミハイル（Mikhail M.
　　Bakhtin）66
反照代名詞（反射指示代名詞）84–86

ひ

微視的コミュニケーション（micro-
　　cosmic communication）67
ピジン（pidgin）161

ふ

フレーミング（framing）56
プロトタイプ（prototype）35, 177

文化化（enculturation）44, 45

へ

ヘボン式 106, 107
変異形（variant）182

ほ

母音動詞（vowel verb）108, 183
方言コスプレ 90, 92, 102
方言周圏論 94, 95, 100, 161
ポライトネス（politeness）28

む

無標（unmarked）86, 123, 138

や

役割語 85, 115, 138
柳田國男 96, 97, 98, 100, 161

ゆ

有標性（markedness）86, 138
有標（marked）86, 123, 138

ら

ラボフ，ウィリアム（William Labov）
　　v, 46, 124, 126, 157

り

隣接ペア（minimal pair）40

れ

レジスター（register）65

ろ

ローマ字表記 106
ロッシュ，エレノア（Eleanor Rosch）
　　177

著　者

南　雅彦　（みなみ・まさひこ）

大阪府出身。京都大学卒業。1995 年、ハーバード大学教育大学院より「人間発達と心理学」で博士号を授与される。その後、マサチューセッツ大学ローエル校心理学部で教鞭を執る。現在、サンフランシスコ州立大学教授。*Journal of Japanese Linguistics* 編集主幹。著書・編著に『言語と文化―言語学から読み解くことばのバリエーション―』『言語学と日本語教育』シリーズ（くろしお出版）、*Language Issues in Literacy and Bilingual/Multicultural Education*（Harvard Educational Review）、*Culture-specific Language Styles: The Development of Oral Narrative and Literacy*（Multilingual Matters）、*Telling Stories in Two Languages: Multiple Approaches to Understanding English-Japanese Bilingual Children's Narratives*（Information Age Publishing）、*Handbook of Japanese Applied Linguistics*（De Gruyter Mouton）など。

社会志向の言語学
豊富な実例と実証研究から学ぶ

発行	2017 年　11 月 27 日　第 1 刷発行
著者	南　雅彦
発行人	岡野 秀夫
発行	くろしお出版
	〒 113-0033　東京都文京区本郷 3-21-10
	TEL: 03-5684-3389　　FAX: 03-5684-4762
	http://www.9640.jp　　E-mail: kurosio@9640.jp

©Masahiko Minami 2017, Printed in Japan

ISBN978-4-87424-747-1 C1080

印刷所　三秀舎　　装丁　有限会社エルグ　　イラスト協力　鈴木祐里

●乱丁・落丁はおとりかえいたします。本書の無断転載・複製を禁じます。